개정판

통치하기 어려운 나라

국정관리의 현안과 쟁점

오 석 홍

法 文 社

이 책은 행정학자가 쓴 시사해설집이다. 주된 독자가 될 것으로 기대되는 보통의 생활인들을 위해 수필처럼 풀어서 쓴 행정학 책이라고 해도 좋다. 나는 이 책을 쓰면서 문제에 대한 해답을 제시하기보다 좋은 질문을 잘 하는 학자가 좋은 학자라는 평소의 생각을 잊지 않았다. 내가 이 책을 통해 독자들에게 전하려고 의도한 메시지는 "다시 한 번 생각해보자"는 것이다. 이 책에서 나는 비판적인 논의를 하고 바른 해결책이라고 생각되는 것들을 말하기도 했다. 그러나 그게 내가 계획한 당초의 목적은 아니다. 성급하게 섣부른 결론을 내리고, 극단적인 주장을 하고, 감정적인 행동을 하기 전에 다시 생각해보고, 조금 더 넓고 깊게 생각해보자고 제안하는 것이 이 책의 진정한 목적이다. 그런 목적을 위해 어떤 해결책에 따르는 부작용을 지적하기도 하고 대세처럼 되어 있는 논조를 공박하기도 했다.

빨리도 변하고 많이도 변하는 격동의 시대에 문제도 많고 탈도 많다. 나라의 일, 공공의 문제에 관한 말도 많다. 주장, 논쟁, 다툼, 분노로 나라가 온통 소란스럽다. 근자에 군중민주주의, 광장민주주의 또는 촛불주도형 민주주의, 인터넷민주주의가 놀라운 기세로 확장되면서 소란은 증폭되고 있다. 사람들은 제각기의 주견에 따라 문제들을 이해하고 주장을 내세우기 때문에 소통을 호소하지만 불통의 벽이 높아지고 있다.

서로 벽을 보고 말하는 것 같은 좌절감을 느끼고 있다. 그래서 문제의 본질을 떠난 분란이 커지고 아집적 주장의 상승적 과격화, 극단화가 도처에서 벌어진다.

격동의 시대, 혼돈의 시대에 더 무서운 것은 도그마의 지배이다. 극단의 도그마가 여론의 대세를 형성하는 일이 잦다. 어떤 결론이나 주장이 여론의 대세로 휩쓸면 그것은 대중의 도그마로 등극해 모든 반론을 침묵시킨다. 그런 도그마를 잘못 건드리면 악의적인 '댓글'의 폭탄을 맞는다. 득세한 도그마의 부작용, 후유증이 걱정이다. 도그마는 언젠가 다른 도그마의 반격을 받는다. 군중의 도그마와 군중의 도그마가 충돌하면 사회는 위기를 맞는다. 이 책이 문제의 이기적인 규명, 공공문제에 대한 도그마의 횡행을 경계하는 목소리로 전해졌으면 하는 마음이다.

이 책에서 나는 단지 소수의 국정현안들에 대해서만 논의할 수 있었다. 많고 많은 국정현안들 가운데서 행정학자가 무언가 아는 소리를 좀 해도 흥을 잡히지 않을만한 문제들을 임의로 골랐다. 근래 많은 사람들의 관심사로 부상한 문제들을 골랐지만 그것이 국정현안의 모든 영역에서 고루 선정된 샘플이라 말할 수는 없다. 내가 현안들을 임의로 골라 듬성듬성 엮어놓았기 때문에 어떤 학문의 지식체계에 맞게 체제를 갖춘 책이라 할 수도 없다. 이런 책은 나도 처음 써보기 때문에 내 자신에게도 조금은 낯설다. 비록 그런 구애 없는 일을 언젠가 해보고 싶기는 했지만.

이 책의 논제선정에 관한 이야기를 해야겠다.

"통치하기 어려운 나라"라는 제목의 글로 말문을 열었다. 이건 국정관리의 전반적인 애로와 불리한 여건에 관한 이야기이다. 우리는 실패하고 불행했던 역대 대통령들을 보아왔다. 바로 전의 대통령은 탄핵되고 영어(囹圄)의 몸이 되었다. 지금은 산적한 난제들 때문에 허덕이고 좌절하는 현임 대통령을 보고 있다. 대통령의 실패는 그 자신의 능력결함과 실책 때문이기도 하겠지만 불리하고 적대적인 통치상황 탓도 클 것이다. 그래서 대통령들이 감당해야 할 난제와 애로, 불리한 여건이 무엇인지에 대한 이야기를 첫머리에서 하기로 했다. 앞으로 오는 대통령도 실패하게 될 거라고 쉽게 예단하는 사람들은 제각기 불리한 통치환경을 생각하고 있을 것이다.

이어지는 논의의 주제선정에서 고려한 우리네 사정은 다음과 같다. 괄호 안에 쓴 것은 이 책에서 다룬 관련 논제이다.

아주 많은 사람들이 정부를 못 믿겠다고 말한다. 위정자들은 "사랑하고 존경하는" 국민의 신뢰를 배신하지 않겠다고 말하기도 하고, 정부를 믿고 따르라고 말하기도 한다. 그러면서도 국민의 불신을 살 행동들을 한다. 사랑하고 존경한다는 말 자체를 믿지 않으려는 사람들이 많다(02. 정부불신의 이유).

다수의 국민, 특히 정치인들은 제왕적인 대통령제가 모든 정치적 실패의 원인인 것처럼 말하고 대통령의 권력 축소와 행정부의 이원화를 주장한다. 그런 주장이 여론의 대세인 것 같다. 거기에 감히 반론을 제기하는 주장은 찾아보기 어렵다. 정책추진에서 무력하기 그지없을 때가 자주 있는 우리 대통령이 왜 제왕적인가를 설명하는 사람은 찾아보기 어렵다(03. 행정부 분할론 비판). 개발연대에 위세를 떨쳤던 행정국가의 틀에서 벗어나기 위해 작은 정부를 구현해야 한다는 것은 지난 수십 년간 정부개혁, 행정개혁의 중심가치 가운데 하나였다. 좌파정부들에서는 슬그머니 그에 어긋나는 일들을 해서 논란을 야기하기도 한다. 최근 공무원 수를 늘려 실업자를 줄이겠다는 정부시책이나 국가재정을 풀어 일자리 늘리기를 돕겠다는 정책 등은 다시 한 번 정부의 규모에 관한 논쟁을 불렀다(04. 작은 정부, 큰 정부).

민주국가의 국민들은 법의 지배하에 산다. 적어도 그렇게 살아야 한다는 것이 규범적 요청이다. 법은 국민의 안녕과 복지증진을 위해 정의로운 구실을 할 것이 기대된다. 그러나 법의 실천세계에서는 기대에 부응하지 못하고, 기대를 배신하는 일들이 벌어지고 있다. 정치적 혼란기에는 법과 정의, 법과 원칙을 외치는 법운영자들이 부쩍 늘어난다. 그러나 말과 행동이 동떨어지는 경우가 많다(05. 법의 지배, 현실의 문제). 세종시라는 행정도시를 만들어 정부를 지리적으로 분할해 놓았다. 그 결과 정부와 공무원들은 큰 애로와 불편을 겪고 있다. 그런 고통을 해소하기 위해 나라를 위한 속임수라도 써야 하는 것 아닌가 하는 생각을 하게 된다(06. 가치의 충돌: 나라를 위한 속임수).

실업문제, 일자리창출문제로 나라 안이 들끓고 있다. 정부주도의 많은 재정투입과 노력에도 불구하고 사태는 점점 더 악화되고 있다. 이 문제에 정권의 명운이 걸려 있다 해도 과언은 아니다. 인위적으로는, 정부의 힘으로는, 해결의 가망이 보이지 않는다고 여겨지기도 하는 여러 난제들 가운데서 실업문제를 골라 예시적인 논의를 했다(07. 직업세계의 변화와 실업대책). 사회적 격동성이 높아지면서 이해대립이 늘고 첨예화되고 있다. 거시적으로 파악한 사회집단 간, 사회세력 간 갈등이 여러 가지인데 근래 세대갈등, 노소대립이 새로이 더해지고 있다. 이 또한 중요한 국정현안이다(08. 세대의 균열: 노소갈등).

'미투'운동의 확산은 우리 사회에 큰 파장을 일으키고 많은 진통을 안겨주었다. 성희롱문제를 새삼 쟁점화했다. 성희롱사건, 강제추행사건에 대한 보도가 끊이지 않는다(09. 성희롱과 '미투'). 공공부문에서 지급해온 판공비(재량적 지출)에 대한 비난과 고발이 거세다. 판공비를 없애거나 규제해야 한다고 압박하는 것이 여론의 대세이다. 판공비라는 오래된 제도가 왜 필요했었는지, 없애야 한다면 왜 그런지 조금은 깊이 생각해 보고 존폐 또는 개편의 결정을 해야 할 것이다(10. 판공비와 예외적 행정).

공직인사의 형평성은 만인의 관심사라 할 만하다. 형평성을 잃은 공직인사를 나무라는 소리가 끊이지 않는다. 공직인사의 형평성은 무슨 뜻이며, 그에 대한 사람들의 생각은 어떻게 변해왔는지를 생각해보는 것은 필요하고 가치 있는 일이다(11. 공직 인사의 형평성). 공직인사의 형평성을 구현하기 위한 수단의 하나로 도입했다는 블라인드채용의 효용과 부작용이 무엇인지도 따져보아야 한다(12. 블라인드채용의 이해득실).

대통령이 정치적 중립의무를 위반했다 하여 탄핵소추를 당한 일도 있다. 검찰, 국정원, 기무사 등 권력기관들의 중립과 독립을 논하는 소리는 국민들의 다반사가 되었다. 공무원의 정치적 중립이란 무슨 뜻일까. 누구에게 왜 요구하는 걸까. 나라에서 과연 그걸 실현할 수 있을까. 생각해볼 것이 많다(13. 정치적 중립의 쟁점). 사람들은 말한다. 공무원의 자리는 철밥통이라고. 과연 그런가. 왜 그런 말을 듣는가. 어떻게 달라져야 하는가(14. 신분보장: 고용의 안정성과 융통성). 우리는 체제적 부패의 유산을 가지고 있다. 지난 정권의 권력자들이 독직사건으로 검찰에, 법원에 끌려 다니는 장면이 거의 매일 보도된다. 부패징벌의 잣대가 점점 더 엄격해지면서 부패사건의 처결에 관한 사람들의 관심이 높아졌다. 공직의 부패는 왜 생기는가. 부패를 완전히 몰아내는 게 가능하기는 한 건가(15. 공직의 부패).

지금 이 시대에 공직자들은 어떤 역량과 품성을 지녀야 하는가. 이 문제는 분명 중요한 국정현안이다. 새 시대에 공무원은 이런 사람이라야 한다, 공무원은 이렇게 행동해야 한다는 규범적 처방은 넘쳐난다. 우리 시대의 바람직한 공무원상은 어떤 것인지 다시 한 번 생각해 보아야 한다(18. 바람직한 공무원상). 보다 엄격한 행동규범들을 준수해야 하고 민간부문에서와는 다른 많은 제약을 받는 공무원들의 처지를 동정적으로 바라보는 사람들은 드물다. 그러나 공무원들도 하나의 직업인으로서 겪는 애로가 많다. 그들이 느끼는 불만도 많다. 공무원들의 애로와 불만이 윤리성 타락과 사기 저하로 이어지지 않게 하는 일 또한 중요한 국정과제이다(16. 공무원의 애로와 불만).

공직의 기강해이는 오래된 고질이다. 사람들은 기강해이가 공직에 만연되어 왔으며, 지금도 만연되어 있다고 생각한다. 공직기강해이의 방지는 위정자들이 직면하고 있는 국책현안임이 분명하다(17. 공직의 기강해이).

우리는 개혁의 연대에 산다고들 말한다. 개혁의 방향, 개혁의 원리에 대한 처방이 많다. 개혁연구인들이 처방하는 원리들, 개혁의 실천에 나서는 정부들이 추구하는 원리들을 이해하고 평가할 수 있어야 한다(19. 행정개혁의 진로). 개혁을 좌절시킬 수 있는 장애들은 많다. 그중에서 개혁행동에 나서야 할 사람들의 정략적 행동이 근래 여론의 지탄을 크게 받고 있다. 낭비적이고 과시주의적인 개혁의 표본이라고 할 수 있는 회전문식 개혁도 역시 개탄의 대상이다(20. 개혁과 정략적 행동; 22. 회전문식 개혁). 개혁판의 정략적 행태 가운데 가장 흔하고 폐해도 많은 것은 겉과 속이 다른 눈 가리고 아웅이다(21. 정치판의 눈 가리고 아웅). 정책을 막무가내로 추진해 물의를 빚는 정책 밀어붙이기도 큰 문제이다(23. 점증주의, 합리주의, 그리고 정책 밀어붙이기). 민주주의의 수단인 다수결이 오용되고, 다수가 비이성적으로 행동할 때 민주주의의 목적이 훼손된다

(25. 민주주의가 비이성을 만날 때).

　정치판에는 책사 또는 멘토로 활약하거나 정치평론가라는 타이틀을 가지고 활동하는 정치적 훈수꾼들이 많다. 그들의 건설적 기여보다 그들의 탈선이 더 많이 목격된다(24. 정치판의 훈수꾼들).

　이 책의 초판을 낸 뒤에 다시 읽어 글들을 가다듬고 네 가지 주제에 대한 논의를 추가하여 개정판을 내게 되었다.

　머리말을 마무리하기 전에 이 책의 성격에 대해 다시 한 번 일러두려 한다. 수필처럼 쓴 이 책은 엄격한 의미의 학술서적이 갖추어야 할 요건에 부합하지 않는다. 논제에 관한 기초이론 등이 필요할 때면 기존의 내 책들에서 가져다 썼다. 인용표시를 하지 않은 점 양해하기 바란다. 이 책의 글들 가운데는 개필을 거듭하는 과정에서 그 초고가 온라인 매체나 회지(會誌) 등 인쇄매체에 발표되었던 것들도 있다. 그런 글들은 이 책의 목적에 맞게 다시 개필해 실었다.

　글을 쓴다는 것, 책을 만든다는 것은 지식세계의 도움으로 이루어지는 것이다. 선행연구인들에게 감사한다.

　언제나처럼 엘리사벳을 위해 축복한다.

2021년

吳 錫 泓

차례

01
통치하기 어려운 나라

우리는 지금 통치하기가 지극히 어려운 나라에 살고 있다. 예전에 익숙했던 통치라는 것이 있기나 한 것인지 의심스럽기도 하다. 통치의 막대한 난관에 대해 통치자들은 잘못 대응하거나 서투르게 대응해서 나라는 늘 시끄럽고 통치자들은 불행했다. 오늘날 국가의 통치를 어렵게 하는 조건들은 수없이 많지만 우리나라의 형편에 관심을 모아 누구나 생각할 수 있는 예를 들어보려 한다. 여기서 통치가 어렵다는 말은 여러 가지 의미를 함축한다. 국정과제의 어려움, 해결필요의 긴박성과 심각성, 국정수행의 막대한 장애와 제약요인 등을 두루 지칭한다. 여기서 거론하는 현안과 난관 등은 대통령(행정수반)으로 선출된 사람과 통치주도세력이 직면하게 될 것들이다.

우리 사회의 전반적인 특징은 격동성이다. 격동하는 사회는 체제의 구성요소가 매우 복잡하며 초고속의 변화를 겪고 있는 사회이다. 이런 사회를 평온하고 안정적인 시대의 방법으로 통치하는 것은 불가능하다.

현시대의 격동성은 그 자체가 통치의 중대 문제이며 애로이다.

우리 사회가 억압적 통치로부터 풀려난 것은 오래된 일이 아니다. 억압해제 이후 신질서가 형성되려면 상당한 조정기간을 거쳐야 한다. 조정기간을 거쳐 새로운 자유의 질서가 구축되기까지는 자유의 과잉분출과 방종의 상태가 빚어진다. 자유의 확대와 책임의 확대가 병진되지 못하고 자유의 과용과 악용이 광범할 때 이를 절제시키는 일은 쉽지 않다. 통치자들이 방종사회를 어찌 통치할 것인지 실로 난감한 일이다. 자유─방종─탄압이 되풀이 되었던 지난날의 악몽은 우리에게 아직도 생생하다. 방종사회에 또다시 억압이 불어 닥치지 않을까 불안하다.

사회가 발전할수록 이상(갈망)과 현실의 괴리는 점점 더 커진다. 국민의 갈망이 커지는 속도는 현실의 발전속도를 훨씬 능가하게 된다. 지나치게 분출되는 국민의 갈망은 정부의 응대를 강요한다. 정부더러 무언가 해달라는 요구가 홍수를 이루고 있다. 정부의 책임을 묻는 목소리는 나라 안에 그득하다. 국민의 마음속에 정부의 책임은 무한대인 것 같다. 제대로 부응하지 못하는 공공부문에 대한 불신과 불만은 커져만 간다.

우리 사회의 분화와 다양화가 급속히 심화되고 이익대립이 첨예화되면서 공익추구에 지향된 사회적 구심력은 현저히 약화되고 원심력은 커져가고 있다. 이기주의적 이익추구는 국가사회의 공공가치를 배반할 때가 많다. 이런 현상은 사회세력 간의 조정역(調停役)을 맡아야 하는 정부에 과부하를 안겨준다.

부문별, 개인별 이익표출이 폭증하면서 이해관계의 대립과 그로 인한 갈등은 깊어지고 있다. 자유와 평등 사이의 갈등, 생산과 소비 사이의 갈등, 성장과 분배 사이의 갈등, 자본의 집중화에 대한 요청과 분산화에 대한 요청 사이의 갈등, 개발요청과 보존요청 사이의 갈등, 보편적 복지에 대한 요청과 맞춤형 복지에 대한 요청 사이의 갈등은 날로 첨예화되어 가고 있다. 거기에다 심각한 지역 간 갈등, 세대 간 갈등이 있다.

국민의 이념적 집단화가 노골화되면서 이른바 진영(陳營) 간 대립은 타협의 여지를 남기지 않고 있다. 이념대립은 그 어떤 대립보다 무섭다. 이념으로 갈린 진영 간의 대립은 때때로 국가체제유지의 근본문제에 대한 다툼을 야기하기도 한다. 기술문명발전단계의 거대한 물결이 바뀌고 그와 함께 경제적·사회적 변혁이 일어나고 있다. 그에 따라 정치이념의 지형도 크게 변하고 있다. 그래서 정치이념의 좌우대립시대가 열리게 되었다.

광복 이후 우리나라는 오랫동안 우파(이른바 보수파)의 국가였다. 좌파(이른바 진보파)는 오직 잠복세력일 수밖에 없었다. 음지 또는 지하의 좌파는 늘 탄압받는 세력이었다. 그러나 근래 좌파는 급신장했고 우파와 경쟁하는 위치에 올라섰다. 그리고 집권세력이 되기도 했다. 좌파진영이 신주류의 지위를 차지해가는 과정에서 극심한 마찰이 빚어지고 있다. 위정자들은 화해와 조화를 말하고 협치를 강조하지만 실제 행동은 갈등으로 치닫고 있다. 통치자는 좌나 우 어느 한 진영에 사로잡힐 처지에 놓이게 된다. 진영으로 갈린 국민분열('국민 패싸움')의 와중에서 통치자는 어느 한 편에 설 수밖에 없는 궁지에 몰린다. 이런 형국에서 정상적인 국정의 균형을 유지하는 것은 극히 어렵다. 정치의 도덕성과 신뢰성을 유지하기도 어렵게 되어 있다.

격화되어가는 이념적 진영 대결이 어디로 흘러갈지 예측하기 어렵다. 진영의 대결이 유권자집단들의 정책선호에 나타나는 상대적이고 타협가능한 차이로 양립해나가게 될 수도 있다. 대립은 기존 체제의 틀을 벗어나지 않는 경쟁과 협력으로 정돈되어갈 수도 있다는 말이다. 그와는 달리 대립의 물결이 갈수록 거세고 거대해져 국기(國基)를 흔들고 국가체제를 바꾸는 쪽으로 흘러갈 수도 있다. 그런 흐름의 가상이 전혀 무의미한 것만은 아니다. 찾아보면 거대변혁의 징조가 없지도 않다. 어떤 진영에서 종종 그 기미(幾微)를 노출하고 있는 암암리의 20년 장기집권 시나리오에 국가체제를 단절적으로 전환하는 비전(vision)이 포함되어 있지 않은가 궁금하기도 하다. 그러나 이 시점에서 국가체제 대전환의 행로를 자신 있게 예측할 수는 없다. 지금 민심의 저류(底流)가 어떻게, 어디로 흐르고 있는지 가늠하기는 참으로 어렵다. 그것을 이용하려는 정치판의 모사(謀事)도 짐작하기 어렵다. 그런 모사의 능력이나 있는지 의심스럽다. 여하간 급진적이거나 혁명적인 상황의 전개는 이 글의 범위를 벗어나는 문제이다.

노·사·정의 갈등은 매우 격렬하다. 정치세력화된 거대노조들은 정부를 투쟁대상으로 삼는다. 그들의 대규모시위는 흔히 폭력적이다. 정부를 전복시키겠다거나 통치자를 끌어내리겠다는 구호까지도 서슴없이 외치고 있다. 대통령은 정치현안에 관해서도 노동단체들의 눈치를 보지 않을 수 없다.

대규모의 군중시위가 잦아지면서 '군중정치', '군중통치', '촛불통치'로 인한 국민 편 가르기가 위태로운 지경으로 치닫고 있다. 군중시위의 정치에서 국민 편 가르기가 행동화된다. 통치자를 지지하는 군중시위와 그에 반대하는 군중시위가 갈리고 대립한다. 어느 한 편의 지지를 받는 대통령은 그의 의도와는 상관없이 국민분열에 앞장서는 대통령이라는 비난을 받게 된다. 내가 여기서 군중통치라는 말까지 쓰는 까닭은 시위군중이 국가의 입법·사법·행정을 모두 조종하려고 덤비기 때문이다.

국민의 언로(言路)는 폭발적으로 팽창되었다. 국민의 말문은 크게 열렸다. 말하는 사람들에게는 사회를 시끄럽게 할 수 있는 손쉬운 수단과 통로가 공급되고 있다. 그것은 정보통신기술 발전의 혜택이기도 하고 재난이기도 하다. 정보통신기술의 발전은 정보데모크라시라는 직접민주의의 발전에 기여할 수 있다. 그런가 하면 시끄러운 불만세력의 결집을 용이하게 해서 나라를 비틀거리게 할 수도 있다. 자기주장을 하는 사람들은 정치와 정부에 영향을 미칠 수 있는 세력으로 결집하기가 쉽다. 많이 시끄러워진 중구난방은 어느 장단에 춤을 춰야 할지 모르게 하는 상황을 자주 조성한다.

사람들은 자기 말을 널리 퍼뜨릴 수 있는 정보통신도구를 써서 여론을 형성한다. 여론을 조작할 때도 있다. 인터넷을 점령한 네티즌들은 특권집단화되어가는 조짐을 보이고 있다. '악플'의 기술로 무장하고 SNS에 깊이 빠진 일부 네티즌들은 이미 통치의 문제꺼리로 부각되어 있다. 악플은 개인을 파멸시키기도 하고, 사회혼란을 조성하기도 하고, 정치와 정부에 손상을 입히기도 한다. '악플집단'은 패거리로 몰려다니는 폭력집단처럼 그 횡포가 무섭다. 난비(亂飛)하는 악플 때문에 시달리는 위정자들이 그에 대응하는 일은 쉽지 않다. 정계·관계의 유력인사라는 사람들 가운데도 SNS를 저급한 진흙탕 싸움의 도구로 삼아 정치와 정부의 신망을 떨어뜨리는 사람들이 있다.

대규모의 시위와 집단행동에 나서는 사람들은 거의가 대통령을 겨냥한다. 대통령 나와라, 대통령 만나겠다, 대통령이 책임져라, 대통령이 사죄하라, 대통령 물러나라는 등의 구호는 시위자들의 다반사(茶飯事)이다. 우리나라 대통령은 '사죄전문 대통령'이라는 별호를 얻을 만하다. 대통령을 공격하고 사죄를 요구하는 구호를 일상 들어야 하는 대통령과 정부는 힘들 것이다.

적성국가(敵性國家)의 이념을 신봉하는 사람들의 공개적인 활동이 늘어나고 있다. 이적단체들도 등장하고 있다. 이들 가운데 일부가 법의 제재를 받지만 잠복한 세력까지 정리하기는 어렵다. 비뚤어진 '사상가', '소영웅주의자'(小英雄主義者)들의 과격행동은 늘어나고 있다. 그들에 대한 치안·안보차원의 대응은 쉽지 않다. 민주국가의 자유천지이기 때문이다. 민주국가에서 국가질서에 대한 불법적 공격을 막는 합법적 방법은 미온적일 수밖에 없다. 처벌이 유야무야되거나 가벼운 처벌로 끝날 수밖에 없다. 정권이 그들에게 온정적인 경우에는 더욱 그러하다. 사회를 시끄럽게 하고도 법적 제재를 면하거나 가벼운 징벌을 마친 사회적 이단자들은 스스로 지사(志士)의 지위에 올랐다고 생각해 우쭐대고 국가기강을 업신여긴다. 국가안보와 보안의 기능을 맡는 정부조직의 활동에 대한 공개와 폭로, 기능축소가 이어지면서 그 능력은 현저히 위축되었다.

우리 사회는 고도성장의 뒤끝으로, 정보화사회 진행의 진통으로, 산적한 난제를 안게 되었다. 우리 사회는 산업화의 그늘과 후유증 때문에 고통을 받고 있다. 경제의 양적 성장과 물질소비의 증가는 인간생활의 질적 황폐화를 초래한다. 경제적 갈등, 사회적 갈등과 모순, 인간의 심리적 소외를 악화시킨다. 고도성장기를 뒤따르는 성장조정기 내지 정체기는 국민의 고통과 불만을 키운다. 정부에 대한 원망도 커진다. 정보화사회의 그늘도 다가와 있다. 정보화의 과정에서 빚어질 수 있는 인간성의 상실과 가치혼란이 우려된다. 변동에 대한 부적응, 사회계층 간의 불평등이 심화되고 있다. 정보과다, 정보공해, 정보스트레스가 우려스럽다. 정보오용으로 인한 사고, 컴퓨터 범죄의 증가, 프라이버시 침해, 기술변동으로 인한 대량실업도 걱정거리이다.

급속한 발전의 과정에서 저질러 놓은 사회적·공학적 '부실공사'는 대형 참사의 위험을 늘려 놓았다. 자연적·공학적 재해가 심각할 때 그 피해가 커진 것은 인재(人災) 때문이라는 말을 자주 듣는다. 인재는 조직과 절차, 사람 등에 관한 사회적 부실공사로 인해 빚어지는 피해를 지칭한다. 대통령이 직면해야 하는 대형 참사는 그에게 큰 부담을 주고 국정에 차질을 빚는다. 자연재해나 화재 등 재난에 대해 대통령의 직접적인 책임을 물으려는 것이 국민여론이다. 소방서나 경찰서에서 해결해야 할 문제에 대해서 대통령의 책임을 묻는 일이 늘어나고 있다. 정치적·행정적 풍파를 많이 겪어온 일선 공무원들이 복지부동으로 나갈 때 대통령은 소소한 일에까지 뛰어들지 않을 수 없다.

지금 우리가 겪고 있는 코로나 19 팬데믹(COVID-19 pandemic)은 인류 전체에 닥친 전대미문의 대재앙(大災殃)이다. 코로나 19가 우리 생활에 준 충격과 피해는 막대하다. 이 팬데믹은 국민생활 전반의 재편성을 강요하고 있다. 정치와 행정에 미친 파장도 지대하다. 코로나 사태가 극복되더라도 코로나 이전의 체제로 복귀하기는 어려울 것이다. 코로나 이후에도 장차 그와 유사한 팬데믹이 주기적으로 되풀이될 수 있다. 국가의 통치그룹은 그런 팬데믹에 대응하기 위해 국가체제의 획기적인 변신을 이루어내야 할 긴급한 과제를 안게 될 것이다. 그걸 어찌 쉬운 일이라 할 수 있겠는가.

체제화되어 왔다고도 말하는 정치·행정적 부패는 대통령에게 지뢰밭만큼이나 위험한 장애이다. 부패라는 지뢰의 폭발위험은 도처에 널려 있다. 고위공직자나 정치인들이 연루된 뇌물사건, 불법정치자금사건, 특히 통치중추에 연루된 부패사건이 폭로될 때마다 심각한 국정차질은 불가피해진다. 국정의 다른 현안들은 뒷전으로 밀려나고, 대통령은 부패스캔들을 헤쳐 나가느라 큰 곤욕을 치른다.

대통령의 마음을 짓누르는 문제(과제)들이 산적해 있다. 대통령에게 안겨지는 국책현안들 가운데 다수는 조만간 해결의 전망이 보이지 않는 것들이다.

사회발전의 결과로 만들어진 저출산문제를 정부가 해결할 수는 없다. 정부가 부지런히 내놓고 있는 출산장려정책들은 고작해야 지엽적인 것들이다. 정부는 출산장려를 위해 막대한 자금을 쏟아 붓고 있지만 그 성과는 보이지 않는다. '먹고살 만하면' 아기를 안 낳거나 적게 낳으려고 하는 사람들의 본능에 대해서는 속수무책이라 해도 지나친 말이 아니다. 먹고살 만하다는 말은 경제적 여유가 생기고 안전에 대한 위협이 없어진다는 뜻이다. "연애는 필수, 결혼은 선택"이라는 유행가 노랫말을 따라 부르며 '욜로'(YOLO)에 솔깃해 하고 육아와 가정의 책임을 피하려는 젊은이들이 늘어나는데 정부는 거기에 무엇을 할 수 있다는 말인가. 저출산을 전제로, 기정사실로 받아들이고 그에 적응하는 대책을 찾아야 할 터인데 그 또한 쉽지 않을 것이다. 그건 그야말로 막대한 과제이다.

인구의 고령화는 정부의 선제적 대응이 불가능할 정도로 빠르게 진행되고 있다. 급속히 늘어나는 고령자들이 무슨 일을 하고 무얼 먹고 살게 해야 할지 실로 막막하다. 저출산·고령화의 진행과 함께 가족구조의 변화도 급속히 진행되고 있다. 전통적인 의미의 가족은 와해되어 가고 있다. 그에 따라 국가의 부담은 늘어만 간다. 가족이 맡아 오던 일들을 국가가 맡아야 하기 때문이다. 미리 준비하지 못한 정부는 허덕일 수밖에 없고 국민의 불만은 커지고 있다.

실업문제의 해결도 앞이 안 보인다. 통치자가 무슨 수로 일자리를 크게 늘릴 수 있을 것인지 암담하다. 토지·주택정책은 늘 진퇴양난의 딜레마에 봉착한다. 집값과 집세를 낮추는 정책에 유별난 역점을 둔 정권일수록 집값·집세의 폭등현상에 직면한 전철(前轍)이 너무 뚜렷하다. 공해, 특히 미세먼지 극복 대책 역시 막막하다. 미세먼지를 배출하는 이른바 굴뚝산업을 멈추게 할 수도 없고, 자동차를 못 다니게 할 수도 없다. 외국에서 날아오는 미세먼지에 대한 정부의 대책은 실현가능성이 희박하다. 입시정책 등 교육정책은 조령모개를 거듭하고 있지만 불만은 항상 따라다닌다. 근자에는 이념적 진영논리에 교육정책이 휘둘리기까지 하니 교육현장의 널뛰기 병은 깊어만 가는 것 같다. 그 병을 치유하는 것이 어찌 쉬운 일이겠는가. 재래시장 살리기, 농촌 살리기, 지역감정 해소, 남북통일 등등 어느 하나도 정부 마음대로 해결할 수 있는 것이 없다. 해결의 희망이 보이지 않는다는 말을 학자들은 할 수 있다. 그러나 대통령은 해결 안 될 거라는 말을 할 수 없다. 대통령은 실낱같거나 의심스러운 희망을 걸고라도 해결하겠다는 말을 할 수밖에 없다. 그러니 대통령들은 모두 약속을 어긴 대통령이 되고 실패한 대통령이 된다.

대통령과 집권세력은 역대정권에서 저질러 놓은 '먹튀정책'들의 뒷감당 때문에 시달리고 고약한 정책딜레마에 빠지는 일이 잦다. 선거에서 얻어야 하는 표를 의식해 나눠먹기, 선심 쓰기에 몰두하는 포퓰리즘에 빠져 허우적거린 정치권은 뒤에 해결하기 어려운 문제를 양산한다. 뒤따를 부담은 책임지지 않으면서 선심 쓰고 빠져나가는 정책을 나는 먹튀정책이라 부른다. 근래에 만들어진 '먹튀'(먹고 튀다)라는 속어는 음식이나 이곳을 취하고 그 대가를 치르지 않고 달아나는 행동을 지칭한다. 정치권이 저질러 놓은 먹튀시책들은 고스란히 신임 대통령과 국민의 부채가 된다. 민주주의가 잉태시킨 포퓰리즘은 결국 민주주의에 매우 큰 위협이 될 것이다. 대통령들은 타의적(他意的)이기도 하고 자의적(自意的)이기도 한 포퓰리즘의 유혹과 충동을 다스리기 위해 승산 없는 싸움을 해야 한다.

　우리나라는 분단국가이다. 휴전선을 사이에 두고 남북이 무력대치 (武力對峙)하는 위기상황 속에 우리가 살고 있다. 남북 간에 긴장고조와 긴장완화를 오락가락하면서 조마조마한 상황을 관리하고 있다. 북측에서는 남쪽을 쳐부수겠다느니 불바다를 만들겠다느니 하는 위협을 되풀이 해 왔다. 간간이 실제의 무력도발로 인명살상이 일어나기도 했다. 어떤 계기에 평화무드가 조성되기도 하지만 오래 지속되지 못한 것이 과거의 경험이다.

　지난 수십 년 동안 우리는 남북관계의 롤러코스터를 타왔다. 훈풍과 삭풍 사이를 오락가락해 왔다. 훈풍이 불 때도 통치중추가 힘이 들기는 마찬가지였을 것이다. 남북관계가 살기등등할 때보다 오히려 힘이 더 들 수도 있다. 남북 간 평화무드는 대개 북측의 이니셔티브에 의존해 왔으니, 그때마다 북쪽의 눈치를 보느라 우리 측의 전략결정이 어려웠을 것이다. 번번이 북측의 의도에 따라 끌려 다닌다는 비난을 감수할 수밖에 없었다. 남북 간의 합의와 언약은 대개 그때그때의 상징적 선언이었으며 실효성은 길게 담보될 수 없었다. 북측이 무슨 사건을 일으킬 때마다 재발방지를 약속하라고 외치지만 공허한 외침이었다. 약속한들 그후에도 재발하면 속수무책 아닌가. 남북문제에 대한 국론의 분열도 심하기 때문에 통치중추의 부담은 가중된다.

　북측은 막무가내로 핵무기를 개발해 왔다. 핵무장을 완성했다고도 한다. 통치중추는 북측이 핵무기개발을 시작할 때부터 이를 막아내야 한다는 막중한 과제를 떠안게 되었다. 자력으로 해결할 방도가 보이지 않는데도 해결하겠다고 기약 없이 동분서주할 수밖에 없었다. 국제적 압력으로 북한의 비핵화가 추진되고 있지만 핵무기를 가진 나라의 핵무장능력을 완전히 영(零)으로 되돌리는 종국상태(목표상태: end-state)를 달성하는 데는 어려움이 많을 것이다. 심히 회의적이다. 앞으로도 오랫동안 북한의 핵무기문제는 통치중추의 어깨를 짓누를 것이다. 핵무기 생산을 중지하고 핵을 폐기하도록 압박하는 국제사회의 경제적 제재는 상당히 강고하다. 경제적 어려움을 겪는 북측은 남측의 경제적 지원을 바라고 남측을 닦달하지만 국제적 제재 때문에 남측은 북측을 넉넉히 도울 수도 없다. 가히 진퇴유곡이다.

나라 밖의 외교상황은 만만찮다. 우리는 세계화시대에 살고 있다고 한다. 세계화를 국경이 없어지는 현상이라고 설명하기도 한다. 그건 상징적인 표현이다. 세계화시대에는 국경이 아주 없어지지는 않지만 국경을 넘나드는 교류와 거래가 전례 없이 폭증한다. 국가들이 서로 의존하고 서로 규제하는 수준이 날로 높아진다. 세계화시대에 타국의 내정간섭이라는 개념은 거의 그 실효를 상실했다. 그러하니 기본적으로 국제문제에 관한 대통령의 짐은 너무 무겁다. 특히 열강(列强)의 틈바구니에서 살아남으려면 비상한 책략이 필요하다. 아슬아슬한 줄타기를 계속해야 한다. 힘센 나라들과의 외교적 균형점을 어디에 설정하느냐 하는 문제는 이래도 탈이고 저래도 탈인 딜레마이다. 우리를 둘러싸고 있는 여러 강한 나라들은 경제력을 동원하여 우리를 겁박하는 데 서슴거림이 없다. 우방이라는 나라들도 다름이 없다. 그에 대처하는 일은 언제나 중대하고 발등의 불처럼 긴급하다.

우리와 지리적으로 근접해 있는 힘센 나라들에는 구원(舊怨)이 있다. 중국과 일본을 두고 하는 말이다. 그들에게 침략 당하고 시달린 경험 때문에 오래 품어온 원한이 있다. 겉으로는 태연하게 거래하고 우방의 관계를 표방하기도 한다. 그러나 우호적이지 못한 사건이 생기면 상대국에 대한 국민의 적대감정은 순식간에 달아오른다. 정부가 국민정서대로 움직이는 것이 인기 있는 일이지만, 냉엄한 국제질서는 그와 반대되는 대응을 요구할 때가 많다. 이웃나라에 대한 국민감정과 국익을 위한 대외관계 유지의 필요가 서로 어긋날 때 통치자들은 딜레마에 빠진다. 그런 딜레마를 해결해나가는 일이 어찌 쉽겠는가. 국민이 가장 싫어하는 나라와 우방의 관계를 유지한다는 것은 당초에 쉬운 일이 아니다.

남북통일을 성취하기 위해 열강의 협력을 이끌어내는 일은 하늘의 별따기만큼 어려울 것이다. 주변국들이 우리의 통일에 협조할 거라는 생각은 거의 백일몽(白日夢)이다. 다른 민족이나 국가를 분할해 놓아야, 분열시켜 놓아야 다루기 쉬운데 무엇 때문에 합치는 것을 돕겠는가. 그러나 대통령은 남북통일의 과업을 늘 말하고 무언가 행동을 보여주어야 한다. 달성의 희망이 보이지 않기 때문에 그에 대한 갈망을 더 많이 말하게 되는지도 모른다. 달성의 가능성이 희박한 목표를 계속 추구하는 데 따르는 좌절감은 형언하기 어려울 것이다.

산업화의 그늘에서, 새로 조성되는 악조건 속에서 욕망과 현실의 괴리가 크기 때문에, 목전의 문제가 해결되지 않기 때문에, 상대적 박탈감 때문에, 인간적 소외 때문에 등등의 이유로 화나고 저항하는 인구가 누증하고 있다. 통치의 주체이면서 동시에 대상인 국민의 다수는 무언가 때문에 화가 나 있다. 일촉즉발의 인화물질 같은 민심이 있다. 어떤 불씨(구실)가 생기면 '성난 민심'으로 크게 폭발한다. 집권자들은 '촛불집회'에 대한 트라우마를 버텨내기가 버거울 것이다. 대규모 집회와 시위의 위력이 커지면서 군중의 정치는 통치자들이 거역할 수 없는 지상명령적 제약(至上命令的 制約)을 설정하기도 한다. 예컨대 근자에 '촛불'이라는 단어를 다수가 거의 신성시하고 있지 않은가 싶다. 그것은 통치자들의 선택폭을 좁히게 된다.

과다하고 과중한 과제를 떠맡아야 하는 대통령직의 행동수단은 부실하고 업무환경은 비우호적이다. 엎친 데 덮친 격이라 할까, 대통령의 정치적 위상은 가히 사면초가라 해야 할 것이다. 걸핏하면 제왕적 대통령제의 폐단이 많다는 공격을 받는다. 개헌논의가 있을 때마다 대통령의 권한을 감축해야 한다는 주제가 논의의 중심을 차지한다. 대통령의 권한을 줄이는 방법으로 이원집정제가 제안되고 책임총리제가 제안된다. 요컨대 행정부를 둘로 갈라 대통령의 권한을 반 토막 내자는 이야기이다. 정당들이 행정부를 분할지배하자는 말로 들린다. 아예 의원내각제를 채택하자는 주장도 강력하다. 그것은 국회에서 정치세력들이 행정권력을 나누어 지배하자는 주장이다. 그거는 현재의 정치적 지형이나 행태로 보아 최악의 시나리오가 될 수도 있다.

국회는 녹록하지 않다. 여당도 예전처럼 대통령에게 한결같이 고분고분하지는 않다. 대통령의 여론지지도가 높을 때만 그에 대한 여당의 지지를 기대할 수 있다. 대통령을 결사 옹위하려는 다수의 지지세력이 있을 때에만 여당의 충성을 기대할 수 있다. 여당은 지지율이 떨어진 임기 말의 대통령을 당에서 퇴출시키는 일을 되풀이 했었다. 시위군중의 지탄을 받아 위기에 처한 대통령을 탄핵하는 데 다수의 여당 의원들도 가담했던 경험이 있다.

야당은 극렬하게 대통령을 공격한다. 여야의 극단적 양극화로 인해 국정의 발목이 잡히는 일은 우리 정치의 예외가 아니라 원칙으로 되어 있다. 여당이 국회의 절대다수를 차지할 때만 '입법발목잡기'를 근근이 헤쳐 나갈 수 있다. 대통령은 '식물국회'를 비난하고 개탄하지만 개탄은 개탄으로 끝날 수밖에 없다. 더구나 국회에서 여소야대(與小野大:

divided government)가 만들어지기도 한다. 여소야대는 대통령에게 실로 비극적인 상황이다. 정치세력들이 사생결단의 영합게임(zero-sum game)을 하고 있는 우리나라에서 여소야대는 대통령의 국정수행 파탄을 의미할 수 있다.

이른바 통치행위에 대한 사법적 심사(司法的 審査)의 확대경향은 통치자들을 옥죈다. 옥죄는 수준은 점점 높아져 가고 있으며, 장래의 진행을 예측하기도 어렵다. 통치자는 전에 없이 촘촘해진 법의 그물을 통과해야 하기 때문에 과감한 통치행동은 어려울 수밖에 없다. 오랜 세월에 걸쳐 정치가 법을 겁박하여, 혹은 정치와 법이 결탁하여 통치행위에 대한 사법심사를 억압하기도 하고 봉쇄하기도 해왔으나 세상은 이제 많이 달라지고 있다. 정치와 법의 동맹관계는 달라져가고 있다.

정치적으로 적대적인 세력들이 교대로 정치권력을 장악할 때 득세한 쪽이 상대방을 흠집 내거나 궤멸시키려고 사법적 제재를 동원하는 일이 늘어나고 있다. 정치투쟁에 사법적 권력을 지나치게 끌어들이기 때문에 정치의 사법화(司法化)라는 말까지 나오게 되었다. 정파들이 각기 법을 정치투쟁의 도구로 활용하는 빈도가 높아지면서 역설적이게도 법이 정치를 징치하는 영역은 넓어져 가고 있다. 지지세력을 잃은 전직 대통령은 어떤 죄목과 마주치게 될 확률이 높아져 왔다. 다소 억지스럽다고 할지 모르는 예이지만, 청와대에서 재벌경영주들에게 투자를 늘리도록 권유하는 행동이 강요, 협박, 직권남용, 업무방해 등의 죄목으로 다스려지는 날이 오지 말라는 법은 없다. 남북교류과정에서 기밀누설이니, 이적행위니 하는 혐의가 잡힐 위험도 없지 않다.

전직 대통령들에 대한 사법적 제재의 가능성에 대한 산 증거들이 널려 있다. 우리 모두가 그걸 보고 있다. 지금 내가 이 글을 쓰고 있는 시점에서 살아있는 전직 대통령 네 사람이 모두 사법적으로 성치 않다. 바로 전의 전직 대통령 세 사람 중에 한 사람은 범죄혐의 때문에 불려 다니게 되자 자살로 생을 마감했다. 한 사람은 여러 가지 범죄혐의로 구속되었다가 보석으로 풀려나 재판을 받고 유죄가 확정되어 다시 수감되었다. 또 한사람은 3년 넘게 구속상태에서 여러 가지 혐의에 대한 재판을 받고 있다. 이런 추세를 보고 장래에 대한 선형적 추계(linear projection)를 해본다면 모골이 송연할 일이다.

오늘날 행정관리의 개혁원리로 널리 지지받고 있는 것은 분권화와 중립화의 확대이다. 집권화의 이점을 말하는 사람들은 끼어들 자리가 없다. 국정개혁의 한 기조는 지방분권화의 촉진이다. 지방분권화는 아름다운 것이지만 그 범절이 정착되지 않으면 통치구조에 해독을 끼칠 수도 있다. 실제로 지방자치단체들이 중앙정부의 정당한 시책 집행에 어긋나는 행동을 하는 일이 드물지 않다. 행정기구 개혁에서도 으레 분권화가 처방된다. 대통령이 만기친람(萬機親覽)하려 하고 권한위임에 인색하다고 비난하는 사람들이 많다.

공직자들의 중립을 미화하는 풍조가 있다. 중립적 공무수행이 절실한 영역에서 그러지 못한 일이 너무 많았기 때문에 오늘날 중립을 강조하는 처방들이 큰 전파력을 갖게 되었다. 중립이 불편부당함을 뜻하고 공평무사함을 뜻할 때 그것은 좋은 말이다. 대통령에게 '아니요'라는 말을 할 수 있는 공직자가 충신이라는 말도 있다. 이건 대통령의 잘못된 판단에 반대해 바로잡아줄 수 있어야 한다는 말일 터이다. 그러나 중립을 주장하는 사람들의 의중을 짚어보면 대통령의 말을 듣지 않고 대통령의 의도를 거역하는 것을 중립이라고 생각하는 경우도 있다. 이런 경우 중립을 주장하는 의도가 옳다고만 하기는 어렵다. 대통령의 정책의

도를 충실히 집행해야 할 위치에 있는 사람들에게까지 그에 어긋나도록 부추기는 분위기를 만든다면 바람직한 일이 아니다. 여하간 중립화 선호의 풍조는 대통령의 행보를 서슴거리게 할 수 있다.

공직사회의 분권화와 중립화는 공직자들이 자율과 협동에 능할 때 그 빛을 발할 수 있다. 상명하복에 절어 있는 사람들에게는 분권화가 재앙일 수 있다. 상명하복의 타성을 버리지 못하는 체제하에서 분권화의 촉진은 대통령의 정부장악력을 약화시킬 수 있다.

대통령이 그를 보좌할 유능한 막료(幕僚)를 구하기도 쉽지 않다. 법질서가 느슨하던 어두운 시절에 출세했던 사람들 다수는 불법·탈법의 행적을 지녔기 때문이다. 정부의 고위직으로 갈수록 임용후보자들의 불법행위와 처벌모면의 전력이 더 많아지는 듯하다. 고위공직후보자들에 대한 청문회를 보면 위장전입, 탈세, 부동산투기, 논문표절, 병역면탈 등이 공직후보자 선정의 비공식적 자격요건이 아닌가 하는 비아냥거림을 들을 만하다는 생각이 든다.

국회의 청문회행태는 다분히 인신공격적이며 임용후보자 망신주기처럼 보일 때가 많다. 이 또한 인재영입의 장애이다. 후보자를 고르고, 청문회를 거치는 시간, 특히 후보자의 낙마로 인해 낭비하는 시간 때문에 공직의 결원이 장기화되는 일이 잦다. 여야의 대립이 극렬한 가운데 청문보고서 채택이 불발되는 경우가 많다. 근래에는 보고서 채택이 불발되는 경우가 부쩍 늘어나고 있다. 야당이 불참하는 가운데 채택되는 경우까지를 합치면 채택보다 불채택이 훨씬 더 많다고 할 수 있다. 대통령은 청문보고서 불채택을 무시하고 임명을 강행한다. 그리 되면 대통령의 신망에 누가 간다. 대통령의 인사난맥을 비난하는 목소리가 커진다. 무능하고 실책을 되풀이 하는 대통령이라는 이미지가 부각된다.

정부는 유능하고 윤리적인 공직후보자를 구하기 위해 인사담당기구를 증설하고 인사검증을 강화한다고 여러 소리를 하지만 크게 개선될 기미가 보이지 않는다. 인재모집망을 넓힐 의욕이 없고 인재풀의 자원에 문제가 있는 걸 어쩌겠는가. 우리 정치권에서 '유유상종의 인사', '코드 인사'의 틀을 깨는 것은 안 되는 모양이다. 그리고 능력이 알려진 사람은 비윤리적이고, 윤리적인 사람의 능력은 검증되지 않았다는 조건이 설정하는 딜레마는 상당히 오래갈 것이다.

우리나라 대통령들에게는 모두 인사관리에 실패한 대통령이라는 낙인이 찍혔다. 어떤 대통령은 인사가 만사(萬事)라는 말을 했다가 그의 인사는 망사(亡事)라는 조롱을 받기도 했다. 민주적 정부체제의 유지를 위해 합법적으로 허용하는 대통령의 엽관적(정치적) 임용 자체를 백안시하는 국민이 많다. 대통령과 친한 사람을 공직에 임용하는 것을 반대하는 목소리가 크다. 대통령과 친한 사람을 공직에 임용하는 것은 곧 정실인사이며 따라서 나쁘다는 사람들의 인식을 바꾸는 데는 많은 시간이 걸릴 것이다. 외부임용을 하면 낙하산인사라 탓하고, 내부임용을 하면 동종번식으로 '마피아'를 형성한다느니 끼리끼리 해먹는다느니 하는 비난이 인다.

대통령은 그가 신뢰하는 친한 사람들을 주변에 두고 그들의 조력을 받아야 한다. 그들은 공식적인 비서일 수도 있고 사적 친분에 따른 비공식적 조언자들일 수도 있다. 그런데 이런 조력자들의 존재 자체를 언짢게 생각하는 풍조가 있다. 직책을 막론하고 대통령과 친한 사람들을 공직에 임용하는 것에 대한 사람들의 거부감이 크다. 특히 비공식적 조력자들에 대한 사람들의 반감은 매우 크다. 이런 선입견적 반감에는 여러 가지 이유가 있을 것이다. 민주정부의 운영에 필요한 정치적 임용에 대한 이해가 부족하기 때문일 것이다. '측근정치', '가신정치'(家臣政治)의 폐해를 경험했기 때문이기도 할 것이다. 대통령 측근들의 폐쇄적·배척적 정치, 이권개입과 같은 일탈행위 등은 측근에 대한 거부감을 불러들인 가장 큰 원인이라고 생각한다. 진영대결이 격화되면서 자기 진영의 투사들로 채워진 참모진의 대결적 행태도 큰 문제로 부각되고 있다. 측근임용에 대한 국민의 거부감은 정치판의 자업자득이라고 생각한다.

우리나라에서는 대통령 측근에 대한 탈선유혹이 크고 권력남용과 같은 탈선이 쉬웠다. 대통령과 친한 사람의 말이라면 부당한 요구도 쉽게 받아들여지는 사회풍토야말로 병폐의 근원이라 할 수 있다. 그러니 대통령과의 연줄을 과시하는 호가호위(狐假虎威)가 자주 말썽을 빚었다. 호가호위란 여우가 호랑이의 위세를 빌려 호기를 부린다는 뜻이니, 대통령이라는 뒷배를 내세워 으스대고 설치는 사람들이 물의를 일으키는 것을 빗대어 쓰기도 하는 말이다. 호가호위를 지나 측근들의 국정농단이라는 말까지 나오게 되었다. 대통령은 측근의 참모들을 임용하는 데 애로를 겪을 뿐만 아니라 측근을 감시하는 일 때문에도 노심초사해야 한다.

대통령이 관료들에게 제공할 수 있는 동기유발의 유인(인센티브)도 신통치 않다. 사명감의 강조 이외에 일을 열심히 하도록 제공하는 대가의 효용은 약화되어 있다. 후진국 경제의 고도성장기를 연구한 학자들 가운데는 부패가 발전의 윤활유였다고 설명하는 이른바 수정주의자들도 있다. 개발연대의 개발이익분배에 부패의 방법으로 참여할 수 있었던 관료들은 타락한 동기이기는 하지만 일할 맛이 있었을 것이다. 통치지도자들도 비자금을 수월하게 만들어 사람을 움직이는 데 쓸 수 있었을 것이다.

그러나 공무원들이 뛰도록 만들기 위해 부패를 적당히 눈감아주자는 책략을 지금 내놓을 수는 없다. 흐리멍덩한 예산사용이나 부수입을 차단하는 것은 국정과제이다. 퇴직하는 공직자들에게 '감투'를 나눠주는 방법도 예전처럼 수월하지가 않다. 관행으로 되어왔던 공직자들의 규칙위반, 특권, 특혜는 개혁이라는 이름으로 제거해나가지 않을 수 없다. 부패만큼 강력하지만 그와는 성격이 다른 윤리적 인센티브를 개발하고 그것이 실효를 발휘하게 만드는 일은 참으로 어려운 과제이다.

대통령의 권한과 책임에 관한 국민대중의 사고방식은 어느 면에서 이중적이다. 한편으로는 대통령이 직접 나서서, 대통령이 책임지고 모든 문제들을 해결해주기 바란다. 그것도 강력한 추진력을 가지고 말이다. 다른 한편으로는 제왕적 대통령제에 대한 비난에 동의한다. 대통령의 권한축소에 동의한다. 대통령의 책임은 극대화하고 권력은 최소화하자는 심리이다. 그것은 권한과 책임이 부합되어야 한다는 원리를 거부하는 심리이다. 다수의 인구가 대통령에 대한 공격과 견제에 동조하는 심정, 잠재의식을 가진 것이 아닌가 생각된다. 옛날 전제군주시절 그리고 개발독재시절의 지배자에 대한 기억 때문이기도 하고 만신창이가 되었던 대통령들의 행적 때문에도 그럴 것이다. 지탄받는 대통령, 비난대상으로서의 대통령이라는 이미지가 은연중에 국민의 마음속에 자리 잡은 듯하다. 이런 이미지 인식은 불신을 낳는다. 국민의 정치불신, 정부불신은 심각하다. 이것은 대통령에 대한 불신에 연결된다.

통치의 어려움을 여기까지 논의하면서 통치여건과 과제, 그리고 수단의 문제들에 주의를 집중하였다. 그래서 통치를 어렵게 하는 조건들을 살펴보았다. 이런 논의는 통치자들의 실패를 변호해주려는 의도에서 한 것이 결코 아니다. 통치자가 되겠다고 너도 나도 덤벼드는 사람들에게 경고를 주기 위한 논의였음을 알아주기 바란다. 우리나라에서 통치의 어려움과 통치자의 실책은 오랫동안 악순환을 되풀이했다. 통치자의 잘못은 통치의 어려움을 가중시킨 가장 큰 원인일 수도 있다. 대통령을 포함한 통치중추 자체의 흠절 때문에, 또는 그들이 저지른 실책 때문에 빚어지는 통치의 장애는 막대할 수 있다.

처음부터 정당성을 결여했거나 재임 중 정당성을 잃게 된 대통령, 능력이 부족하거나 그릇된 지향성을 지녔던 대통령들의 통치실패에 대한 책임은 아주 크고 때로는 결정적인 것이었다. 통치자들의 부적격성과 실책이 빚은 폐해는 매거하기 어렵다. 오직 집권연장만을 위해 공무원들을 선거운동원으로 동원하고, 터무니없는 선거부정을 저지르고, 국가기구뿐만 아니라 무뢰배, 폭력배들까지 동원해 야당을 강제력으로 탄압하는 등등의 비행으로 국가를 병들게 했던 통치자도 있었다. 군사력을 동원해서 헌법질서를 무너뜨리고 독재정치를 자행했던 통치자들도 있었다.

근자에는 군중정치 또는 광장정치가 휩쓸면서 '시위대독재형 통치'라고 할 만한 통치행태가 보이기도 했다. 단단히 뭉친 지지세력(행동대: 강성지지층)이 통치자를 포획해서인지, 아니면 통치자가 그들을 조종해서인지 앞뒤가 엉켜있지만, 지지자집단에 의한 통치자 포획의 징상은 점점 더 짙어지고, 자기편만을 챙기는 편협한 국지주의적(parochial) 통치행태는 날로 심화되었다. 수단과 방법을 가리지 않는 편 가르기가 횡행하고, 그로 인한 국민분열은 극심해졌다. 그런 소란통 속에서 어찌 국정이 순탄해질 수 있겠는가. 고도로 응집되고 극렬해진 지지자집단은 통치자의 권력기반인 동시에 강력한 제약조건이다. 지지자집단의 응집성·집착성·편향성이 클수록 그것이 설정하는 제약은 커진다. 그런 제약을 받아들이는 만큼 통치자는 많은 적을 만들어야 한다.

통치의 과제와 통치의 여건이 어려운데 통치하는 사람들의 결함까지 겹치면 어려움이 얼마나 증폭될 것인가에 대해서는 군더더기 말이 필요 없다. 과제와 여건의 변화가 쉽지 않다면 통치자라도 탁월해야 한다는 말을 나는 하려고 하는 것이다.

우리나라의 통치환경은 '매우 나쁨'의 수준에 있다. 우리나라는 범용(凡庸)한 사람들이 탈 없이 통치할 수 있는 나라가 아니다. 범용한 대통령에게는 통치실패의 악몽이 기다린다. 수많은 장애들에 최적의 대응을 할 수 있는 초인적 능력을 갖춘 국가적 리더의 등장이 기다려진다. 초인적 리더십을 발휘할 수 있는 대통령후보를 만나는 것은 국운에 달려 있다. 영웅을 뒷받침해줄 집단지성의 구축, 대통령을 신뢰하고 지지하고 건강하게 감시하려는 민심의 형성도 국운에 달려 있다. 과학적 해법을 찾지 못하는 연구인이나 전략가가 의존할 수밖에 없는 마지막 출구는 운(運)이다. 그래서 내가 국운을 말하는 것이다.

02
정부불신의 이유

사람과 사람 사이에는 신뢰도 있고 불신도 있다. 정부와 국민 사이에도 신뢰나 불신이 있다. 신뢰는 바람직하고 불신은 바람직하지 않다고 우리는 생각한다. 그런데 사람들이 정부를 신뢰한다(믿는다)는 소리보다 불신한다(안 믿는다)는 소리를 더 많이 하는 것 같아서 걱정이다. 정부를 못 믿는다거나 안 믿는다는 말을 자주 듣는다. 개인 간의 사담(私談)에서도 그렇고, 사람들 모임에서도 그렇고, 정치적 수사에서도 그렇고, 언론에서도 그렇다. 정부를 불신하는 풍조가 만연된 듯 보인다. 그런 풍조에는 그럴만한 까닭이 있을 터이다. 정부불신의 사연(事緣)을 알아보려 한다.

여기서 정부라는 말은 보통 상식인들이 오늘날의 정부에 대해 흔히 생각하듯이 느슨한 뜻으로 쓰려 한다. 엄격한 개념정의 없이 정부, 정치, 행정을 넘나들며 대상을 지목하려 한다. 정부라는 제도에 주목하기도 하고 정부에서 일하는 사람들에 주목하기도 할 것이다. 국민이라는 말도 융통성 있게 사용하려 한다. 일부 국민 또는 개인이나 집단도 국민으로 통칭하는 경우가 있을 것이다. 날카롭게 정확하지는 않지만 그런 개념사용은 이야기를 쉽고 편하게 이끌어가는 데 도움이 될 것 같다.

그러나 이야기의 주제가 신뢰 또는 불신이므로 신뢰의 의미는 조금 분명히 하고 시작하려 한다. 다소 난삽한 작업이지만 피할 수 없다고 생각한다.

믿거나 안 믿는 대상이 되는 행동자(사람, 조직 등)를 '피신뢰자'(被信賴者)라 부르고 상대방에 대해 믿거나 안 믿는 것을 결정하는 행동자를 '신뢰자'라 부르기로 하자. 정부에 대한 국민의 불신을 이야기할 때 피신뢰자는 정부이며 신뢰자는 국민이다. 신뢰(信賴: trust)는 불확실성이 개입된 교호작용에서 피신뢰자의 행동으로부터 바람직한 결과를 얻을 수 있다고 믿는 신뢰자의 긍정적 기대이다. 신뢰자가 생각하는 대로 피신뢰자가 바람직한 행동을 할 것이라는 신뢰자의 기대가 신뢰이다. 신뢰라는 말은 바람직한 것에 대한 믿음을 표현할 때 쓴다. 신뢰는 피신뢰자가 신뢰자를 위해 바람직한 일을 할 것이라는 믿음 또는 긍정적 기대이다. 피신뢰자가 신뢰자를 해칠 것이 확실하다는 예측이 있더라도 그것은 신뢰라고 부르지 않는다.

신뢰관계는 지식의 불완전성과 예측의 불확실성을 전제한다. 신뢰는 완전한 지식과 완전한 무지의 중간에서 믿을 만한 이유가 있을 때 성립한다. '어느 정도의' 불확실성이 있을 때 신뢰의 문제가 생긴다는 뜻이다. 신뢰자가 피신뢰자의 행동을 완전하게 예측할 수 있을 때는 신뢰라는 인지적 판단과정이 필요하지 않다. 피신뢰자의 행동에 대한 지식이 전혀 없을 때는 도박만이 가능하며 신뢰는 형성될 수 없다.

신뢰현상의 속내를 들여다보면 상당히 복잡하다. 신뢰관계는 고정적인 것이 아니다. 시간의 흐름에 따라 변할 수 있다. 신뢰자가 신뢰하는 마음을 갖게 되는 이유, 즉 신뢰동기는 매우 다양하다. 신뢰자의 가치관에 부합되기 때문에 상대방을 신뢰할 수 있다. 상대방의 행동에 대한 지식 또는 그에 관한 예측능력에 기초한 인지적·계산적 신뢰도 있다. 사람이나 사물을 좋아하거나 싫어하는 감정 때문에 신뢰 또는 불신의 결심을 하는 경우도 있다. 당사자들 사이에 역지사지의 감정이입이 고도화되어 신뢰관계가 형성될 수도 있다.

피신뢰자가 지닌 어떤 속성이 신뢰의 대상인가에 따라 신뢰의 유형이 구분되기도 한다. 능력, 친절성, 일관성, 성실성, 공정성, 분별력 등 수없이 많은 요인들이 함께 또는 따로따로 신뢰의 대상이 될 수 있다. 정부의 능력은 믿지만 공정성은 의심하는 경우와 같이 대상요소에 따라 신뢰와 불신이 따로 놀 수도 있다.

신뢰는 신뢰자와 피신뢰자 사이의 관계적 현상이기 때문에 양 당사자의 특성이 함께 신뢰관계에 영향을 미친다. 정부에 대한 국민의 불신이 왜 생기는가를 따질 때는 정부쪽의 원인뿐만 아니라 국민 쪽의 원인도 살펴보아야 한다.

정부와 국민의 관계를 포함한 모든 사회관계는 다소간의 신뢰에 바탕을 두고 있다. 신뢰가 전혀 없는 사회관계는 존립할 수 없다. 그러나 완벽한 신뢰를 누리는 관계를 찾는 것은 불가능하거나 매우 어렵다. 우리가 정부를 전혀 믿지 않는 것은 아니지만 완전히 믿지도 않는다. 정부는 국민의 완전 신뢰와 완전 불신 사이를 잇는 연속선상의 어중간 어디엔가 떠 있다. 어느 쪽에 더 치우쳐 있느냐 하는 것은 때에 따라, 상황에 따라 다르다. 오늘날 정부에 대한 국민의 불신지수가 너무 높아져 있다는 것이 우리의 쟁점이다.

정부가 국민의 불신을 사게 되는 정부쪽의 이유를 먼저 생각해보기로 하자. 정부는 신뢰문제를 야기할 수 있는 태생적 한계를 지닌 존재이기도 하다. 태생적 한계의 원천은 독점적 권력의 행사에 있다. 독점적 권력을 가지고 사회적 이익의 배분을 조정하기 때문에 거의 언제나 다툼과 불신이 생기게 마련이다.

그리고 정부는 서비스업이다. 다른 업종에 비해 서비스업종에서는 불신문제가 더 자주 제기된다. 과거 사회구조를 사농공상(士農工商)이라는 계층구조의 틀에 맞춘 때가 있었다. 사(士)는 지배계층의 서비스업이었고 상(商)은 맨 아래 계층의 서비스업이었다. 예전에도 신뢰문제가 심각했던 것은 사와 상에서였다.

신뢰를 얻기 어렵게 하는 정부의 태생적 한계는 상황적 조건에 따라 더욱 악화되기도 하고 완화되기도 한다. 오늘날의 상황적 조건은 문제를 악화시키는 쪽에 기울어져 있다.

정치권력을 획득하고 유지하는 과정에서 그러한 악조건은 적나라하게 관찰된다. 우리나라에서 정치권력획득과정은 죽기 아니면 살기의 과정이며 이판사판의 과정이다. 각종 공직선거는 가히 이전투구라 할만하다. 사투를 벌이는 사람들은 상생정치를 하자는 말을 자주 한다. 공허한 제안이기는 하나 정치를 죽기 아니면 살기로 보기 때문에 나도 살고 너도 살자는 표현을 한 것이라고 짐작하기에 충분한 말이다. 상호협력정치를 하자는 말 대신 상생정치를 하자는 말을 쓰는 잠재의식적 배경을 생각하면 애처롭다. 이판사판의 정치는 각박했던 경제, 억압적 정치라는 과거의 유산, 권력을 잃은 자의 가긍한 처지, 민주주의에 대한 훈련 부족 등 여러 가지 원인 때문에 만들어졌을 것이다.

이전투구식 선거판·정치판에서 신뢰를 떨어뜨리는 행동을 설명하는 데 온갖 용어들이 발달해 있다. 생색내기 공약, 포퓰리즘, 권모술수, 면종복배, 표리부동, 철새정치인 등등 매거하기 민망하다. 이리 저리 휩쓸리는 이른바 표심(票心)을 따라 잽싸게 변신하지 않으면 살아남기 어려운 정치판의 조건이 불신원인으로 꼽아지니 안타깝다. 상처를 입고 오명을 뒤집어 쓴 정치인들이 많다. 높은 감투를 쓴 사람들일수록 뒤끝이 안 좋은 경우가 많다. 역대 대통령은 임기 말부터 천덕꾸러기가 되었다. 사람들은 퇴직하는 대통령이 또 무슨 일로 사법기관에 불려 다닐지 궁금해 한다. 그러면서 정치인들의 배신행동을 예단하기도 한다.

혼탁하고 씁쓸한 정치판의 이미지는 착하고 유능한 사람들의 정·관계 참여에 걸림돌이 된다. 그것은 정부의 능력결손으로 이어진다. 선출직의 능력에 대한 불신은 임명직 공무원들의 능력에 대한 불신과 결합된다. 공무원들이 예전에 비해 많이 우수해졌다고 한다. 그러나 변화된 세상에 '우리들의 문제'를 해결해주지 못하는 공무원들의 능력부족을 탓하는 목소리가 크다. 공직자들이 봉착하는 문제들은 날이 갈수록 어려워지고 있다. 공직자들의 능력이 신장되는 속도보다 문제가 어려워지는 속도는 월등히 빠르다. 따라서 공직자들의 능력차질문제는 갈수록 악화될 수밖에 없다.

거대한 시대변화의 대세가 만들어내고 부각시킨 문제들이 산적해 있다. 정부가 어떻게 해 볼 수 없거나 고작해야 고통을 임시방편으로 완화시킬 수 있을 뿐인 문제들이 많다. 해결책들은 대부분 딜레마를 내포하고 있다. 저출산문제, 실업문제, 주택난, 교통난, 공해문제, 농촌피폐, 재래시장의 쇠퇴 등등 매거하기 어려운 난제들이 있다. 거대한 사회적 문제들은 인간이 만들었지만 문제가 굳어지면 인력으로 해결하기 어려운 난제가 된다. 정부는 그런 많은 난제들에 직면해 있다.

정부는 해결할 수 없는 문제를 그렇다고 솔직히 말할 수 없는 운명을 지녔다. 해결을 늘 다짐할 수밖에 없고, 해결한다고 덤비다가 문제를 악화시킬 수도 있고, 해결하려는 시늉만 내기도 하고, 해결노력의 약속을 배신하기도 한다. 그런 행동들은 모두 정부불신을 낳는다. 문제의 어려움뿐만 아니라 정부의 능력결손도 불신의 원인이 된다. 정부를 이끌어가는 개별 행동자들의 문제뿐만 아니라 정부라는 체제 전반의 능력결함을 악화시키는 문제들이 많다. 해결이 어려운 문제, 관료제적 병폐의 누적, 정부간여의 과잉팽창에 따른 과부하, 환경적 격동성, 제도개혁의 부진 등이 정부의 능력차질을 만들고 체제 불신을 악화시키는 요인들이다.

정부서비스를 구체화해 전달하는 일선행정의 과정에서 국민의 불신을 사는 일이 흔하다. 길바닥수준의 일선행정과 접촉하는 과정에서 사람들은 정부의 불신요인을 체감한다. 정부행동의 집행부문, 전달부문의 공무원들이 무능하거나 여러 부정적 행태를 보이면 정부 전체에 대한 불신을 유발할 수 있다. 집행부문에서 만들어지는 불신원인 못지않은, 그보다 더 큰 불신원인은 정책기능수행에서 만들어진다. 정책기능을 수행하는 과정에서 저지르는 실책은 아주 큰 불신을 산다. 정책을 둘러싼 불신조장 요인의 예는 많다.

정책결정이 국민의 필요를 제대로 반영하지 못하면 불평·불신이 시작된다. 국민이 반대하는 규제정책도 마찬가지이다. 정책의 일관성이 없거나 정책 간의 조정·조화가 결여된 경우, 정책결정의 상황인식과 전제조건인식이 잘못된 경우, 정책의 목표설정에서 겉과 속이 다른 경우, 표방한 목표를 성취하기 어려운 정책을 채택하는 경우, 비효율적이고 편익보다 비용이 더 큰 정책을 채택하는 경우, 불필요하거나 낡어 부스럼을 만들 정책을 채택하는 경우, 실패를 거듭하는 정책의 채택을 되풀이하는 경우, 정책변동이 필요 이상으로 빈번한 경우, 같은 정책의 채택과 폐지를 반복하는 경우 등등이 모두 정부불신을 부를 수 있다.

일시적인 국면전환을 위한 선심성 정책의 채택이나, 실제로 추진할 생각이 없는 정책의 약속은 따로 언급해야 할만한 불신요인이다. 공직선거과정에서 정치인들은 허망한 공약(空約)을 일삼는다. 그런 '미리 계획된 배신'은 민주정치의 흔한 폐단이다. 미리 계획된 배신이란 처음부터 실행할 생각이 없는 정책을 국민에게 약속하는 행위이다. 실행하지 않을 계획을 마음속에 가지고 있으면서도 겉으로는 실행을 약속하는 행위이다. 약속한 정책을 뒤에 외면해 버리는 경우도 있고 정책집행과정에서 정책의도를 왜곡하거나 집행을 그르치는 경우도 있다. 집행을 안하거나 집행의 형식만 갖추는 경우, 정책집행이 중간에 흐지부지되어 정책추진이 용두사미로 끝나는 경우 등은 집행왜곡의 예이다.

겉과 속이 다른 정치권의 행태에 대해서는 뒤에 '눈 가리고 아웅'이라는 제목으로 재론할 기회가 있을 것이다.

부패는 정부가 앓는 만병의 뿌리라 할만하다. 우리 정부의 부패는 만연되었다느니 체제화되었다느니 하는 말을 들어 왔다. 정치·행정의 부패는 우리의 오래된 관습이었는지 모른다. 아닌 게 아니라 폭로된 정치적 부패를 놓고 그 바닥의 관행이었다는 말을 하는 사람들이 많다. 흔하게 관행처럼 저질러졌던 흠절은 별거 아니라는 생각으로 또는 동병상련의 정 때문에 정치권에서는 서로 적당히 눈감아 주기도 하는 것 같다. 그러나 슬금슬금 하는 불법은 우리 사회에서 출세의 조건이로구나 하는 생각 때문에 탄식하는 사람들이 많다는 사실을 잊어서는 안 된다. 그런 탄식이 정부와 공공부문 전체에 대한 불신으로 이어진다.

부패는 정부활동을 왜곡시키고, 공익을 해치고, 낭비를 빚는다. 무엇보다도 정부불신의 원인이 된다. 국민이 체감하는 부패의 수준과 사법적 제재의 대상이 되는 부패의 수준이 현저히 다를 때 불신은 더 커진다. 부패로 적발된 사람들은 재수 없음을 한탄하고 자기만 잡힌 걸 억울해 한다. 세상 사람들은 부패사건의 적발보다 '왜 들추어냈을까' 하는 이면의 이유에 대해 더 궁금해 한다. 부패 없이 움직여지는 일이 없겠구나 하는 의심을 품기도 한다. 판이 커서 떠들썩했던 의혹사건의 연루자들을 처벌하면 변두리의 하수인들만 마지못해 처벌한다는 뜻으로 '곁가지 치기', '꼬리 자르기', '면죄부 수사' 등등의 뒷공론이 무성하다. 이 모든 의심들은 정부불신에서 나왔거나 정부불신을 만든다. 이런 문제들에 대해서는 뒤에 공직의 부패를 논의할 때 재론할 것이다.

부패 말고도 정부에 대한 불만과 불신을 조장하는 공직의 행태적 병폐들이 있다. 우선 형식주의적 행태가 불신을 조장한다. 형식주의는 공식적인 규범이나 선언으로부터 실천행동이 괴리되는 행태적 특성이다. 형식주의와 표리의 관계에 있는 행태적 병리는 과시주의이다. 과시주의는 필요나 능력 이상으로 실속 없는 일을 해서 부작용과 불신을 자초하는 행태적 성향이다. 창의적·능동적 업무수행을 회피하고 피동적·소극적으로 현상을 유지하면서 자기를 보호하려는 무사안일주의도 능력부족보다 더 큰 불신유발요인이다. 정부서비스의 소비자인 국민을 중심으로 생각하지 않고 공급자인 정부의 편의를 먼저 생각하는 이른바 관편의주의(官便宜主義)도 정부 불신의 원인이다. 그런 행태적 병폐들에 대해서는 뒤에 공직의 기강해이를 논의할 때 재론할 것이다.

정치·행정의 오래된 고질인 비밀주의도 불신조장요인이다. 비밀주의는 감출 흑막이 있을 것이라는 의심을 낳는다. 비밀주의를 고치지 않

통치하기 어려운 나라 – 국정관리의 현안과 쟁점

는 데는 국민을 믿지 못하는 탓도 있다. 신뢰·불신은 당사자들 사이의 상호적 태도이다. 정부가 국민을 믿지 않으면 국민도 정부를 믿지 않는다.

정부는 과거의 허물 때문에 불신을 사기도 한다. 과거의 경험은 현재의 신뢰관계에 큰 영향을 미친다. 예전에 정부의 배신을 경험한 국민은 정부에 대한 부정적 이미지를 지우기 어렵다. 의심이 많은 사람을 "속고만 살았느냐"고 나무랄 때가 있다. 속은 경험이 많은 국민들은 정부가 또 속일 거라 예단하는지도 모른다. 우리의 정치와 행정은 청산해야 할 과거를 오랫동안 누적시켰다. 민주적 정당성이 결여된 정권의 억압적 통치, 개발독재, 체제적 부패 등 과거의 유산 또는 지난날의 과오가 만들어놓은 정부의 이미지는 민주적 기본질서의 작동이 어느 정도 본궤도에 올라 있는 오늘날에도 정부에 대한 신뢰의 구축에 장애가 되고 있다. 과거의 나쁜 경험 때문에 정부를 믿지 않으려는, 정부를 의심하는 국민의 습성은 정부 밖의 문제이며 국민 쪽의 문제라고 할 수 있다.

다음에는 신뢰자의 입장에 있는 국민 쪽의 문제들을 보기로 한다. 정부불신에 영향을 미치는 정부 밖의, 또는 국민의 조건들을 보겠다는 것이다. 정보유통의 폭증은 긍정적인 측면과 부정적인 측면을 지녔다. 정보유통 폭증의 한 부정적 단면은 불신조장적 정보의 유통을 쉽게 하고 국민의 정부불신을 부채질할 수 있다는 것이다. 정부에 대한 다소 억울하거나 지나친 비판은 전통적 언론매체뿐만 아니라 인터넷을 통해서도 급속히 퍼져 나간다. 온갖 유언비어들도 만들어지고 놀라운 속도로 전파된다. 이른바 '가짜뉴스'는 지금 정부 내외의 큰 골칫거리이다. 이런 거짓 정보들이 정부불신의 불쏘시개가 되는 것은 물론이다.

이상한 것, 정상이 아닌 것을 찾아 보도해서 흥미를 자아내는 것은 언론의 생존전략일 수 있다. 정치·행정의 사실을 정확하게 알리는 중립적 보도와 잘못된 것을 바로 잡고 발전방향을 제시하는 보도가 언론의 기본사명이다. 그 일을 위해 언론이 애를 많이 쓰고 있다는 것을 안다. 하지만 예외적인 사례를 침소봉대하거나 정확하지 못한 정보를 흘리기도 한다. 이상한 것, 비정상적인 것을 찾는 보도성향은 이상한 논객들을 부각시키는 데 연결된다. 정상적인 보통사람들의 발언이 보도되는 기회보다는 이상한 극단론자들의 주장이 각광받는 기회가 더 많다. 이상한 논객으로 유명해지면 그들의 언동은 늘 인용되고 유포된다. 그들은 SNS의 덕택으로 추종자들을 거느리기도 한다. 우리 사회에는 이상한, 비정상적인 악명으로 득세한 소영웅들이 많다. 그들은 통치환경을 심히 어지럽힐 수 있다. 정부의 신뢰를 터무니없이 망가뜨릴 수도 있다. 판을 뒤엎으려는 정치세력들은 있는 힘을 다해 정부불신을 부추긴다.

앞서 정부가 봉착하는 난제와 딜레마에 대해 언급했지만, 국민이 변하고 정부서비스에 대한 수요가 변화하는 데 따른 문제에 대해 몇 가지 부연하려 한다. 예전 단순하던 시대에 비하면 국민의 생각과 생활은 많이도 변했다. 궁핍시대에 정부가 국민의 뜻을 받드는 일은 비교적 간단하고 쉬웠으리라. 풍요를 누리는 산업화시대·정보화시대의 통치는 정말 복잡하고 어렵다. 고도성장을 이끌어가는 발전도상국에서는 더욱 그러하다.

정부서비스에 대한 국민의 요구는 엄청나게 다양화되고 고도화되었다. 국민의 요구들은 서로 심히 갈등하며 쉴 새 없이 변전한다. 정부의 힘으로 어찌할 수 없는 시대적 난제에 대한 이해심은 부족하고 해결책을 내놓지 못하는 정부를 닦달하려 한다. 이런 여건 하에서 현대정부는 모두 비난대상이 된다. 정부에 대한 불만이 늘 들끓는다. 옛사람들이 그렸던 태평성대니 요순시대니 하는 상태는 구현되기 어렵다. 풍요시대의 국민은 요구가 많을 뿐만 아니라 만족에는 무디다. 고마운 줄 모르는 시대에 우리가 사는 것 같다. 궁핍시대에 흔히 쓰이던 백골난망이니 결초보은이니 하는 말은 우리 생활에서 사라진 지 오래다. 정부와 국민 사이의 관계에서도 마찬가지이다. 정부가 어지간해서는 국민을 감동시키고 국민의 신뢰를 얻기 어렵다.

정부에 대한 국민의 기대가 시대적 추세를 넘어 과도하게 팽창하는 수도 있다. 정부가 충족시키기 어려운 기대의 폭증에는 실망과 좌절, 불신이 따른다. 지나친 기대의 이면에는 이기심과 특권의식이 있다. 사람들은 자기이익을 위해 정부에 지나친 요구를 할 때가 많다. 국민 개개인 또는 집단들은 정부의 행동이 자기 뜻대로 되지 않거나 정부로부터 특별한 우대를 받지 못하면 정부를 비난하고 불신하는 경향이 있다.

정부의 돈으로 자기의 손실을 보상하라는 주장은 다른 사람들이 낸 세금으로 내 이익을 늘리겠다는 말과 같다. 세금으로 만든 정부예산은 십시일반으로 어려운 사람을 돕는 데도 쓴다. 그런 예산지출은 필요하다. 그러나 적당해야 한다. 정부 돈을 달라는 주장도 적당해야 한다. 모든 국민이 공공의 자금을 적게 내고 많이 받겠다고 아우성이면 정부불신의 잔치는 거기서부터 시작된다. 자기 이익을 위해 정부의 돈을 써달라는 주장들이 격렬해지면서 그 표현방법이 참혹하고 섬뜩해지는 사례가 늘어나고 있다. 거기에 정부신뢰는 없다.

감정적 대응, 오해와 선입견에서 비롯된 정부불신도 흔하다. 한 곳에서 생긴 불만을 다른 곳에 옮겨 불신하는 행동을 보이기도 한다. 합리적인, 또는 납득할 만한 이유 없이 정부를 감정적으로 싫어하고 불신하는 사람들의 배경에는 집단이기주의나 이른바 지역감정이 깔려 있는 경우가 많다. 어느 지역의 지지로 출범한 정권인가에 따라 정권의 지역색

채는 늘 뚜렷했다. 자기네 정권이라 생각하지 않는 지역민의 정권불신은 우리의 관습처럼 되어 있다. 정권을 배출했다고 믿는 지역민들은 보다 많은 특혜를 안겨주지 않는다고 배신감을 토로하기도 한다. 지역감정에 뿌리를 둔 정부불신은 해소할 길이 실로 막막하다. 사회의 다원화가 가속되면서 이익충돌은 첨예화되고 나와 다른 남은 틀렸으며 믿을 수 없다는 사고방식이 널리 퍼진 것 같다. 많은 사람들이 '다른 것'을 '틀린 것'이라 표현한다. 다르다는 표현은 아예 우리말에서 사라지는 게 아닌가 하는 느낌까지 든다. 내 주장과 다른 정부는 틀린 정부이며 믿을 수 없는 정부가 된다.

서로 못 믿는 세상이 어찌 하루아침에 달라질 수 있겠는가. 오히려 정부불신문제는 점점 더 악화될 수도 있다. 그러나 사람들이 신뢰회복을 위한 인위적 노력을 포기하지는 않는다. 정부에서는, 정치권에서는 신뢰회복의 방책을 찾는다고 부산을 떨고 있다. 국민과 정부가 합심해 정부불신을 줄여 나가기로 마음먹는다면 개선노력의 방향을 찾을 수 있을 것이다.

위에서 예시한 불신원인들에 개선노력의 방향은 시사되어 있다. 정부는 급변하는 환경에 대응하여 그 능력을 향상시켜 나가야 한다. 정책과 정책과정을 개선해야 한다. 정책개혁의 덕목은 대응성, 현실적합성, 행동지향성, 성과지향성, 일관성이다. 정부의 서비스행태를 개선해 나가야 한다. 타파의 대상은 형식주의, 부패, 권위주의, 무사안일주의, 비밀주의, 공급자중심주의 등이다. 공개와 참여를 촉진하고 과거의 과오와 오명을 씻는 데도 많은 관심을 가져야 한다.

국민은 시민의식을 함양하고 공익에 반하는 요구는 자제해야 한다. 정부가 해 줄 수 있는 일에 대한 지나친 기대는 절제해야 한다. 부정확한 정보나 유언비어에 현혹되어 정부를 불신하는 일은 없도록 해야 한다. 감정 때문에 근거 없이 정부를 불신하는 일도 자제해야 한다. 국민 각자는 믿을 수 없는 정부를 만들어 낸 국민의 책임에 대해 깊은 성찰을 해야 한다.

03
행정부 분할론 비판

　집권화·집중화는 산업화시대를 지배한 규범이었으며 개발연대의 상징이었다. 지금의 이상 또는 도그마는 분권화·분산화이다. 정보화시대·산업화이후시대의 요청뿐만 아니라 우리의 특유한 정치적 지형 때문에 권력분산에 대한 갈망이 팽배하게 된 것 같다. 집중화를 미워하고 분산화를 찬양하는 조류가 도도히 흐르고 있다. 지난 시절의 대통령들이 줄줄이 포승에 묶여 끌려 다니는 것을 본 사람들은 "절대 권력은 절대 부패한다"는 말을 신봉하게 되고, 대통령의 권력을 약화시켜야 한다는 주장에 반대할 엄두를 내지 못한다. 많은 사람들이 제왕적 대통령제를 비난하고, 행정부의 분할을 말해야 옳고 인기 있다고 생각하는 것 같다.

　지금 우리 사회에는 대통령의 권력을 약화시켜야 한다는 논의가 널리 확산되어 있다. 대통령은 제왕적 대통령이며 그의 권력은 너무 비대화되어 있다는 주장을 사람들은 쉽게 받아들이는 것 같다. 대통령의 권력을 줄여야겠다는 생각을 대중이 먼저 시작했는지 아니면 어떤 세력이 대중으로 하여금 그런 생각을 하게 만들었는지 그 순서는 알기 어렵다. 여하간 정치권에서는 대통령권력약화론이 대중의 선호에 영합하는 슬로건이라 판단하는 것 같다. 대통령선거가 있을 때나 개헌논의가 있을 때는 으레 대통령권력축소론이 제기되고 표방된다. 이런 조류에 대해 시각의 균형화를 위한 어떤 경고가 필요하다고 생각한다.

장차 국가권력구조에 손을 댄다면 어떤 형태로든 다소간의 행정권력 분산을 실험하지 않을까 하는 생각을 하게 된다. 그러나 지나침이 없도록 경계해야 한다. 낭비와 혼란을 최소화해야 할 것이며, 무늬만 분권적 정부를 만들어 형식주의의 폐단을 빚어서는 안 될 것이다. 실제로 행정부를 두 토막 내는 과한 일을 해서도 안 될 것이다. 나는 행정부의 권력중추를 둘로 나누는 분립형정부론의 약점 또는 허점을 경고하고 다른 대안을 시사(示唆)하려 한다. 지금이 아무리 권력분화의 시대라 하지만 행정부까지 둘로 갈라 분립시키자는 정부권력분산론은 지나치다. 오랜 세월이 흐른 뒤 그것이 필요하고 가능해질망정 아무리 생각해도 지금은 시기상조이다.

대통령의 권력을 줄이거나 그 행사를 견제하는 방안은 여러 가지이다. 나는 정부 내의 분권화를 촉진하는 모든 방안에 대해 반대하는 것이 아니다. 내가 여기서 문제로 삼는 것은 행정부의 권력중추를 양분하자는 분립화론이다. 이 주장은 때에 따라 이원집정제(二元執政制)라 불리기도 하고 책임총리제라 불리기도 한다. 내가 지목하는 권력양분론은 권력의 양 축(兩軸) 가운데 어느 한 쪽을 명목적·의례적 수반으로 하자는 주장이 아니다. 양쪽의 실질적 권력을 엇비슷하게 분할하자는 제안이다.

우리 사회에 권력분점·분권화를 원하는 풍조가 넘치고 있으며 분권화를 표방하는 제도개혁 또한 시류를 형성하고 있는데, 그 이유를 먼저 생각해 보기로 한다.

국가의 독재권력에 대한 혐오감은 우리의 문화적 유산이다. 우리 백성은 오랜 왕조시대의 착취적 권력에 시달렸다. 산업화 과정을 이끈 거대정부의 개발독재를 경험하였다. 민주적 절차를 파괴하고 등장했던 억압정권들의 악몽이 있다. 그런 악몽 속에서 대통령은 선한 사람이 아니었다. 대중은 독재권력이 이끈 경제성장의 성과를 즐거워하면서도 지배자의 억압에 대한 앙금이나 응어리는 키워 왔다. 그런 응어리는 지배권력을 약화시켜야 한다고 믿는 잠재의식과 맥이 통한다. 그리고 권위에 순종하는 문화는 예전보다 흐려지고 있다. 독자적이기를 원하고 보다 많은 발언권을 요구하는 '신세대'가 늘어나고 있다. '디지털 파워'로 무장한 신세대의 주장은 유독 소란스럽다.

인간생활의 모든 영역에서 변동은 격동적이기 때문에 창의적이고 신속한 대응이 필요하다. 집권화체제로는 문제의 현장에서 기동성 있는 대응이 어렵다. 조직의 규모, 정부의 규모가 거대해지면 최고관리자들의 통솔범위가 넓어져 권력집중은 더 큰 부담이 된다.

공무원 등 조직구성원들의 인적 전문성이 높아졌다. 고객중심주의·소비자중심주의에 대한 요청이 커지고 있다. 정보화가 촉진되면 정보공유·정보공개가 쉬워지고 조직구성원들의 학습능력과 자율적 업무수행 능력이 향상된다. 이런 요인들이 모두 분권화론을 촉발하거나 밀어주고 있다.

분권화의 실제적인 필요가 늘어나고 분권화를 선호하는 풍조가 기세를 떨치게 되자 그에 편승하거나 이를 부풀리는 세력의 작용도 만만치 않게 되었다. 정치인들은 권력분산과 '권력 내려놓기'의 구호를 인기전략으로 삼는다. 언론은 정부권력집중의 폐단을 크게 부각시킨다. 정부의 실책을 권력집중의 탓으로 돌리려는 논조가 넘친다.

학계의 분권화이론들도 사람들을 세뇌하는 데 일익을 담당한다. 근래 정부개혁에 많은 영향을 미치고 있는 이론들은 분권화, 힘 실어주기(empowerment), 합의제 조직설계, 계서제(hierarchy) 타파, 경계 없는 조직, 잠정적 조직, 사회 내의 여러 세력이 협동하는 거버넌스와 네트워크 등등을 주장하거나 그에 연관된 것들이다. 힘 실어주기는 업무담당자들에게 필요한 권한 등 업무추진수단을 충분히 제공함으로써 그들의 자기효능감(self-efficacy)을 높이고 창의적·효율적 업무수행을 촉진하는 것이다. 잠정적 조직은 융통성이 높고 변동대응능력이 탁월한 조직이다. 갈등의 순기능을 강조하는 이론의 세력도 강하다. 갈등순기능론은 갈등이 없는 조직이나 사회는 죽은 것처럼 침체한다고 주장한다. 정부 내의 중립화론도 힘이 세져 있다. 이러다가는 '최선의 정부는 없는 정부'라는 옛말이 되살아날 수도 있겠구나 하는 생각을 안 할 수 없다.

우리 시대에도 권력통합이나 집권화를 요구하는 조건과 세력이 없어졌을 리 없다. 세월이 흘러도 여전하거나 새로이 부상하는 집권화 요구세력이 엄존한다. 제도개혁을 논의하는 사람들은 권력분산화의 필요뿐만 아니라 권력집중화의 필요도 함께 고려해야 한다.

명령으로 내리 눌러야 일이 돌아가는 권위주의적 관습이 남아 있다. 권위존중의 풍습은 많이 약화되었지만 폐습으로서의 권위주의는 여러 곳에 뿌리깊이 남아 있다. 정보화의 진전은 분권화뿐만 아니라 집권화도 촉진할 수 있는 양방향적·혼합적 영향요인이다. 정부사업의 규모가 커지고 정책이 국민생활에 미치는 영향이 커지면 권력상층부의 관심과 책임이 요구되고 그만큼 권력집중이 필요하게 된다.

정부조직의 분화가 촉진되고 복잡성이 높아지면 정부기능 통합작용의 집권적 수행에 대한 요청도 커진다. 분화수준과 통합수준은 균형을 이루어야 하기 때문이다. 자율화의 진전과 참여의 촉진에 따라 정책입안과정의 대립·갈등과 타협·절충이 많아질수록 정책집행과정의 일관성 있는 집권적 행동에 대한 요청은 커진다. 정책결정과정의 분권화가 촉진되면 정책집행과정의 집권화에 대한 필요가 커질 수 있다는 말이다.

대외적 경쟁의 격화도 집권화를 지지하게 된다. 독재권력들이 자기 보존을 위해 외부의 위협을 과장한다. 그런 전략을 조자룡이 헌 칼 쓰듯 하는 까닭은 피지배자가 외부의 위협이 있다고 믿을 때 권력집중에 대한 저항을 멈추기 때문이다. 민주국가에서도 실재하는 대외적 경쟁격화는 권력집중을 자극할 수 있다.

오늘날 정부권력의 통합과 집중화를 촉구하는 요인들이 어디 한 두 가지이겠는가. 그러나 집권화의 요구는 분권화의 조류에 밀려 숨을 죽이고 있다. 집권적 제도의 유지·강화는 대개 물밑에서 은밀히 진행된다. 분권화지향적 개혁의 집행과정에서 이를 비공식적으로 무력화하는 교란행동으로도 나타난다. 때로는 정당한 분권화조차 방해하는 음성적 작용을 한다.

다음에는 행정부 분할을 추진해야 할 충분한, 피할 수 없는 필요가 있는지 생각해 보자. 지금 우리나라에서 행정부를 둘로 나눠야 할 필요가 충분하다고 볼 수 없다. 행정부분할론을 정당화할 만큼 행정부를 견제하는 제도와 실행세력이 취약하다고는 말할 수 없다.

민주주의의 역사는 간간이 우여곡절을 겪기도 했지만 길게 보면 권력분화의 역사라고 할 수 있다. 초기에는 국민의 대표로 구성된 의회라는 통로에 의해 국왕이나 이른바 제왕적 대통령을 견제하는 수준의 권력분점으로 출발하였다. 차츰 3권분립을 확실하게 하고 행정부에 대한

다방면의 감시통제를 늘려 왔다. 행정의 정치화 영역도 넓어져 왔다. 정부조직 내의 분권화수준도 높아져 왔다.

현재 우리가 가진 정부권력 분점 내지 분권화의 장치는 심각한 제도적 결함을 내포한다고 말할 수 없다. 권력분립의 실행능력도 제대로만 발휘한다면 실격수준은 아니다. 행정부까지 분할해야 할 만큼 사회세력의 분화가 미진한 것도 아니다. 중요한 예를 몇 가지 보기로 한다.

3권분립은 그런대로 구실을 하고 있는 셈이다. 대통령이 국회를 '거수기 국회'로 만든 전력도 있고, 3권분립의 내막이야 아직 엉성하지만 3권 중 어느 하나가 다른 둘을 절대 지배하는 형국은 아니다. 3권 간의 견제와 균형이 때때로 일탈적이지만 궤도를 완전히 이탈하지는 않는다. 3권분립제도가 아주 망가져 있는 것은 아니라는 말이다.

야당들은 드세고 정부정책의 발목잡기에 능하다는 인상을 주고 있다. 국회에서 힘만 된다면 심각한 이유에서이든 별거 아닌 이유에서이든 대통령을 탄핵소추하기도 한다. 예산심의의 힘겨루기·볼모잡기 때문에 법정기간 내에 예산을 의결한 일이 없다. 심의가 미루어진 법안들의 적체가 심하다. 행정부의 중요 공직후보자들은 국회 인사청문회에 불려가서 큰 망신을 당하기 일쑤이다. 후보들이 사퇴해야 하는 궁지에 몰리는 예도 드물지 않다. 국회가 여소야대로 구성되거나 그 안의 정치세력들이 갈가리 찢어져 있는 경우 국정차질은 더욱 심각해진다.

그런가 하면 국회의원 등 선출직 공무원들이 법원의 단죄로 처벌되는 사례가 늘어나고 있다. 선거관리위원회의 감시도 무시하기 어렵다. 국회의원들의 편익을 위한 입법이 여론의 질타로 좌절되거나 미루어지기도 한다. 헌법재판소도 있다. 헌법재판소는 대통령이나 국회의 중대한 국책적 결정까지도 뒤집을 수 있다. 헌법재판소의 이런 절대권력에 대한 견제체제는 시원치 않다. 물론 헌법재판소도 여론의 눈치를 보기는 한다.

정부에 대한 국민감시의 핵심적 수단인 공직선거는 절대권력으로 탄압할 수 없는 수준에 와 있다. 지방자치가 진척되어 있다. 중앙정부의 말이 지방에서 먹히지 않는 일이 늘어나고 있다. 지방정부의 책임자들은 대통령의 시책에 대한 비판을 인기획득전략으로 삼기도 한다.

시민단체라고 하는 비정부조직들뿐만 아니라 넘쳐나는 각종 이익집단들은 정부견제에 열을 올리고 있다. 종교집단도 필요하다면 대통령을 무릎 꿇릴 수 있다. 지역이익 등 여러 이익의 충돌로 국책사업들이 좌절 또는 지연되거나 뒤틀려 막대한 낭비를 빚기도 한다. 시민단체들은 정부규탄 여론선동에 능하다. 촛불 들고 광장에 모이는 시위군중의 '촛불민심'은 대통령뿐만 아니라 정치권 전체를 굴복시킬 수도 있다. '촛불민심'을 지상명령으로 인식하는 것은 우리 시대의 새로운 풍속이다. 촛불집회를 주도했다고 제각기 주장하는 강성 노조나 시민단체들은 대통령에 대항하거나 대통령을 조종할 힘이 있다고 믿고 '청구서'라고도 불리는 요구들을 쏟아내고 있다.

언론의 정부비판, 정부트집잡기도 대단한 편이다. 대통령이 언론을 탄압해 입을 틀어막을 수 있는 위치에 있지는 않다. 언론과의 대결을 시도했던 대통령은 손해만 보고 말았다. 여론조사의 힘도 세다. 정치 그리고 정부의 중요 결정이 여론조사에 의지하는 사례가 늘어나고 있다. 대통령이 공론화위원회 등을 꾸려 여론에 정책결정을 맡기는 사례가 늘어나고 있다. 민원행정평가 등 정부활동에 대한 시민평가제들이 여럿 도입되어 있다. 여러 조직체에서 대통령에 대한 지지여부를 묻는 여론조사를 수시로 실시한다. 지지율의 등락에 따라 대통령의 힘도 등락한다.

우리 정치는 '지지율 정치'라는 평가를 받을 만도 하다.

여러 해 전부터 작은 정부론이 우리나라에서 인기를 누려 왔다. 작은 정부를 지향하는 개혁이 지지부진하다고 하지만 개발독재시대에 비하면 정부간여의 범위는 많이 줄었다.

행정부 내의 권력분점과 분권화장치도 많이 성장해 있다. 독립통제기관인 감사원도 있고 중립적 임무수행을 맡은 독립규제위원회들도 적지 않다. 집권자들은 검찰과 경찰을 수중에 넣으려고 안간힘을 쓰기도 하지만 검찰과 경찰의 정치적 중립성을 감시하는 눈 또한 늘어났다.

정부내부구조는 분권화지향적인 개혁을 여러 차례 겪어 왔다. 인사행정에서 계급개념이 조금은 흐려지고 선임순위를 존중하는 장유유서주의 또한 약화되었다. 그런 변화는 분권화에 유리한 인프라이다. 공무원노조는 일방통행적 행정을 견제하고 있다. 고삐 풀린 공무원노조는 정당한 활동영역을 벗어나는 정치적 행동도 서슴지 않는다.

권력분점에 관한 정부 내외의 형편이 지금과 같은 수준인데도 정부 시책의 비일관성, 비효율성, 낭비를 개탄하는 소리가 늘 들린다.

대통령의 통치권력을 견제하는 제도와 세력들에 대한 위의 설명을 비판하는 사람들은 통치세력의 실제적 독단과 독주의 사례들을 열거할 것이다. 그건 그럴싸한 반론이기도 하다. 매우 배타적인 진영들 간의 대결이 가열되고 있을 때 어느 한 쪽이 압도적인 정치권력을 장악하면 대통령에 대한 야당과 여론의 통제는 실제로 매우 어려워진다. 국민이 그런 상황을 만들고 지지해 준다면 제도로써 그것을 시정하기는 불가능하거나 극히 어렵다.

대통령이 속한 정당이 국회의 압도적인 다수를 차지하고 사법부의 인사에까지도 영향을 미쳐 3권이 모두 같은 진영의 손에 넘어가고, 이들이 통치권력의 한계를 소홀히 생각하게 되면, 막무가내로 무소불위의 권력을 휘두르려 한다면, 제왕적 대통령이라는 말이 설명력을 얻게 된다. 다수(majority)가 독단으로 폭주하는 경우 그에 대응하는 것은 국가적·국민적 차원의 문제이지 행정부차원에 국한된 문제가 아니다. 그런 문제는 행정부 분할이라는 제도개편으로 해결할 수 있는 것이 아니다. 분할해보았자 모두가 한통속일 터이기 때문이다. 그리고 사람의 문제, 운영행태의 문제를 제도의 문제로 착각해 내놓는 개혁처방은 쓸모가 없다.

각설하고, 우리나라에서 정치·행정적 권력을 분점·분권화하는 제도가 완벽하다거나 만족스럽다고 말할 수는 없다. 문제는 많으며 시간의 흐름에 따라 문제는 새로 생긴다. 공식적 제도의 문제보다 실천적·비공식적인 문제가 더 큰 것 같다. 심각한 문제는 형식주의이다. 겉으로는 권력을 나누어 주는 것처럼 꾸미고 실제로는 암암리에 권력을 그대로 거머쥐고 있으면 권력분점이나 위임은 형식일 따름이다.

앞으로 정부권력의 분화와 통합을 개선하고 상황적합성을 높이기 위해 지속적인 개혁을 추진해야 한다. 그러한 개혁의 과정에서 균형감각을 잃지 말고 극단에 흐르는 일을 피해야 한다. 권력분화에 기울어진 시대조류에 따라 개혁을 해 나갈 때는 분화에 따른 통합의 부담을 더 많이 생각해야 한다. 국정난맥을 초래할 지나친 권력분산은 막아야 한다.

지나친 권력분산책이라고 지목하여 내가 문제로 삼은 대상은 행정부 권력중추를 둘로 나누는 정부분할론이다. 그것은 유기체를 외과적으로 분할하는 것과 같은 무리이다. 권력분산이라기보다 책임분산의 폐단만 빚을 수도 있다. 국민이 행정부의 책임을 묻는 장치에 금이 가게 할 것이다. 행정부 내에 병립하는 권력중추들은 서로의 노력을 상쇄할 수 있다. 두 권력정상(權力頂上)의 대립을 조정할 제3의 권력중추를 신설해야 하는 필요가 생길 수도 있다. 권력의 속성 상 권력게임을 유발할 수 있다. 그것이 승·패 상황으로 고착되면 갈등이 심화될 수 있다. 우리 정치문화에서 분할된 권력중추들은 협력보다 대결에 치중할 가능성이 크다. 그들의 소속 정당이 다를 때 대립과 갈등은 파국적일 수 있다. 이와는 반대로 어떤 진영의 지배력이 압도하는 경우 행정권력의 제도적 양분은 쓸 데 없이 비용만 늘리게 된다.

두 권력중추의 어느 한 쪽이 상대방을 복속시키게 되면 권력분점은 형식화된다. 어느 한 쪽이 인사권·예산권을 장악하게 하고 다른 쪽에는 기능과 책임만 나눠준다면 권력분점시도는 헛수고로 귀결될 공산이 크다. 2원정부체제의 도입에는 혼란과 낭비가 따를 터인데, 그런 대가를 치를 만한 가치가 있는지 의문이다.

권력분할로 대통령이라는 권력중추를 약화시키면 그에게서 권력을 이양 받은 다른 권력중추들의 일탈까지 막아줄 수 있는 것은 아니다. 분산된 권력중추들의 권력남용을 감시하고 통제하는 일은 더 어려울 수 있다.

지금 우리가 독재정치제도 하에서 신음하고 있다면 정치·행정체제의 근본을 바꾸는 급진적 개혁을 추진해야 한다. 하지만 우리 형편이 그런 것은 아니다. 민주적 제도들이 그럭저럭 가동되고 있다. 대통령에게 권력이 집중되어 과부하나 부패의 문제가 있다면 점진적 개선책을 강구해야 한다. 그리고 권력분화체제의 원활한 작동을 지지해 줄 기반을 만들도록 노력해야 한다. 기존 제도의 내실화가 먼저이다. 현행 제도의 실책과 형식주의를 걷어내면 우리가 원하는 분권적 정부에 근접할 수도 있다.

정부권력의 총량을 줄이는 방안도 권력집중의 문제를 완화하는 중요한 해결책이다. 대통령의 업무가 과중하고 권력이 비대해져서 걱정이라면 작은 정부를 지향하는 개혁으로 정부간여·정부권력의 총량을 줄여나가야 한다. 과잉적 정부간여를 방치하고 정부 내의 권력분립만을 구상한다면 문제를 온전히 해결할 수 없을 것이다.

그러나 정부기능의 감축은 상황에 적합해야 하며 실현가능해야 한다. 작은 정부를 구현한다는 것은 상황적 조건에 따라 불필요한 일은 안 하는 정부를 만든다는 뜻이지 필요한 일조차 하지 않는 정부를 만든다는 뜻이 아니다. 세태를 반영하듯 정부실패를 공격하는 군중의 분노에 편승해 우리나라를 야경국가(夜警國家)로 만들자고 주장하는 사람들까지 나왔다. 그야말로 어불성설이다. 야경국가는 야경(밤에 범죄를 예방하기 위해 순찰을 하는 것)과 같은 치안유지를 위해 최소한의 기능만을 수행하는 국가모형이다.

정부조직 내에서 분권화와 힘 실어주기를 끊임없이 추진해야 한다. 관료제의 계서적 구조(階序的 構造)는 권력을 위로 계속해 끌어 올리는 빨대와 같다. 제도를 운영하는 사람들의 강한 의지로 분권화를 밀고 나가지 않으면 권력상층부의 권력집중은 질식할 지경에 이른다.

정부 내에서 권한위임은 권한포기와 다르다. 분권화해도 대통령은 행정권력의 최종책임자로 남는다. 그러나 실행적·작용적 책임은 권한위임을 받은 공무원이 져야 한다. 그러므로 위임받은 사람에게는 일할 수 있는 힘도 주어야 한다. 힘만큼 독자적인 책임도 져야 한다. 대통령과 장관들이 정부행정의 일거수일투족을 구체적으로 책임지라 한다면 정부가 마비될 것이다. 일선행정이 책임져야 할 실책을 놓고 "장관 물러나라", "대통령 사죄하라"고 우기는 행동은 보기 민망하다. 우리가 하루살이 장관, 상시 사죄하는 대통령밖에 가질 수 없다면 불행한 일이다.

대통령의 업무과다와 권력집중을 조장하는 심리적·문화적 요인들을 줄여나가야 한다. 그런 요인들은 대개 고질적이다. 책임 있는 능동성을 발휘하지 못하는 공무원, 무능한 공무원, 권력상층부만 쳐다보게 만드는 권위주의적 행정문화, 인사난맥, 스스로는 영혼이 없는 듯 위의 눈치를 살피고 위의 지시에 고분고분 맹종하는 자들의 인사우대, 체제화된 부패, 무슨 문제든 담당부서보다 '윗선'에 부탁해 해결하려는 '빽 동원'의 시민행태 등등은 대통령을 힘들게 하고 외롭게 한다. 그를 만기친람의 자리로 몰아넣는다.

실행부서가 알아서 처리해야 할 일을 대통령이 해결해 주도록 요구한다면, 대통령이 무슨 일에든 나서야 한다고 주장한다면, 대통령직속기관을 늘려나간다면, 대통령의 책임과 권력이 터질 듯 커질 수밖에 없다. 대통령이 무소불위, 무소불능으로 행동해 주기를 바라는 사람들이 대통령의 권력비대화를 걱정한다면 자가당착도 유만부동이다.

대통령의 권력이 비대한가의 여부는 국민의 신뢰를 얼마나 받고 있느냐 하는 문제에 관련지어 논의해야 한다. 국민의 불신이 크면 남용될 수 있는 권력이 커 보인다. 대통령의 권력 크기에 대한 시비는 권력집중의 실제적인 양만을 가지고 가름하기 어렵다. 대통령은 권력을 남용할 것이라는 대중의 생각, 국민의 불신이 권력분산론의 진정한 뿌리가 아닌가 생각한다. 많은 국민이 대통령을 춘향전의 변사또 쯤으로 안다면 대통령의 권력을 축소하거나 심지어는 무력화하자는 정치적 선동이 선거전략으로 쓸모가 있을 것이다. 국민이 훌륭한 사람을 대통령으로 뽑고, 그를 믿고, 그에게 힘을 실어주려 할 때 신뢰와 힘 실어주기의 선순환(善循環)이 진행될 수 있다.

대통령은 국민이 뽑는다. 그를 감시하는 최종적 책임은 국민에게 있다. 국민이 유능하고 선량한 대통령을 선출하고, 자율과 협동의 시민정신을 발휘하고, 파당적·국지적(局地的) 이익보다 공동이익이라는 것과 합리적 선택이라는 것도 조금은 더 존중한다면 대통령의 권력남용이 위험해질 수 없다. 시민의식의 수준을 높이는 것은 하루아침에 될 일이 아니다. 그러나 낮은 민도 위에서 정치·행정권력의 남용을 막는다고 권력분산제도를 강화한다면 사태를 더욱 꼬이게 만들고 실효도 거두기 어려울 것이다.

대통령은 선량한 관리자, 위임에 능한 리더, 부패를 막아주는 수호자로서 탁월한 능력을 발휘해야 한다. 그런 이미지를 국민에게 각인시켜야 한다. 그러지 못하면 권력구조를 어찌 고치든 권력분산론의 시비에 말려들 것이다.

지금 행정부 권력양분론은 상황적합성이 없다. 장래에 정부권력구조를 혁명적으로 개편하여 3권분립이 아니라 다원적 권력분점과 네트워크의 체제를 구축해야 하는 시대가 올지 모른다. 행정부 권력분산논의는 그 때 가서 다시 할 수 있다.

04
작은 정부, 큰 정부

    대한민국정부수립 이후 정부운영의 긴축·경비절감을 이유로 한 감원·기구정비는 어느 정권에서나 있었다. 제1공화국의 혼란한 시기에도 행정간소화·경비절감을 위한 감원과 기구정비를 중요한 행정개혁과제로 삼았다. 발전행정과 행정국가화의 뒷자락을 이어받은 제6공화국의 여러 정권들은 정권출범기에 대폭적인 기구·인력감축을 당연한 통과의례처럼 단행하였다. 규제개혁이라는 이름으로 정부간섭 축소를 또한 열심히 표방하였다.

    1980년대에는 영연방제국, 미국 등 선진국들에서 신자유주의적 사조가 힘을 얻고, 신공공관리운동이 세력을 크게 떨쳤다. 그 영향은 머지 않아 우리나라에도 파급되었다. 그에 얹혀온 '작은 정부론'은 우리의 정부개혁사업에 많은 영향을 미쳤다. 1990년대부터 정부개혁의 현장에서 작은 정부, 작고 강한 정부 등의 개념이 유행을 타게 되었다. 이때부터 정부감축에 대한 인식의 질적 변화가 일어났다고 볼 수 있다. 작은 정부의 추진은 단순한 경비절감을 뛰어넘는 폭넓은 개혁추진을 의미하기 때문이다.

얼마간 작은 정부 구현은 정부개혁의 역점메뉴, 단골메뉴가 되었지만, 이른바 좌파정부들이 들어서면 작은 정부 구현의 원칙이 뒷전으로 밀려나고 작은 정부 구현이라는 구호가 사라지기도 했다. 문재인 정부에서는 실업자 구제를 위해 정부조직 자체의 고용능력을 활용하는 정책까지 채택하게 되었다. 이것은 실업자들을 공무원으로 채용해 실업문제를 완화하는 정책, 즉 인사행정체제를 복지관료제로 만드는 정책이며, 작은 정부 추진에 역행하는 정책이다. 게다가 문재인 정부는 소득주도성장을 위해 정부가 적극적으로 개입하는 정책을 잇달아 채택했기 때문에 작은 정부 구현이라는 개혁원리는 무대에서 사라지다시피 하였다. 이전의 정권들처럼 정부규제개혁에 강한 역점을 두었기 때문에 그나마 정부감축정책의 명맥은 유지되었다고 볼 수는 있다.

작은 정부 추진세력은 부침을 겪어왔지만, 개혁현장에서 작은 정부 구현의 원리가 무용지물이 되었다고 말할 수는 없다. 작은 정부는 국정관리 논의에서 여전히 중요한 화두이다. 큰 정부(거대정부: big government)에 대조되는 작은 정부의 의미, 필요성, 실행방법 등을 설명해 독자들의 이해를 도우려 한다. 행정국가, 발전행정, 신공공관리, 복지관료제(인사행정의 복지체제) 등 몇 가지 연관개념들에 대해서도 뒤에 간단한 설명을 붙이려 한다.

작은 정부(smaller government; lean or streamlined government)는 규모가 비교적 작은 정부이며, 필요하지 않거나 바람직하지 않은 일은 하지 않는 정부이다. 작은 정부는 정부규모의 상대적인 크기에 관한 개념이다. 작은 정부는 산업화시대의 행정국가적 거대정부보다 비교적·상대적으로 작은 정부이다. 작은 정부는 작지만 효율적인 정부이다. 작은 정부론은 정부규모의 총량에 관심을 갖는다. 전반적으로 줄여나가되 불필요하게 된 것, 노폐화된 것, 낭비적인 것, 계속 유지하면 오히려 해독이 큰 것을 감축의 우선적인 대상으로 선정해야 한다고 주장한다. 불가피한 분야에서의 확장가능성을 용인하지만 그런 경우에도 적정수준을 넘지 말아야 하며 낭비를 배척해야 한다고 주장한다.

정부의 크기를 말해주는 지표 또는 연관요소는 공무원 수, 기구, 기능, 예산, 정치체제의 특성, 정부와 국민의 권력관계, 경제의 정부의존도, 문화적 특성 등이다. 전문적 연구인들이나 보통 상식인들이나 정부의 크기를 측정·평가할 때 쓰는 지표로 오래 중시해온 것은 인원수, 즉 공무원의 수였다. 지금도 공무원 수가 중요지표이기는 하지만 그것이 전부는 아니다. 그리고 공무원 수의 중요성은 기술발전에 따라 줄어드는 경향을 보인다. 인공지능의 활용이 늘어나고 가상공간(cyber space)에서 활동하는 가상조직(virtual organization)이 늘어나면 조직규모의 지표인 사람의 수가 예전 같이 중요시되기는 어려울 것이다. 가상조직은 전자적인 가상공간에 의존하고 조직의 인적·물적 구성요소가 축소된 조직이다.

공무원 수, 기구의 크기, 수행하는 기능의 크기, 예산의 규모 등 정부의 크기에 관한 직접적 지표의 측정치가 같더라도 정치체제가 강압적·권위적이고, 정부가 국민 위에 군림하는 권력관계를 유지하고, 시장경제의 정부의존도가 높고, 관우위(官優位)의 문화·관존민비적 문화가 강한 경우 정부의 지배력은 훨씬 더 큰 것으로 평가해야 한다.

지금 정부규모의 여러 지표와 관련요인들을 감안하면, 그리고 국민이 느끼는 정부간여·정부규제의 수준을 생각하면 우리 정부의 규모는 너무 크고 불필요한 정부간섭은 너무 많다는 평가를 하지 않을 수 없다. 과거에 정부의 지나친 팽창이 있었으며 그 동안의 여건 변화는 팽창된 정부의 폐단을 증폭시키고 있다는 것, 그리고 과도한 정부간여가 국민의 정당한 이익추구를 방해한다는 것에 대해 넓은 공감대가 형성되어 있다. 그러나 집권자들의 성향과 정책노선에 따라 작은 정부에 대한 개혁추진자들의 관심은 흐려지기도 했다. 작은 정부를 구현하려는 실천행동의 과정에서 겪게 되는 저항도 만만치 않다.

작은 정부에 관한 논의는 행정체제에 초점을 맞춘다. 현대행정국가에서 정부감축의 중점영역은 행정부문일 수밖에 없기 때문이다.

우리나라에서는 발전행정이 시작되었던 1960년대부터 행정팽창이 급속도로 진행되었다. 그 결과 거대정부와 행정국가가 형성되었다. 정부팽창을 유발하고 또 그것을 쉽게 했던 요인으로는 절대관료제의 역사적 유산, 발전행정에 나선 권위주의적 정권의 개발독재, 관료적 병폐로서의 확장지향성 또는 제국건설경향, 행정의 경계설정에 대한 국민적 통제역량의 미성숙 등을 들 수 있다. 왕조시대의 절대관료제는 오늘날의 기준에 비추었을 때 그 기능이 소극적·통제적이었지만 국민 위에 군림하는 권위주의체제였다. 따라서 국민생활에 대한 간여를 일방적으로 결정할 수 있었다. 그런 전통의 유산이 우리 행정의 팽창과정에 영향을 미쳤을 것이다.

기구증설이나 기능확대 등 정부팽창요인 가운데는 처음부터 과잉적이거나 낭비적인 것이 있다. 그런가 하면 당초에는 적정한 것이었지만 상황적 조건의 변화에 적응하지 못해 과잉적이거나 낭비적인 것으로 전락한 것도 있다.

정부팽창에 따르는 폐단은 많다. 정부가 거대해지면 조직 내에서 책

통치하기 어려운 나라 – 국정관리의 현안과 쟁점

임이 분산된다. 국민에 의한 민주적 통제가 어려워진다. 조직 내에서 공무원들이 창의성·능동성을 발휘하기 어렵게 된다. 층층시하의 계층적 통제가 강화되고 따라서 공무원 각자의 자율성이 떨어지기 때문이다. 국민생활에 대한 간섭확대는 민간부문의 자율적·창의적 활동을 방해한다.

정부가 너무 많은 일에 간여하다보면 과부하에 걸려 그 역량이 약화된다. 크고 무능한 정부가 된다. 행정팽창에는 낭비가 따른다. 업무의 신속한 처리가 어려워진다. 고위직 증설을 조장하고 그들의 지위를 강화하는 동인을 만든다. 고위직 중심의 거대관료제는 일선공무원들에게 일할 수 있는 힘을 실어주지 못하고 그들을 피동화한다. 명령과 지시가 있어야만 움직이는 피동적 인간을 만든다는 뜻이다. 거대조직을 흐르는 정보는 왜곡되기 쉽다.

조직의 거대화는 권한과 책임의 괴리를 크게 한다. 거대조직에서는 대개 지위차등을 강조하기 때문에 상하계층 간의 사회적 거리가 멀고 책임이 분산되기 쉽다. 여기서 말하는 사회적 거리(social distance)는 사람 간의 교호작용을 어렵게 하는 심리적 간격을 말한다. 그런 조직구조에서 권한과 책임의 일치를 구현하기는 어렵다. 권한만 있고 책임은 없는 사람이 있는가 하면 그 반대인 사람도 있게 된다. 거대 정부는 보수화된다. 환경적 요청에 대한 대응능력·적응능력이 떨어진다. 조직의 보수화는 공무원들의 능력을 서서히 저하시킨다.

정부와 행정이 거대해질수록, 규모확대가 지나칠수록, 그 폐단은 더욱 커진다. 정부규모가 지나치게 큰지 아닌지는 정부에 대한 기대와 환경적 조건에 비추어 판단하게 된다. 많은 문제와 폐단에도 불구하고 거대정부를 원칙적으로 지지하고 용인하는 조건들이 많을 때는 거대정부에 대한 공격은 무마된다. 사람들은 거대정부의 손실보다 이익에 주목하게 된다. 그러나 거대정부와 행정팽창을 지지하거나 용인하던 조건은 사라지고 작은 정부를 요구하는 조건은 강화될 때 상황은 반전된다. 행정팽창의 득보다 실이 크게 부각된다. 작은 정부구현에 대한 압력은 그만큼 커진다. 우리에게 그러한 조건의 변화가 일어나 있다.

우리 사회는 고도산업화 그리고 정보화가 겹치는 발전단계에 있다. 산업화시대의 규범인 거대화(대규모화)의 원리는 행정국가의 거대정부를 탄생시켰다. 그러나 개인의 창의성을 발전의 원동력으로 삼는 정보화시대에는 탈국가화·탈관료화(脫國家化·脫官僚化)의 요청이 커진다. 거대한 정보망이 확장되더라도 실물로서의 거대조직·거대정부는 축소되고 다양화되어야 한다는 요청이 커지고 있다.

경제의 고도성장기가 지나면 정돈기 또는 정체기가 따르기 마련이다. 인구는 줄어들고 고령화된다. 국민은 세금을 내는 데 인색해지고 세금의 낭비를 용납하려 하지 않는다. 정부는 재정자원의 긴축요구에 직면한다. 국민은 부의 분배, 복지혜택의 증가를 원하고 그 문제에 대해서는 민감하면서도 내는 것은 덜 내려 한다.

정부의 생산성저하에 대한 국민의 불만은 고조되고 있다. 거대한 몸집에도 불구하고 '우리의 문제'를 제대로 해결해 주지 못하는 정부무능에 대한 불만이 커지고 있다. 정부가 불필요한 간섭은 많이 하면서도 해야 할 일은 못한다고 생각하는 사람들이 늘어나고 있다. 사람들이 지난날에는 눈감아주기도 했던 행정의 실책과 낭비도 이제는 용납하려 하지 않는다. 이러한 국민의식 변화는 아주 중요한 변인이다.

민간부문의 자율능력이 크게 신장되었다. 민간의 자생력 부족·자율능력 부족을 전제로 도입했던 각종 정부시책들은 이제 민간부문의 발전노력을 속박하는 장애로 변해가고 있다. 창의성발휘가 살아남는 관건으로 된 세상에서 정부의 불필요한 간섭은 민간의 창의적 노력을 방해한다.

지금 행정의 환경은 격동한다. 행정수요는 복잡하고 다양하다. 그런 조건에 대응하려면 정부조직들은 고도의 적응성을 발휘해야 한다. 관료화된 거대정부로는 그러한 요청에 부응하기 어렵다.

세계화가 촉진되면 정부간여의 팽창이 국제적 마찰을 빚을 수도 있다. 국제적인 경제활동을 제약하고 자율경쟁을 억압하기 때문이다.

지금 우리에게는 작은 정부를 추구해야 할 필요가 있다. 그러나 실천은 쉽지 않다. 경제위기 이외에도 여러 애로와 저항 그리고 반작용이 있기 때문이다. 접근방법상의 문제, 관리구조상의 문제, 정부관료제의 현상유지적 성향과 확장지향성 등이 작은 정부로 나가는 길에 큰 걸림돌이 되고 있다.

접근방법상의 문제 가운데 가장 중요한 것은 감축결정의 과학적 근거를 제시하기 어렵다는 것이다. 정부조직의 활동목표는 흔히 모호하다. 정부조직의 활동에 대한 비용·효과분석 등 생산성 측정이 어렵다. 정부활동에 시장논리를 적용하기도 어렵다. 온정주의는 우리 행정문화의 중요한 특성이다. 온정주의는 사람이나 사업이나 줄이고 잘라내는 것을 주저하게 만든다. 이런 조건하에서 저항이 거세면 감축추진은 쉽게 좌절된다. 정부감축을 지향하는 강력한 정치적 추진력이 필요한데 그것이 흔들릴 때가 많다. 최고관리계층의 보신주의와 무사안일주의도 문제이다. 정책결정과정의 잘못 때문에 감축의 접근방법을 그르칠 때가 많다. 감축정책의 일관성이 결여되기도 하고 적절한 후속조치를 강구하는데 실패하기도 한다.

관리구조상의 문제들이 감축추진을 어렵게 하는 걸림돌이 된다. 성과주의적 관리체제가 성숙되어 있지 않다. 정부활동의 성과를 측정하는 데 게으르다. 조직과 기능의 존속을 결정할 때 고려되어 온 가장 중요한 요인은 산출이 아니라 인력·예산 등 투입요소이다. 예산결정방법은 점증주의적이기 때문에 근본적인 감축이 어렵다. 점증주의적 예산절차는 오히려 관료조직의 다단계적 확장전략에 이용당한다.

관료조직의 현상유지적 성향은 아주 강하다. 그러한 성향의 가장 일반적인 이유는 경직된 관료제구조와 그에 결부된 변동저항적 관료행태이다. 관료들이 조직변동의 필요를 깨닫는 데는 시간이 걸린다. 관료들은 확장된 조직의 정당성을 옹호하기 위해서 또는 기득권을 잃지 않기 위해서 조직감축을 반대하기도 하고, 조직확장에 든 매몰비용이 크기 때문에, 조직을 감축하면 그로 인한 전환비용이 크기 때문에, 조직변동으로 인해 후회하는 일을 두려워하기 때문에, 조직축소를 관리하는 감축관리의 어려움이 많기 때문에, 막연한 불안감 때문에 현상유지를 고집하고 축소지향의 조직개편에 저항하기도 한다.

관료조직은 현상유지에 머무르지 않고 강한 확대지향성을 행동화한다. 이러한 경향은 작은 정부 추진노력을 좌절시키고 그에 역행하는 변동을 야기한다. 감축을 뒤집는 관료들의 환원력은 강하다. 외적 압력으로 감축이 실현되더라도, 관료들은 그 이전으로 되돌리는 원상회복이나 재확장에 능하다.

대량실업 등 경제위기가 작은 정부 추진에 제동을 거는 것은 사실이다. 그러나 다른 많은 경제사회적 조건들은 작은 정부 구현을 촉구한다. 작은 정부 구현의 원리를 놓치지 말아야 할 것이다. 경제위기 극복을 위한 정부기능이 늘어나는 경우에도 그 안에서 작은 정부의 아이디어를 살려야 한다.

정부팽창을 견제할 궁극적인 감시자는 국민이다. 정부의 크기와 행정간여범위의 적정성에 관한 국민의 분별력이 높아져야 한다. 국민은 정부팽창견제에 능동적으로 나설 수 있어야 한다. 정치권은 작은 정부의 요청을 바로 인식하고 바람직하지 않은 팽창에 대한 견제역할을 충실히 해야 한다. 이에 관한 정치적 리더십의 헌신이 기대된다.

정부확장을 유도하거나 고착시키는 요인이 되는 구조적 경직성과 수구적 행정문화를 개혁하여야 한다. 불필요한 조직과 사업의 폐지에 대한 관료적 저항을 극복할 전략을 마련해야 한다. 무엇보다도 조직과 사업에 대한 평가를 강화하고 감축을 정당화하는 근거를 과학적으로 제시하도록 노력해야 한다.

조직을 감량하고 감량된 상태를 유지하기 위한 구체적 전술들을 개발하고 시행해야 한다. 조직의 구조를 줄일 때는 그 넓이 또는 폭뿐만 아니라 높이(계층의 수)도 함께 감축해야 한다. 넓이만 줄이면 그 효과를 지속시키기가 어렵다. 감축과 감축유지의 전술에는 수없이 많은 것이 있다. 정부규제를 필요한 최소한에 그치게 하는 것, 통솔범위(거느리는 부하의 수)가 좁아지지 않도록 경계하는 것, 불필요한 하급조직을 폐지하는 것, 직위증설·인력증원의 절차는 까다롭게 하고 감축의 절차는 쉽게 하는 것 등을 예로 들 수 있다.

작은 기구와 인력을 가지고 적은 비용으로 일을 잘 할 수 있도록 관리기법을 효율화해야 한다. 조직의 기동성 있는 활용으로 조직팽창수요에 대응할 수 있도록 유연한 조직설계를 채택해야 한다. 조직활동의 전반에 걸쳐 생산성을 향상시킬 수 있는 방책을 찾아야 한다.

생산성향상방안으로는 노동집약적 행정을 기술집약적 행정으로 개편하는 것, 관리체제·집행체제·서비스 전달체제·예산통제체제 등을 정비하고 합리화하는 것, 관련자들의 의사결정 참여를 촉진하는 것, 관리·감독의 행태를 개선하는 것, 업무처리방법을 개선하는 것, 생산성의식고취를 위해 훈련을 실시하는 것, 주인의식을 함양하고 팀워크를 향상시키는 것, 작업시간계획을 개선하는 것 등을 들 수 있다.

위의 설명과정에서 사용한 몇 가지 개념에 대해서는 설명을 붙이기로 했다.

행정국가(administrative state)는 광범한 역할을 수행하는 행정체제(정부관료제)가 공공부문의 운영에서 주도적인 위치에 있는 국가이다. 행정국가에서는 거대한 정부관료제가 국정(통치)을 주도하며 국민생활에 넓고 깊게 간여한다. 산업화시대의 산물인 행정국가의 주요 특성은 행정체제의 주도적 역할, 행정기능과 행정간여의 확대, 국민의 높은 행정의존도, 행정체제의 인력·기구·권력 팽창 등으로 요약할 수 있다.

발전행정(개발행정: development administration)은 발전도상국에서 행정체제가 국가발전을 앞장서 이끌고 관리하며, 그러한 일을 하기 위해 행정체제 스스로의 발전도 추진하는 활동이라고 정의할 수 있다. 이것은 발전도상국의 일이며, 국가발전관리에 관한 일이고, 행정발전을 포함한다. 나는 여기서 발전행정학에서 사용한 정의를 따르고 있다. 미국의 행정학계가 앞장서 출범시키고 성장시킨 발전행정학의 활동은 1960년대에 가장 활발하였다. 그 시기에 발전행정학의 정통적 패러다임이 형성되었다. 경제이론과 고전적 행정이론의 결합, 엘리트주의적 관점, 국가주도적 관점, 경제성장주의적 관점 등의 특징을 지녔던 정통적 발전행정이론은 후진국의 발전전략에 많은 영향을 미쳤다.

신공공관리(new public management)는 행정개혁의 관리주의적 접근 방법이다. 정부의 관리작용에 초점을 맞추고, 관리개혁을 공공부문개혁의 지렛대로 삼으려는 접근방법이라고 말할 수 있다. 신공공관리의 핵심적 지향노선은 고객지향성, 시장지향성, 그리고 성과지향성이다. 현대적인 관리이론과 경제이론의 영향을 많이 받은 신공공관리가 처방하는 개혁원리들은 시민에 대한 공공서비스의 개선, 능률적이고 효율적인 관리, 정부감축과 민간화의 촉진, 시장적·준시장적 기제(방법)의 도입, 산출과 성과의 중시, 수직적·수평적 전문화를 통한 정부구조의 개혁, 분권화를 통한 의사결정과 통제의 개혁 등이다. 여기서 말하는 수직적 전문화는 계층별 역할분화를 뜻한다. 수평적 전문화는 기능분야별 또는 업무분야별 분화이다. 신공공관리운동은 1980년대에 영연방제국에서 시작되었으며 이 운동의 주요 아이디어들은 점차 세계 각국에서 널리 수용되었다.

앞서 말한 바와 같이 2017년 문재인정부가 출범하면서 실업자구제를 위해 공무원 수를 늘리려고 큰 규모의 추가경정예산을 편성하였다. 실업문제, 특히 청년실업문제를 해결하기 위해 공무원 정원을 대폭 늘려 정부 안에 일자리를 만들고 거기에 실업자들을 흡수하자는 정책을 채택한 것이다. 이런 정책이 일으키거나 일으킬 수 있는 직접·간접의 파장은 크다. 실제적인 효과보다 더 큰 논란을 부를 수 있다. 공무원 증원으로 실업자를 구제하려는 방책은 인사행정체제에 복지관료제의 원리를 도입하는 것이다. 작은 정부 정책을 뒤집을 수 있다. 전체 인구의 고용구조를 변형시킬 수 있다. 고용의 의미가 생산성 증진의 도구냐 아니면 실업자 구제를 우선하는 사회보장의 도구냐를 묻는 질문에 대한 전통적 답변을 바꿀 수도 있다.

인사행정의 복지체제(welfare system)는 사회문제 해결과 인사행정의 역할을 연결 짓는다. 복지체제는 정부가 실업자들이 최후로 의지할 수 있는 고용주(employer of last resort)가 되어야 한다는 관념에 따라 공직을 실업자구제에 쓴다. 이것은 실업자들에게 일자리를 주어야 한다는 필요의 개념(need concept)에 입각한 인사제도로서 실적개념에 입각한 제도에 일관되기 어렵다. 여기서 필요란 실업자의 필요, 실업자구제의 필요를 의미한다.

05
법의 지배, 현실의 문제들

　법치국가에서 국가와 국민은 법의 지배를 받는다. 국정관리는 법이 정하는 바에 따르도록 되어 있다. 민주국가에서는 국민이 대표기관 또는 대의기관을 통해 법을 만든다. 국민은 대리인을 시켜 스스로 만든 법의 지배를 통해 보호받고 여러 혜택을 누리지만 구속을 받고 희생을 치르기도 한다. 법의 지배는 사람들을 웃게도 하고 울게도 한다. 사람들은 법을 잘 지키기도 하고 법을 어기거나 법질서를 교란하기도 한다. 법의 현실세계는 이렇게 복잡하다. 우리나라의 경우에 초점을 두고 몇 가지 국면 또는 주제에 관련하여 법현실의 문제들을 검토해 보려 한다. 법도 제도 중의 하나이므로 제도와 인간의 관계로부터 이야기를 풀어나가기로 한다. 그에 이어서 법과 정치의 관계, 법시행의 주관성, 준법의 조건, 법에 의한 자기결정권의 보호 등에 대해 차례로 논의하려 한다.

　제도(制度: institution)는 개인과 집단의 행동에 대해 인위적으로 설정한 제약이다. 제도는 사람의 권리와 의무를 규정함으로써 사람의 행동에 제약을 가한다. 제도적 제약의 양태는 법률, 규칙, 절차, 관행, 계약 등 여러 가지이다. 이런 제약의 양태에 따라 제도는 여러 가지로 분류할 수 있다. 제도유형의 한 가지인 법제도를 염두에 두고 제도의 일반적인 특성을 먼저 검토해 보자.

"사람 나오고 돈 나왔지 돈 나오고 사람 나왔냐." 이거는 돈 때문에 사람이 무시당하거나 핍박받는 데 대한 항변이다. 사람이 만든 돈이라는 제도에 대한 사람의 항변이다. 돈을 만든 건 사람인데 사람이 돈 때문에 울고 웃고 온갖 구속을 받고 돈 때문에 사람이 죽기도 한다. 일반적으로 제도와 사람의 관계는 대개 그러하다. 제도는 사람이 만든다. 제도는 사람의 생각을 반영한다. 그런가 하면 사람은 제도의 구속을 받는다. 제도는 그에 순응하도록 사람을 길들이고, 제도의 기대에 부응하지 않는 사람에게는 제재를 가한다. 사람의 손을 떠난 제도는 스스로 관성을 얻고 변동에 저항한다. 제도는 사람의 의도와 필요를 배신하기도 한다. 제도를 고치는 데는 시간과 비용이 든다. 그런가 하면 사람은 제도의 기준과 요구를 어기기도 한다. 제도의 위반이 만연하면 제도는 구두선(口頭禪: lip service)이나 공염불처럼 되기도 한다. 제도는 제풀에 형해화(形骸化)되거나 사멸한다.

사람과 제도는 얽히고설킨 한 몸이지만 분석과 설명의 편의를 위해 사람과 제도를 별개의 차원에 놓고 논의할 때가 많다. 그 전형적인 예는 개혁을 구상하고 논의할 때이다. 개혁의 초점을 제도에 맞출 것인지 사람에 맞출 것인지에 대한 사람들의 생각은 때와 장소에 따라 달라질 수 있다. 일반적인 개혁사조의 흐름을 보면 제도우선주의에서 인간우선주의로 무게중심이 이행되어 왔음을 알 수 있다. 체제의 개혁을 위해서는 제도를 고치는 일도 해야 하지만 제도를 만들고 운영하는 사람의 생각

통치하기 어려운 나라 – 국정관리의 현안과 쟁점

을 바꾸는 일이 더 중요하다고 주장하는 이론이 근래 넓은 지지를 받게 되었다. 강한 제도로써 인간을 통제하고 길들일 수 있다는 확신이 있던 시대에는 개혁의 제도적 접근방법이 득세하였다. 강경한 제도의 효용에 대한 신뢰가 약해지면서 인간중심주의적 접근방법이 점점 더 많은 지지를 모으게 되었다.

우리나라에서는 정치·행정의 개혁추진자들이 제도우선주의에 집착해 왔다. 서투른 숙수 안반 나무란다는 격으로 일이 잘못되면 제도 탓으로 돌렸다. 개혁의지를 과시하려고 눈에 잘 띄는 제도를 뜯어고치려고도 했다. 정권이 바뀔 때마다, 정치적 이슈가 생길 때마다 제도, 특히 법과 조직을 바꿔 문제를 해결하려 했다. 그에 따르는 비용은 잘 생각하지 않았다. 제도 개편에서 저지르는 실책도 많았다. 서투르고 성급한 제도 변동으로 사태를 악화시키는 경우도 있었다. 이제는 제도치중의 접근방법이 저지른 실책을 비판하고 인간중심적·행태주의적 접근방법의 비중을 높여야 한다고 주장하는 처방이 넘쳐나게 되었다. 그러나 다시 한 번 잘못된 치우침을 저지르면 안 된다. 제도적 접근방법의 실책들이 있었다고 해서 제도개혁을 소홀히 하거나 도외시하면 또 다른 실책을 저지르게 될 것이다. 개혁추진자들은 언제나 사람의 문제와 제도의 문제를 함께 볼 수 있어야 한다.

사람과 제도의 관계를 설명하는 틀에 정치와 법을 대입해보자.

정치는 법을 만든다. 법은 정치를 규율하고 징치(懲治)한다. 그런가 하면 제정된 법이 법으로 계속 남더라도 정치의 손아귀에서 완전히 벗어나지는 못한다. 법과 정치가 선순환(善循環)할 때, 정치는 법의 빈틈을 메워주고 법의 운행을 돕는 윤활유가 된다. 정치는 법의 실효성을 보장하는 힘이 되기도 한다. 법은 정치의 행로를 일깨워주고 정치의 일탈을 막아준다. 그러나 법과 정치가 잘못 얽히거나 악순환하면 서로의 영역을 갉아먹고 서로의 신용을 훼손한다. 정치가 할 일을 법에 넘기거나, 정치가 법을 이용해 당파적 이익을 취하기도 한다. 정치판에서 법은 권력게임의 목적도 되고 수단도 된다. 하나의 정치가 다른 정치를 길들이는 데 법은 손쉬운 도구가 된다.

법집행의 현장에서는 정치가 법으로 하여금 눈을 감게도 하고 비틀거리게도 한다. 정치의 묵시적 용인이 없으면 법이 움직이지 못하는 영역은 의외로 넓다. 법에 대한 정치적 눈가리개가 풀리면 강조주간적(强調週間的) 법집행이 홍수를 이루기도 한다. 법 적용이 가혹해지기도 한다. 그럴 때 추상같은 법집행은 씁쓸한 뒷맛을 남긴다. 법이 정치의 조종을 받을 때 법은 항상 법과 원칙을 표방한다. 정반대의 격언들이 한 쌍으로 존재하듯 대립하는 법과 원칙들이 병존하는 예는 흔하다. 정치와 법이 물고 물리는 악순환의 끝이 있을 것인가를 묻는 질문은 시간의 시작과 끝이 있는가를 묻는 질문과 같이 막막하고 무모하다. 인간은 정치와 법의 악순환보다 선순환의 폭이 상대적으로 넓어지기를 바라는 꿈을 안고 이를 실현하려 애쓸 수밖에 없다.

격언과 같은 법과 원칙 이야기가 나왔으니 화제를 법시행의 주관성과 자의성 또는 이현령비현령(耳懸鈴鼻懸鈴)으로 옮겨보려 한다.

자고로 법률의 해석과 적용은 이현령비현령일 수 있다고 했다. 법은 사람이 만들고 사람이 운영하기 때문에 귀에 걸면 귀걸이 코에 걸면 코걸이가 될 수 있다는 뜻이다. 인간능력의 한계 때문에 이현령비현령의 착오를 범할 수 있다. 그런가 하면 인간이기 때문에 고의로 또는 악의를 가지고 지나친 이현령비현령을 저지를 때도 많을 것이다. 우리 사회에서 유전무죄 무전유죄(有錢無罪 無錢有罪)라는 말이 자의적·차별적 법적용의 악덕을 풍자하는 말로 널리 쓰여 왔다. 문자 그대로 풀이하자면 돈 있는 사람은 죄가 없고 돈 없는 사람은 죄가 있다는 말이다. 그 말이 함축하는 뜻은 같은 죄를 지었더라도 돈이 있거나 정치권력이 있거나 해서 유력한 사람은 느슨한 법적용으로 처벌을 면하거나 가벼운 처벌을 받게 되고, 가난하고 힘없는 사람들은 가차 없는 법적용으로 무거운 처벌을 받게 된다는 것이다. 이것은 자의적 법적용의 한 단면을 아프게 지적하는 말이다. 어찌 유전무죄 무전유죄뿐이겠는가. 다른 허다한 영향 때문에도 법집행의 이현령비현령은 저질러지고 있을 것이다.

법을 해석하고 집행하는 기준에는 주관성과 객관성이 공존하고 절대성과 상대성이 공존한다. 법시행이 사람의 판단에 맡겨진다고 해서 주관성과 상대성에만 깊이 빠져 비윤리적이고 불법적이기까지 한 이현령비현령을 저지르면 안 된다. 그걸 막아야 한다는 것이 당위이지만 실제로는 온전히 막지 못해 법에 대한 신뢰를 무너뜨린다. 우리나라에서는 법적용의 이현령비현령이 과다했다는 것이 세평이다. 법에 대한 신뢰를 회복하는 것은 지금 중대한 국정현안 가운데 하나이다.

이른바 통치행위라는 것이 도마 위에 오를 때 문제는 훨씬 더 커진다. 법학도들의 말을 빌리면 통치행위는 고도로 정치적인 국가행위라고 한다. 그에 대한 사법심사의 가능성을 놓고 의견대립이 있다고 한다. 통치행위는 고도의 정치행위로서 사법적 심사의 대상이 아니라고 보는 견해, 사법심사의 대상이기는 하지만 사법부가 이를 자제하는(눈감아 주는) 것이라고 보는 견해, 사법심사의 대상이 되는 데 제한이 없다는 견해 등이 있다고 한다. 법의, 법학의 입장부터 이현령비현령의 길을 열어놓고 있다. 통치행위는 정치행위이며 따라서 합리주의적 영역이라기보다 협상과 타협의 영역에 치우친 행위라고 보는 데는 합의가 있는 것 같다.

그런데 협상과 타협의 권력게임인 정치의 영역은 참으로 이현령비현령의 본거지라 해야 할 것이다.

통치행위라는 모호한 현상의 적법성이나 합헌성을 따질 때 이현령비현령의 폭은 엄청나게 넓어진다. 어느 한 극단에 서서 본다면 적법한 통치행위는 찾기 어렵고 위헌 아닌 법률 또한 찾기 어렵다. 통치행위란 기실은 불법의 덩어리이지만 그에 대한 공격을 오직 힘으로 억압해 왔다고 보는 견해도 있을 것이다. 오랜 세월 힘에 밀려 통치행위의 위법성·위헌성을 규찰하지 못했다고 본다면 법학이론의 일부에서는 통치행위가 사법심사의 대상이 아니라는 말로 문제를 호도해 온 셈이다. 할 수 없었던 사법심사를 해서는 안 될 일로 묘사함으로써 통치행위에 이론적인 면죄부를 주어 온 것이 아닌가.

인간행위의 적법성이나 합헌성에 대한 결정은 사람의 판단에서 나온다. 이현령비현령을 저지르는 가치판단의 세계에는 당연히 다툼이 있다. 적법성·합헌성에 관한 이현령비현령의 승패를 가름하는 것은 결국 힘이다. 현실세계에서 힘은 도덕성을 의제(擬制)할 수 있는 능력을 발휘할 수 있다. 그런데 힘은 유동한다. 힘은 변화무쌍한 것이다. 힘의 추가 움직이면 법적용에 관한 이현령비현령의 판도 또한 따라서 변동한다. 통치자가 힘을 잃으면 '힘으로 덮어두었던' 통치행위의 위법성에 대해 추궁을 받을 수 있다. 이대로 두면 물러난 통치자가 처벌을 면할 수 있는 길은 점점 더 좁아질 것이다. 법시행의 이현령비현령으로 인한 통치의 불안을 해소해 민주정치의 작동을 정상화해야 할 것이다. 통치행위에 대한 법의 대대적인 정비가 필요하다.

다음에는 국민이 법을 지키는 준법의 전제조건을 생각해보기로 하자.

우리나라에서는 법이 잘 지켜지지 않는다고 개탄하는 사람들이 많다. 법을 잘 지키지 않는 까닭은 준법정신이 바르지 못한 사람들의 잘못 때문이기도 하고 법제도의 잘못 때문이기도 할 것이다. 법이 잘 지켜지고 부패 등 범죄가 없는 세상을 만들려면 사람들의 마음을 바로잡을 뿐만 아니라 법적 제도를 또한 개선해야 한다. 준법의 시대를 열어가기 위한 조건으로 인간개조와 제도개조가 다 같이 중요한데, 여기서 나는 제도개조 쪽의 이야기를 해보려 한다. 법에 대한 저항을 줄이고 법의 준수 가능성을 높이는 제도개혁을 더욱 서두르자고 주장한다.

고위공직후보자에 대한 국회 인사청문회는 불법·탈법이 횡행하던 우리네 현실을 돌아보게 한다. 조금 과한 위법·탈법의 전력이 들통 난 후보들이 중도하차하는 경우가 드물지 않다. 다행히 선처를 받아 청문회를 통과한 후보들도 대부분 찜찜한 꼬리를 달고 있다. 누구나 흔히 저질러 온 잘못인지라 한두 가지 흠은 선처해준다는 선심 쓰기의 덕을 보는 듯하다. 동병상련의 감정이 빚어낸 결론일 수 있다.

법이 흐트러진 오랜 세월을 살아오면서 너나없이 법위반의 수렁을 헤맸는데 이제 와서 누구를 죄인으로 몰 수 있겠느냐는 말을 하는 사람도 있을 것이다. 어지러운 세상에서 법을 어기거나 속이지 않고는 남보다 앞설 수 없고 기득권층에 낄 수도 없었을 거라는 생각 때문에, 탈법과 부패는 이 땅에서 정녕 성공의 조건이었구나 하는 생각 때문에 상대적 박탈감을 느끼고 탄식하는 사람들도 있을 것이다.

불법과 탈법이 만연되고 부패가 제도화되었던 세월을 살면서 우리는 "세금 제대로 내고 장사하는 사람 없다", "월급만 가지고 사는 사람이 어디 있느냐", "털어서 먼지 안날 사람 없다"는 말을 아무렇지도 않게 흔히 해왔다. 법대로, 원칙대로 사는 것을 고집한 사람들은 고지식하다느니 융통성이 없다느니 주변머리가 없다느니 하는 비아냥거림을 들기도 했다. 시행할 의지도 능력도 없어 사문화된 법률도 드물지 않았다. 법이 시행과정에서 에누리되는 예는 부지기수였다. 법의 에누리란 약간의 위반은 법이 모른 척 해준다는 말이다.

법의 에누리보다 더 기가 막히는 것은 '준법투쟁'이라는 개념이 떳떳하게 사용되고 있다는 사실이다. 법규 가운데는 엄격한 준수가 옳지 않거나 바람직하지 않은 것들도 있다. 법을 엄격히 지키지 않아야 일이 제대로 되기 때문에 법대로 하자고 나서면 누군가에게 타격을 줄 수 있다. 그래서 준법이 투쟁도구가 될 수 있다. 철도노조는 쟁의행위를 할 때 준법투쟁이라는 방법을 자주 동원한다. 업무수행에 관한 법규를 문자 그대로 준수하면 철도운행에 큰 차질이 빚어지기 때문에 법대로 해서 경영진과 정부를 골탕 먹일 수 있다. 입법자들은 지키지 말아주기를 바라면서 법을 만들기도 한다는 이야기가 된다.

불법과 부패의 뿌리는 우리 사회에 깊고 넓게 뻗어 있었기 때문에 쉽사리 뽑힐 수 있는 병폐는 아니다. 그러나 법과 실천행동 사이의 심한 괴리, 법 시행의 형식주의를 시정하려는 노력은 중단 없이 계속해야 한다. 우리 사회의 여러 분야에서 준법의 생활화를 위한 개혁행동이 진행되어 왔으며 그 효과도 없지 않다. 거기에 더욱 박차를 가해야 한다.

위에서 언급한 바와 같이 준법운동은 사람과 제도를 함께 대상으로 삼아야 한다. 국민의 준법의식을 고취하고 법 준수를 독려하는 시책들을 확장해나가야 한다. 불법시대의 기준이 아니라 합법시대의 기준에 따른 행동이 지배하는 사회적 분위기를 조성해 나가야 한다. 법은 엄격하게 시행해야 하며, 법을 지키는 사람만 손해라고 생각하는 풍조를 근절해야 한다.

합법의 시대로 발전해 나가려면 법도 합법시대의 조건과 필요에 맞게 고쳐나가야 한다. '법 없이도 살 수 있는' 선량한 사람들까지 괴롭히는 법을 방치하거나 새로 만들어서는 안 된다. 법대로 행동하는 사람들을 법이 너무 힘들게 하면 안 된다. 법은 복종의 조건, 순응의 조건을 충족하도록 만들고 시행해야 한다. 권력의 행사나 규범의 시행이 상대방의 복종을 무리 없이 이끌어낼 수 있으려면 일련의 조건이 갖추어져야 한다. 복종해야 할 사람이 요구받은 것이 무엇인지 이해할 수 있어야 한다. 복종해야 할 사람이 요구된 내용을 실천할 수 있는 정신적·육체적·사회적 능력을 가지고 있어야 한다. 법의 준수에 따르는 고통이나 손실은 견뎌야 하고 견딜 수 있다고 생각하는 수준을 많이 넘지 않아야 한다. 이해할 수 없는 것을 요구하는 법률, 준수할 수 없는 법률이 많아지면 위법이 늘어나기 마련이다. 지킬 수 없는 법을 만들고 준법을 호소하는 것은 참으로 어리석은 일이다.

어겨지는 것, 에누리되는 것을 전제하는 법이 아니라 지켜지는 것을 전제하고 지켜질 수 있는 법을 만들어야 한다. 법은 '에누리형'이 아니라 '정찰제형'으로 만들고 시행해야 한다. 그러려면 에누리를 생각하고 불어넣었던 거품을 제거해야 한다. 예컨대 누구나 다소간의 탈세를 한다는 전제하에 정했던 과중한 액면과세액은 없는지 따져보아야 한다. 세금을 제대로 내고도 장사를 할 수 있는지, 상속세를 제대로 내고도 자식이나 다른 후계자에게 기업을 물려줄 수 있는지 따져보아야 한다. 국민경제에서 돈의 흐름을 유도하는 데 세금을 남용하여 자유시장경제질서를 교란하고 정책실패라는 역풍을 맞는 일은 없는지 따져보아야 한다.

법령정비사업을 끊임없이 되풀이해야 한다. 현실과 너무 동떨어져서 제대로 시행할 수 없게 된 법은 찾아내 고쳐야 한다. 제도의 변화에 부응하지 못해서 제도들끼리 어긋나고 상충되게 하는 법도 찾아내 고쳐야 한다. 태생적으로 불공정하거나 부패한 법이 있다면 그것도 찾아내 개폐해야 한다. 정부에서는 새로 제정될 법률에 부패를 유발할 소지가 있는지 미리 따져보는 부패영향평가제를 시행하고 있다. 이미 시행되고 있는 법에도 부패한 법, 부패의 도구로 만들어진 법은 없는지 살펴볼 일이다.

다시 한 번 강조하거니와 법대로 하고 사는 사람들을 위해 그들에게 맞춘 법제도를 발전시켜 나가야 한다. 위반을 전제하는 법이 아니라 준수를 전제하는 법제도를 만들어야 한다. 지킬 수 없는 법, 과도한 부담을 주는 법을 만들어서는 안 된다.

끝으로 국민의 개인 생활에 대한 법적 간섭의 범위를 놓고 벌어지는 논란을 살펴보려 한다.

국민 각자의 개인 생활에 대한 국가의 간섭, 법의 간섭이 어디까지 가야 하느냐의 문제는 중요한 사회적 이슈로 부각되고 있다. 이 문제는 법과 현실의 관계를 다시 한 번 돌아보게 하는 계기를 만들고 있다. 어느 시대에나 국민생활에 대한 법적 간섭의 한계는 쟁점이었지만 오늘날에는 쟁점화의 수준이 유독 높다. 21세기는 자유화의 시대이며 해방의 연대라고 할 수 있기 때문이다. 지금 탈국가화·탈관료화에 대한 사람들의 갈망은 폭증하고 있다. 사람들은 법의 간섭이 지나치다고 주장하면서 법적 간섭의 해제를 도처에서 요구하고 있다.

2015년 2월 26일 헌법재판소는 간통죄의 형벌규정이 위헌이라고 결정하였다. 간통죄가 형법에 규정된 지 60여 년 만이며 위헌심판청구가 시작된 지 다섯 번 만에 내려진 위헌결정이라고 한다. 헌법재판소의 그런 결정이 보도되면서부터 자기결정권이라는 말이 세인의 입에 자주 오르내리고 있다. 자기결정권이란 자기 일은 자기가 알아서 결정할 권리와 자유가 있고 그에 대해 남이 간섭해서는 안 된다는 뜻으로 쓰는 말이다.

간통죄 규정이 합헌이라는 주장과 위헌이라는 주장을 뒷받침하는 논거는 각각 여러 가지이지만 2015년에 부각된 핵심적 논리대립은 미풍양속의 보호를 주장하는 논리와 개인의 자기결정권 신장을 주장하는 논리의 대립이었다. 성생활에 관한 인간의 자기결정권을 보호해야 한다는 주장이 이겨 간통죄 규정이 위헌으로 결정되었다고 한다. 자기결정권이라는 말에 맛을 들인 사람들은 여러 가지 문제들을 연달아 제기하고 논쟁을 벌여왔다.

당장 심각하게 제기되어 있는 것은 낙태를 합법화하는 문제와 안락사를 합법화하는 문제이다. 그 밖에도 여러 문제들이 제기되고 그에 대한 설왕설래가 많아졌다. 벌써 성매매(매춘행위)에 대한 처벌규정의 위헌여부에 대한 헌법소원의 필요를 들먹이며 호기심을 자극하는 사람들이 많다. 혼외정사, 배우자 이외의 사람과 하는 성행위가 무죄인데도 불구하고 그 거래에 금전이 제공되면 성매매이므로 처벌하겠다는 주장의 논거는 궁색하다고 말한다. 난봉꾼들은 이참에 성매매처벌규정의 폐지까지 밀고나가고 싶을 것이다. 호사가들은 마약이나 도박에 대한 처벌조항도 흔들어보려 할 것이다. 아닌 게 아니라 일부 선진국들에서는 가벼운 마약에 대한 처벌법규를 없애고 있다. 카지노니 뭐니 해서 도박에 대한 단속도 느슨해지고 있다.

인간의 자유를 한정하는 제도들은 변동을 거듭해 왔다. 구속의 정도가 심화되는 쪽으로 변동하기도 하고 완화되는 쪽으로 변동하기도 한다. 오늘날의 사조는 구속의 완화 쪽에 치우치고 있다. 정부는 국민생활의 자유 신장, 자기결정권 신장을 위한 국정과제를 설정하고 장기적인 연구를 시작해야 할 것이다. 행정법적 규제완화뿐만 아니라 형사법적 간섭의 완화에도 보다 많은 관심을 기울여야 할 것이다. 이 문제는 입법·행정·사법 등 모든 국정관리영역이 지혜를 모아 함께 풀어나가야 한다.

국민의 개인생활에 대한 법적 규제의 경계를 조정하려 할 때에는 많은 연관요인들을 고려하고 신중한 결정을 해야 할 것이다. 이 일을 할 때 고려되는 또는 고려해야 하는 요인들은 수없이 많을 터이다. 공익과 사익의 조정, 미풍양속, 관습, 국민의식과 여론, 법적 구속의 실효성, 법의 영역과 윤리의 영역에 대한 판단 등은 그 예이다. 이 가운데서 법과 윤리의 관계에 대해서만 몇 마디 첨언하려 한다.

윤리의 세계에 국가의 법률이 간여할 일은 아니라고 말들 하는데 윤리와 법의 관계가 그리 단순한 것은 아니다. 현실세계에서 법과 윤리는 일치할 수도 있고, 법과 윤리가 서로 어긋나서 마찰을 빚을 수도 있고, 법과 윤리는 서로 무관하게 별개의 영역을 지배할 수도 있다. 법과 윤리가 심각하게 배치될 때에는 법의 개폐결정이 비교적 쉬울 것이다. 그런데 국가의 법은 대부분 윤리규범과 부합한다. 대개 윤리규범 가운데서 중요한 것들은 이를 법률로 지지해 그 실효성을 높인다. 윤리의 영역에 법이 간섭할 필요가 없다는 이유만으로 어떤 윤리규범을 뒷받침해 오던 법률을 폐지하면 그 윤리규범의 시행력은 약화된다. 법적 지지가 철회된 윤리규범은 어겨도 괜찮다는 사람들의 생각을 부추길 수 있다. 윤리의 영역에 대한 법적 간여의 폐지를 주장하는 사람들은 그 점을 명심해야 한다.

06
가치의 충돌: 나라를 위한 속임수

무릇 어떤 인간사에서나 그러하듯 정부의 행동은 가치의 인도를 받는다. 여기서 말하는 가치(價値: value)는 바람직한 것에 대한 사람들의 관념으로서 사람들의 행동에 영향을 미치는 힘을 지니는 것이다. 가치는 옳은 것과 그른 것, 좋은 것과 나쁜 것, 해야 하는 것과 해서는 안 되는 것, 있어야 하는 것과 있어서는 안 되는 것 등에 대한 관념이다. 사람 사는 데는 수많은 가치가 있으며 가치들은 서로 갈등을 빚을 수도 있다. 가치는 사람들의 마음속에 있기 때문에 사람의 내면적 갈등을 야기할 수 있고, 사람마다 다른 가치 때문에 사람들 사이에 갈등이 생길 수도 있다.

정치와 행정은 가치규범의 제약 하에 행동한다. 정치와 행정이 받아들여 준수해야 할 공공가치들은 법제화되기도 하고 윤리규범으로 선언되기도 한다. 그런 공공가치는 아주 많고 다양하다. 가치 간의 관계 또한 다양하고 복잡하다. 가치들이 서로 무관할 수도 있고, 서로 일관될 수도 있고, 서로 도울 수도 있고, 목적—수단의 상하관계를 이룰 때도 있다. 그런가 하면 가치들이 서로 충돌하고 갈등을 일으키기도 한다. 가치 갈등은 실제로 흔한 일이다.

정치·행정의 현장에서 가치충돌로 인한 갈등 또는 딜레마에 직면한 사람들은 어려움을 뚫고 어떤 선택의 결단을 해야 한다. 여기에 가치선택의 가이드라인이 될 원리의 필요성이 있다. 가치선택의 원리도 아주 많으며 얼마든지 새로 만들어질 수 있다. 몇 가지 예를 보기로 한다.

주어진 가치를 예외 없이 적용해야 할 지상명령(至上命令)으로 받아들이도록 요구하는 지상명령적 처방의 원리가 있다. 가장 많은 사람들에게 가장 큰 이익이 돌아가게 해야 한다는 공리주의적 선택의 원리가 있다. 대의정치과정에서 결정한 대로 집행해야 한다는 수단지향적 선택의 원리가 있다. 집행하는 사람들은 결정을 이행하는 수단이라고 보기 때문에 수단지향적 선택원리하고 하는 것이다. 소속조직의 임무에 맞게 선택해야 한다는 임무지향적 선택의 원리가 있다. 고객의 요구에 따라 선택해야 한다는 고객지향적 선택의 원리가 있다.

시장논리에 따라 선택해야 한다는 시장지향적 선택의 원리가 있다. 목표가 수단을 정당화한다는 윤리규범에 따라 선택해야 한다는 목표우선의 선택원리가 있다. 이것은 목표의 중요성이 매우 큰 경우 수단의 사소한 비윤리성은 용인될 수 있다고 보는 처방이다. 어떤 행동이 긍정적·부정적 결과를 함께 가져오더라도 긍정적 결과의 이익이 더 크면 그 행동을 선택해야 한다는 비례적 선택의 원리가 있다. 사람들의 기본권을 존중하고 보호하는 행동을 선택해야 한다는 권리존중의 선택원리가 있다. 모든 사람에게 공평한 선택을 해야 한다는 정의론적 선택의 원리가 있다.

널리 공개해도 무방한 선택을 하도록 처방하는 공개주의적 선택의 원리가 있다. 극단을 피하고 중용의 길을 걷도록 처방하는 중용적 선택의 원리가 있다. 관례에 따른 선택이 바람직하다고 처방하는 관례주의적 선택의 원리가 있다. 주어진 상황에서 옳다고 느끼는 대로 선택하도록 권고하는 직관적 선택의 원리가 있다. 내가 원하는 것을 남에게도 베풀라는 가르침에 따르도록 처방하는 황금률적(黃金律的) 선택의 원리가 있다. 내가 원하는 것이 아니라 상대방이 원하는 것을 해주라는 백금률적(白金律的) 선택의 원리도 있다.

힘이 곧 정의라고 보는 윤리관에 따라 힘 있는 자의 뜻에 맞게, 그의 이익에 맞게 선택해도 된다는 힘을 정의로 보는 선택원리도 있다. 정치·행정의 실제에서 힘을 정의로 보는 선택원리가 지배하는 경우는 드물지 않다. 드물지 않다기보다 많다고 말해야 하지 않을까 싶다. 요즈음 세태를 보면 힘이 정의라고 믿는 풍조가 매우 거세다는 것을 알 수 있다. 그러나 이 원리는 암시장의 원리라 해야 할 것이다. 그 적용은 대개 도덕성을 보장하지 못하기 때문이다.

가치갈등에 직면한 공직자들은 가치선택의 원리 또는 선택원리의 조합을 적용할 수 있을 것이다. 어떤 한 원리에 집중적으로 의지할 수도 있겠지만 여러 선택원리들의 조합을 고려하게 되는 것이 보통이다. 여러 원리들의 요구를 제약요인으로 보아 고루 만족시키려 할 수도 있고, 여러 원리들을 순차적으로 고려할 수도 있을 것이다.

우리 정부의 운영에서 심각한 현안으로 되어 온 행정수도 이전 문제를 골라 가치갈등과 선택원리에 관련한 논의를 해보려 한다. 정부는 법률과 사법부의 결정을 준수하고 거짓말을 해서는 안 된다는 가치와 행정의 효율성을 높이고 공무원들의 복지를 향상시켜야 한다는 가치가 충돌할 때 후자를 위해 속임수를 쓰는 것은 나라를 위한 거짓말로서 용납될 수 있는가를 이야기 해보려는 것이다.

미국에서 한 때 '국익을 위한 거짓말'이 국가적 이슈로 부각된 적이 있다. 나는 여기서 '나라를 위한 속임수'라는 말을 가지고 논란을 일으켜 보려 한다. 논란이 건설적인 문제해결방안을 만들어낼 수 있길 바라는 마음이다. 정부기관들의 지리적 분산을 추진하고 행정도시라고 하는 세종시를 만들면서 여러 부적응 문제를 야기하였다. 이를 놓고 이런 저런 생각을 하다가 나라를 위한 속임수라는 화두를 꺼내게 되었다.

우리나라 정부기관을 서울 밖으로, 남쪽으로 이전하자는 논의가 처음으로 정책의제화되었던 것은 박정희정부에서이다. 박정희정부의 종언과 함께 그런 논의도 정가에서 사라졌다. 충청권으로 정부를 이전하는 계획을 대통령 선거공약으로 내걸었던 노무현정부에서 정부이전사업이 본격적으로 추진되었다. 이에 대해 위헌심판이 청구되었고 헌법재판소(헌재)는 정부이전을 위헌이라 판단하였다. 헌재는 정부이전은 곧 수도이전이라고 보았다. 서울이 수도라고 불문헌법이 정하고 있으므로 정부를 서울 밖으로 옮기는 것은 위헌이라는 논리를 폈다. 논리는 엉성하다. 성문헌법국가에서 불문헌법이 있다는 주장은 궁색하다. 행정부가 서울에서 나가면 바로 수도이전이 된다는 말도 모호하다. 누구까지 또는 어떤 기관까지 서울에서 나가야 수도이전이 되는가에 대한 판단은 다분히 자의적일 수밖에 없다. 그러니 정부가 대통령은 서울에 남아있게 하고 다수의 정부기관을 이전하는 정책을 추진하였다. 이것은 사실 헌재의 판결취지를 어기는 처사였다.

정부기관 이전을 실행에 옮겨야 할 이명박정부는 실천과정의 애로와 실천 후의 막대한 비효율을 우려해 정부기관 이전과 행정도시 건설을 백지화하려 하였다. 거기에 대통령은 심혈을 기울이는 듯 했다. 그러나 국회의 반대로 좌절되었다. 야당이 반대한 것은 물론이고 여당 내의 비주류도 반대하였다. 여당의 차기대선주자로 꼽히던 비주류의 리더가 반대의사를 굽히지 않았다. 국민과의 약속은 반드시 지켜야 한다는 이유를 내세웠다. 그러나 이면의 이유는 장래의 선거전략 때문이었을 거라고 의심하는 사람들이 많았다. 과연 그 리더는 뒤에 대통령에 당선되었다.

정부이전 또는 행정수도 이전의 정책동기는 여러 가지이다. 천명된 동기는 대개 합리적이다. 수도권 과밀이 가장 대표적인 이유이다. 안보상의 이유도 중요시되었다. 숨겨진 동기는 초합리적(超合理的)·정치적이다. 정권안보를 위한 국면전환이나 시선 돌리기, 아니면 집권을 위한 득표전략이 그것이다. 사실 숨겨진 동기가 월등히 큰 작용을 했을 것으로 추정된다. 합리적 동기는 정치하는 사람들에게 핑계요 수단이었을 수 있다. 여하간 부분적이라고는 하지만 정부기관들의 대거 지방이전은 엄청난 거사였다. 독재권력도 못해낸 일을 민주정부들이 해냈으니 하는 말이다. 표심(票心: 공직선거에서 보이는 지지도)이 무섭기는 무섭다.

충청권의 세종시(행정도시)가 문을 열고 많은 정부기관들이 그곳으로 이전하였다. 그 뒤가 문제이다. 부적응이 심하다. 많은 사람들이 불편을 호소하고 있다. 이전기관이나 그 소속원들은 서울에 대한 정을 떼지 못하고 있다. 서울에 거주하면서 세종시로 출퇴근하거나 가족은 서울에 두고 본인만 세종시로 이주해 이른바 주말부부생활을 하는 공무원들이 아직도 다수라 한다. 거기다가 상부 보고, 업무협의 등 때문에 서울 출장이 잦다고 한다. 공무원들이 개인생활의 추가적인 경비부담을 힘들어 한다. 보수의 태반을 길에다 뿌린다는 불평을 들을 수 있다. 공무원들은 늘어난 시간소모를 한탄한다. 정부기관들의 협조애로와 비효율이 큰 문제라고 한다.

행정수도 출범에 따른 고통과 낭비는 크다. 사람들이 그렇게 느끼기 때문에 그것이 큰 문제이다. 이런 어려움들은 시간이 오래 흐르면 상당히 진정될 것이다. 자연치유라는 것이 있다. 생물세계에 관한 진화론에도 일리가 있다. 북극지방에도 사람들이 적응하고 사는데 세종시에 적응하지 못할 이유가 없다. 숙지성(熟知性)의 감정이라는 게 있다. 공무원들도 세종시 생활과 잦은 서울 출장에 익숙해지면 낯선 곳에서 느꼈던 불만이 줄어들 것이다. 문제의 해결을 시간, 특히 긴 시간에 맡기는 방법도 무시할 수 없다. 지금 낭비요 고통이라 생각되는 일들이 훗날 당연시될 수 있다. 사람들이 그것을 낭비나 고통이라 생각하지 않게 될 수도 있다는 말이다.

그러나 정부이전의 부작용을 시간이 해결해주기만을 기다리면서 수수방관할 수는 없다. 계획적인 해결노력이 필요하다. 정부는 당연히 그런 필요를 인지하고 여러 해결책을 강구하고 있다. 이전기관에 근무하는 공무원들의 생활편의와 안정을 위한 조치들을 추진하고 있다든지, 정보통신기술 활용을 늘려가고 있다든지 하는 것이 그 예이다. 세종시로 옮겨 간 정부기관들에 근무하는 사람들이 실질적으로 주거를 이전해 가도록 돕는 조치들은 특히 중요하다.

정부운영 시스템에 관련하여 보다 비중이 큰, 파급력이 큰 대안은 없을까? 예전으로 환원해 세종시 프로젝트를 없었던 일로 돌리는 방법을 가상해보지 말라는 법은 없다. 그러나 그것은 정치적으로나 경제적으로나 불가능한 비현실적 대안이다. 그렇게 하기는 이미 늦었다. 입법부, 사법부, 행정부가 모두 세종시로 옮기는 방안도 있으나 그것은 헌법재판소에서 반대한다. 헌법재판소의 판단에 대해서는 누구도 이의를 달

수 없다. 이점에 관한 한 헌법재판소는 대한민국에 살아 있는 절대권력이다. 이 절대권력의 뜻은 거스를 수 없으나 암암리에 피해 갈 수는 있다고 생각한다.

보고를 하고 지시를 받아야 할 수많은 공무원들이 세종시에서 서울로 들락거리게 하느니 차라리 보고받고 지시해야 할 소수인이 세종시를 방문하거나 거기에 주재하면 편할 것이다. 우선 대통령의 별장과 총리의 제2공관을 세종시에 짓고 대통령과 총리가 거기에 주로 기거하게 하면 좋을 것이다. 청와대는 그대로 두고 외빈 접대나 의전행사에 쓸 수 있다. 세종시에 둘 국회 출장소도 크게 만들 필요가 있다. 대법원의 출장소도 만들어야 한다. 청와대를 옮기지 않는 한 위헌은 아니다. 이건 눈가림이다. 눈 가리고 아웅이다. 나쁘게 말하면 속임수이다. 그러나 속임수 없는 민주정부가 어디 있겠는가. 정부이전사업을 시작할 때부터 속임수는 이미 시작되었다. 정부이전의 숨겨진 동기를 들어내지 않았지 않은가. 헌재가 수도이전은 안 된다고 했는데도 불구하고 많은 정부기구들을 이전하지 않았는가. 그것도 사실은 속임수다.

위에서 세종시 근무 공무원들이 세종시로 주거를 이전하도록 돕는 시책의 중요성에 대해 언급하였지만 그와는 다소 상충되는 대책도 함께 추진해야 할 것이다. 정보화의 촉진을 통해 거주이전의 필요를 줄이는 대책도 함께 추진해야 한다. 앞으로 정보화가 촉진되면 전자적인 가상공간에 의존하는 가상조직이 늘어날 것이다. 세종시로 간 정부조직들의 가상조직화수준을 높이면 공무원들이 이주해야 하는 필요를 확연히 줄여줄 것이다. 조직구성원들이 일정한 건물의 주된 사무소에 출근해야 하는 필요도 줄어든다.

가상조직화의 진전은 세종시에 있는 정부청사에 서울에서 출퇴근하는 공무원들의 불편을 크게 덜어줄 수 있을 것이다. 재택근무와 원격사무소 근무가 늘어날 것이기 때문이다. 그리하면 공무원들은 편해지겠으나 행정도시 건설로 인구분산의 효과를 거두려는 정부의 계획에는 역행하게 된다. 그런 의미에서 가상조직화의 촉진은 세종시 건설로 인구를 분산시키려는 시책을 거스르는 속임수라 할 수도 있을 것이다. 그러나 정부는 미래에 일어날 공무원들의 거주지분산에도 대비할 필요가 있다. 장차 공무원들이 근무하는 정부기관의 소재에 상관없이 전국 어디에서나 거주해도 불편하지 않은 세상이 올 수도 있다.

속임수라는 험한 말을 쓰니 반감을 가질 사람들도 있을 것이다. 그러나 정책추진에 대한 저항을 극복하는 데 강압적 방법이나 합리적 설득 또는 이익교환의 방법만 있는 것은 아니다. 다독거리고 어루만지는 방법, 반대가 심할만한 부분을 슬쩍 가리는 방법, 주의를 다른 곳으로 돌리는 방법, 불이익을 에누리해 주는 방법 등등 조삼모사(朝三暮四)의 기법들이 정치·행정의 현장에서 더 많이 쓰일 수 있다. 정부부처들이 각기 예산을 더 많이 얻으려고 온갖 술수를 쓰는데 그것을 점잖게 예산전략이라 부른다. 각 부처의 예산전략 때문에 형사처벌을 받는 사람은 없다. 국회의 예산전략도 만만치 않다.

세종시의 고통을 더는 데 말이 안 통하는 반대자들이 장애가 되는 경우, 청와대와 총리실의 위장이전과 같은 '나라를 위한 속임수'의 전략도 구사해볼 만하다. 재택근무, 원격근무를 대폭 늘려 서울을 떠나지 않으려는 공무원들의 편의를 봐주는 속임수도 활용해볼 만하다. 속임수라는 말이 정히 듣기 거북하다면 전략이니 대책이니 하는 보다 점잖은 말로 바꿔도 무방할 것이다. 목표우선의 선택원리, 비례적 선택의 원리 등을 원용해서 헌법재판소의 결정에 대한 회피적 행동을 '나라를 위한 속임수'라 규정하고 눈감아줄 수는 없을까? 그런 회피적 행동은 온당치 못한 의도나 목적을 가지고 눈 가리고 아웅하는 다른 정책들과는 구별될 수도 있지 않을까? 그래서 나는 '나라를 위한'이라는 말을 특별히 강조하고 있다. 정치판에서 횡행하는 눈 가리고 아웅에 대해서는 뒤에 따로 논의할 것이다.

07
직업세계의 변화와 실업대책

우리나라 통치의 난제들에 대해 필요할 때마다 언급해 왔다. 해결의 희망이 보이지 않는다고 말해야 할 정도로 어려운 국정과제들은 많다. 그 중에 한 가지가 일자리 만들기에 초점이 맞춰진 실업대책이다. 그 문제를 골라 여기서 이런 저런 질문을 제기해보려 한다. 변동되고 변동하는 직업세계의 조건을 정확하게 진단하는 일조차 어려울 만큼 사태는 흐트러져 있고 복잡하다. 문제해결의 대책은 온전하기 어렵고 그 시행은 갖가지 딜레마에 봉착한다. 통치자들은 실업대책을 추진하느라 특단의 노력을 하고 있다지만 성과는 부진한 채 허덕이고 있다.

실업대책, 일자리 만들기 등을 논의할 때 관심대상이 되어야 할 직업세계는 대단히 광범한 것이지만 여기서는 민간의 주력산업부문을 주된 준거로 삼을 것이다.

사람들의 갈망과 필요와 생활조건은 시간선상에서 변한다. 그에 따라 사회전체의 직업구조도 변하고 개별직업분야의 성쇠도 변한다. 오늘날 세상의 변화는 그 속도와 폭과 깊이에 있어 예사로운 것이 아니다. 변동양상은 격동적이다. 세상이 격변하니 별의별 일이 다 생기고 있다. 세상살이의 모든 변동에는 이익과 고통이 따른다. 그런데 지금 우리가 느끼기에는 변동으로부터 기쁨을 누리는 사람들보다 고통을 당하는 사람들이 더 많은 것 같다. 직업세계의 변동에서도 사정은 같다. 생활인들에게 직업과 관련된 고통은 가장 직접적이고 아프다.

직업과 관련된 변동의 고통 가운데서 가장 큰 것은 취업난이라고 한다. 일자리를 못 구하거나 일자리를 잃는 사람들에게 일자리를 만들어 주어야 한다는 요구는 국가사회 전반에 막중한 압력을 형성하고 있다. 그에 대한 대응노력이 정부만의 책임은 아니겠지만 사람들은 정부의 책임을 가장 크게, 제일 먼저 생각한다. 그래서 정부는 책임지고 문제를 해결하겠다고 여러 대책들을 내놓고 있다.

실업의 고통에 가려져 국책적 관심을 받지 못하는 것이 직업부적응으로 인한 고통이다. 오늘날 거의 모든 직업인은 변동하는 조건으로 인한 부적응을 경험하고 있다. 직업이 당초에 기대했던 것과 달라져 있을 때, 쉴 새 없이 닥쳐오는 직업변동에 재적응하기 어려울 때, 사람들의 스트레스는 커지고 불만도 커진다. 그리고 직업보다 직업에 종사하는 사람이 더 빨리 변하고 있기 때문에 부적응을 일으키고 스트레스를 받는 경우도 많다. 스트레스라는 말을 입에 달고 사는 사람들이 너무 많아졌다. 통치자들은 광범하게 퍼져나가고 있는 직업부적응 문제에 대해서도 관심을 가져야 할 것이다.

사람 사는 데는 대세(大勢)라고 하는 거대한 조류가 있다. 그러한 대세는 어느 개인이나 집단이나 조직이 대항할 수 없는 불가항력적인 힘을 지니고 있다. 인간생활의 대세변화는 어떤 직업분야를 소멸시키기도 하고 탄생시키기도 하며 근본적인 변동을 야기하기도 한다. 어느 개인이나 직업군이 대세를 거슬러보거나 회피해 볼 수 있는 여지가 없는 것은 아니지만 그 가능성은 한정적이다.

산업화과정에서 농업에 기반을 두었던 특권계층의 몰락을 보았고, 농업인구의 감소를 보았다. 정보화시대의 자동화촉진은 새로운 직업들을 만들어내기도 하지만 여러 직업을 없애거나 위축시키기도 한다. 신용카드사용이 늘면서 전당포업이 쇠퇴하는 것을 보았다. 전자상거래가 늘면서 택배산업이 폭발적으로 성장하는 것을 보고 있다. 식생활이 풍족해지면서 사람을 굶겨주고 돈을 버는 이른바 다이어트 사업이 번창하고 있다. 인구성장이 부담스러웠던 시대에는 출산억제정책을 담당하는 공공분야의 직업이 늘었으나 저출산이 걱정인 시대에는 출산장려직업이 늘고 있다. 이런 등등의 조류 변화를 인력으로 막기는 어렵다.

각 직업분야의 성쇠를 결정하는 조건들이 지금 격변하고 있다. 모든 직업의 내용과 조건, 그에 대한 기대가 쉴 새 없이 변하고 있다. 이런 마당에 일자리 만들기가 최대의 현안으로 되어 있는 직업세계의 현황을 단정적으로 규정하기는 매우 어렵다. 다만 어림수로 오늘날의 직업과 직업인의 특성을 찾아보려고 한다.

사회발전의 단계를 농경사회, 산업화사회, 정보화사회 등 세 가지 단계로 구분하는 경우 우리 사회는 농경사회에서 출발해 산업화사회를 거쳐 정보화사회에 진입해 있다고 말할 수 있다. 우리의 산업은 혼합적이지만 선도부문은 정보산업부문이다. 정보산업의 발전은 다른 산업분야의 발전에 많은 영향을 미치고 있으며 경제와 일자리의 연성화를 촉진하고 있다. 사회적 유동화·다원화가 심화되고 있다. 정보과학 발달의 덕택으로 지적 창조생활의 기회가 확대되고 있다. 인구의 고령화·고학력화가 가속되고 여성의 사회진출(생산활동 참여)이 늘어났다.

　오늘날 일자리의 주된 출처로 지목되고 있는 조직들의 사회에도 예전과 다른 많은 변화가 일어나고 있다. 대규모의 조직들이 구조와 운영방식을 바꾸어가면서 발전하고 있다. 정보기술의 발전, 경제활동의 세계화에 따라 네트워크로 연결된 초거대기업들이 발전하고 있다. 그런가 하면 초거대기업에 대한 민심의 이반도 만만치 않다. 경제의 고도성장 뒤 끝에 확산되기 시작한 국민의 반기업정서는 중대한 문제이다. 산업화시대, 개발연대에는 산업에서 집중화·거대화가 절실히 필요했고 그것이 미덕이었지만 정보화사회, 산업화이후사회에 접어들면 집중화의 폐단이 점점 더 많이 부각되고 그에 대한 거부감이 커진다. 이런 추세와 국민의 반기업정서는 무관하지 않다. 대기업들이 일자리를 늘려주기 바라는 정책당국은 이점 유념해야 할 것이다. 사람들은 정부와 재벌을 욕하면서 일자리는 정부와 재벌에서 찾으려는 이중적 태도를 보이고 있다. 그런 국민의 태도와 닮은 일을 정부는 해야 하는 처지에 있다. 재벌을 규제하고 팔을 비틀어 재벌의 힘을 빼는 일과 재벌을 도와 일자리를 늘리게 하는 일을 함께 해야 하는 어려움을 지적하는 말이다.

　날이 갈수록 조직의 분산화·소규모화에 대한 요청, 잠정적·적응적 구조설계의 요청, 가상조직화의 요청, 네트워크화의 요청, 그리고 상황적 조건에 따라 조직설계를 다양화해야 한다는 요청이 점점 더 커지고 있다. 여기서 특기할 만한 것은 조직사회 전반에 걸쳐 정보화·가상공간화의 수준이 빠르게 높아지고 있다는 사실이다. 이 방면 연구인들은 '건물 없고 사람 없는' 가상조직의 확산을 장담한다. 가상조직화는 노동집약화와는 정반대의 개념이다. 이것은 사람들의 일자리를 크게 위축시킬 것이다. 관료화의 폐단으로부터 벗어나 조직을 인간화해야 한다는 주장도 커지고 있다. 조직이 유지해야 하는 대외관계와 조직의 사업이 복잡해지고 임기응변적 대응의 필요가 커짐에 따라 대응성이 높고 분권화·협동화된 문제중심의 조직운영에 대한 요청이 커지고 있다.

이런 배경 하에서 직업, 일자리 전반의 안정성은 예전에 비해 현저히 낮아질 수밖에 없다. 고령화시대에 직업적으로 일생 한 우물을 파기는 어렵게 되어가고 있다. 직업의 기술고도화·기술집약화가 가속되면서 단순노무의 상대적 비중은 감소하고 있다. 전통적인 의미의 일자리는 줄어들고 있다. 산업화시대에, 특히 경제가 빠르게 고도성장하던 산업화 초기에 팽창했던 제조업분야에서는 이제 인력감축이 생존전략의 핵심으로 되고 있다. 격심한 경쟁의 시대에 원가를 절감하고 생산성을 높이고 인력을 감축하지 않으면 제조업분야의 기업은 살아남기 어렵다. 서비스업분야의 기업들도 형편은 비슷하다. 정보산업분야의 일터는 노동집약적인 것이 아니다. 정보산업분야의 기술집약화 경쟁은 상상을 초월한다. 군소 자영업자들도 직원채용을 극단적으로 감축하지 않으면 살아남기 어렵게 되어 있다. 이런 대세를 거스르면서 일자리를 늘리기는 참으로 어려울 것이다.

지금과 같은 상황에서 농업이나 어업부문의 고용을 크게 늘리는 것 또한 가능하지 않다. 여성의 사회진출·산업활동참여가 계속 늘어나면 비좁은 일터는 더욱 비좁아질 것이다. 고령인구 증가도 취업문을 더욱 좁게 할 것이다. 연령정년 연장문제는 도처에서 제기되고 있다. 정년이 연장되면 젊은이들의 취업은 더욱 힘들어진다. 앞으로 노령인구에 대한 일자리공급문제는 더욱 심각해질 것이다. 인구감소추세에서 취업난 해소의 희망을 찾는 사람들도 있다. 그러나 인구감소가 소비감소와 생산위축 그리고 실업증가로 이어질 위험을 경고하는 사람들이 더 많다.

기업활동을 촉진하고 해외자본의 유치를 위해 정부규제를 개혁해야 한다는 것은 오랫동안 국가적 현안으로 되어 왔다. 우리에게 규제개혁 이란 규제완화 또는 규제혁파를 의미한다. 대통령들은 극히 강경한 어조로 규제개혁을 호소해 왔다. 기업들은 정부규제 때문에 장사를 할 수 없다고 절규해 왔다. 그러나 규제개혁은 지지부진하다. 전통적 방법에 의한 규제개혁 추진은 이제 한계에 봉착한 것 같다. 규제조직에게 규제를 줄이라고 요구하는 것은 무력하기 짝이 없는 호소에 불과한 일인지 모른다. 규제를 진정으로 없애려면 규제담당조직을 없애는 방법도 생각해 볼 일이다.

정부규제, 임금인상, 고용경직성, 강성노조의 투쟁 등 악조건은 기업들의 해외이전을 늘려왔다. 앞으로도 그런 추세는 계속될 것이다. 외국으로 떠나는 기업들은 일자리를 가지고 떠난다. 만일 북한과의 경제교류·경제협력이 늘어나게 되면 일자리는 북한으로 넘어가고 노동력은 남한으로 넘어오는 물결이 거의 쓰나미를 일으킬 수 있다. 그럴 때 잘못하면 정부의 실업대책은 파탄에 이를 수 있다.

세월의 변화에 따라 변하는 것은 직업과 일터만이 아니다. 사람도 변하고 직업에 대한 개인의 갈망도 변한다. 궁핍시대의 직업은 호구지책의 수단이었으며 부귀영화의 통로였다. 쉽게 말하면 먹고 살기 위해, 의식주를 해결하기 위해 돈벌이를 하는 방법이 직업이었다. 그것이 지금도 취업의 중요한 목적이라는 사실을 부인할 수는 없다. 그러나 사회가 발전할수록 그러한 목적은 점점 더 많이 수정되고 있다. 직업선택을 결심할 때 사람들이 고려하는 요인들은 복잡해져 가고 있다. 고학력의 신세대는 직장에서 경제적 소득 이상을 원하는 경향을 보인다. 일과 개인생활의 균형을 주장하고, 일터에서 일의 보람과 자기실현의 의미를 찾으려 한다. 신세대는 독자성이 강하고 권위에 대한 순응에는 익숙하지 않다. 풍요시대를 살고 구경해온 사람들의 직업을 보는 눈은 높아져 있다. 그들은 3D업종은 물론이고 질이 낮은 일자리는 기피한다.

직업세계의 변화추세에 대한 사람들의 부적응과 저항도 큰 문제이다. 시대조류를 받아들여 스스로 거기에 순응해보려는 노력은 거부하고 역사적 대세의 흐름에 거역하기만 하려는 행동은 실업대책 당국에 큰 부담을 안겨주고 있다.

대변혁의 시대에 직업마다 기득권을 지키려는 집단적 이익표출이 넘쳐나고 있다. 일부 업종의 투쟁은 가히 격렬하다. 결사투쟁의 붉은 머리띠를 두르고 나선다든지 삭발투쟁을 한다든지 하는 일은 거의 일상화되었다. 어떤 파업은 국민전체의 안위를 위협하기도 한다. 집단이익보호를 위한 투쟁에는 물론 여러 가지가 있다. 소외집단·피해집단의 이익구제를 위한 자못 처절한 항변이 있는가 하면 놀부 배짱으로 이미 부른 배를 더 채우려는 투쟁도 있다. 내놓아야 마땅한 것을 내놓지 않으려는 투쟁도 있다. 직업분야끼리 서로 빼앗으려는 투쟁을 하면서 만만한 정부를 들들 볶는 경우도 있다. 직장마다의 기득권옹호투쟁은 구직자들의 신규진입을 방해하고 위축시킬 수 있다. 그것은 정부의 실업대책 추진에 걸림돌이 될 수 있다.

직업분야마다의 이익을 옹호하고 주장을 관철하려는 노력을 모두 비난할 수는 없다. 합리적이고 온당한 경쟁과 건설적인 갈등은 민주사회에서 용납되는 것이며 바람직한 것이다. 그러나 혹시 대세에 역행하는 투쟁을 벌이고 있는 것이 아닌지 심사숙고해 보아야 한다. 주변을 살피고 시장의 요구와 고객의 요구가 어떻게 변하고 있는지 살펴보아야 한다. 그리고 스스로 변신하여 승리자가 되어야 한다. 기득권체제에 안주하고 복고적 투쟁도구에 매달려 시대조류의 대세와 충돌하면 결국 패퇴한다. 적어도 서서히 쇠퇴의 길을 걷게 된다.

오늘날 우리는 직업세계에 대한 대중적 인식과 기대의 변화를 본다. 거대하고 확실한 민심의 변화를 제대로 읽지 못하고 이기적 행동만 일삼는다면 그것은 어리석고 자신과 타인에게 피해만 입히는 처사라고 하지 않을 수 없다.

직업세계에 관한 민심의 변화란 무엇이냐? 우선 소비자시대의 요청에 부응해야 하며, 공급자중심주의는 버려야 한다는 것이다. 소비자중심적 서비스에서 경쟁력을 보여주어야 한다는 것이다. 고객에게 만족을 주지 않는 직업은 퇴출되어 마땅하다는 것이다. 소수독점의 횡포는 안 된다는 것이다. 어떤 분야의 직업인 수를 늘리지 못하도록 인위적으로 억제하는 일을 해서는 안 된다는 것이다. 소비자들은 많은 공급자들이 보다 나은 서비스를 위해 경쟁하기를 바란다. 소수독점으로 호경기를 구가했던 직업들은 이제 공급이 늘어나는 추세를 거스를 수 없을 것이다. 전문인력의 공급확대는 당연히 그들의 취업난을 키운다.

오늘날의 시대정신은 특권적인 계층, 특권적인 직업을 거부하는 것이다. 사람을 깔보는 특혜집단은 시대조류에 오래 저항하지 못할 것이다. 이러한 대세를 수용하고 거기에 적응하는 변신을 해야 승리자가 될 수 있다. 모든 직업분야에서 이익보존을 위해 투쟁하는 사람들은 이 점을 명심해야 할 것이다.

자고로 상황의 변화에 대응하고 적응하는 것을 삶의 순리로 여겨왔다. 격변의 시대에 적응의 필요는 더욱 커지고 있다. 모든 직업인들은 자기 직업의 변화에 원활히 적응해 나가야 한다. 시대의 변화에 따라 변하는 자기 자신의 필요에도 잘 부응해야 한다. 고령화시대에 사는 사람들에게 가장 다급한 과제는 명이 길어진 인간이 명이 상대적으로 짧아진 직업의 세계에서 사는 방법을 탐구하고 새로운 직업설계를 개척해 나가는 것이다. 시간의 흐름에 따라 크게 변할 직업들, 그리고 지금 생겨나지도 않은 직업들을 예상해 긴 장래의 직업설계를 하는 일이 얼마나 어렵겠는가. 그 밖에도 복잡한 과제는 많다. 일의 보람을 찾는 과제도 점점 중요성을 높여가고 있다.

정부는 일자리를 늘리고 실업률을 낮추는 절체절명의 암울한 국책과제를 떠안고 여러 방면의 시책을 추진하고 있다. 정부가 허덕인다고 말할 수 있다. 여러 시책을 벌려놓고 동분서주하는 것처럼 보이지만 속 시원한 성과는 좀처럼 눈에 보이지 않기 때문이다.

정부는 재정을 투입해 정부부문의 고용을 늘리는 방법을 쓰고 있다. 실업구제를 위한 공무원증원책은 파격적인 것이다. 규제완화, 재정지원 등을 통해 기업의 투자·고용능력 확대를 도모하고 있다. 벤처기업 육성에 나서고 있다. 일자리의 양질화를 위한 일련의 조치들을 취하고 있다. 일련의 조치들이란 최저임금 인상, 근무시간 단축, 비정규직의 정규직 전환, 고용조건에 관한 기업 간 격차 축소 등을 지칭한다. 이런 방책들에 순응하는 기업들에는 정부보조금을 주고 있다. 농촌살리기, 재래시장 살리기 등도 실업대책의 일환으로 이해된다. 가장 넓게는 거시적 경기부양책도 실업대책에 연계해 입안한다. 기존의 정책기조 또는 정책프레임 안에서 생각할 수 있는 실업대책들은 어지간히 망라되어 있는 셈이다.

정부가 기울인 그간의 노력이 전혀 무위로 돌아갔다고 말할 수는 없다. 그러나 실업문제를 견딜만한 수준까지 해결한 것은 아니다. 자유시장경제체제하에서 노동시장에 대한 정부개입에는 한계가 있다. 정부의 시장개입이 시장의 작동을 교란하는 부작용을 빚을 수도 있다. 정부의 구체적인 실업대책들은 대개 부작용을 수반하거나 오히려 실업을 늘리는 역효과를 낼 수도 있는 위험을 안고 있다. 일자리의 양질화를 위해 최저임금기준은 높이고 근무시간은 단축하는 시책이 일자리를 줄이는 부작용을 일으킨 것은 실업대책의 자가당착을 보여준 단적인 예이다. 정부대책의 단기적인 근시안적 안목을 나무라는 사람들도 많다. 집권자들은 임기 내에 공약을 이행하고 바로 성과를 과시하려고 무리한 극약처방을 남발한다는 비난이 크다.

과학기술과 그에 결부된 생산활동의 영역에서는 거의 단절적인 변화의 물결을 일으키고 있다. 그러나 사회구조와 정부의 정책프레임은 그것을 제대로 뒤따르지 못한다. 정부의 정책이 시대조류에 뒤처지는 것은 정부의 본래적인 한계 때문이라고 할 수도 있다. 그러나 그 한계를 극복해야 하는 것이 미래의 정부이다.

국민의 일자리에 관한 정책의 입안자들은 직업시장의 변화와 구직인구의 변화를 정확하게 분석해야 한다. 직업과 일자리에 관한 현실과 장기적인 변화추세의 분석은 좋은 이론의 인도를 받아야 한다. 좋은 이론은 직업과 일자리를 끊임없이 재정의(再定義)하고 타당한 분석틀을 제공할 수 있어야 한다. 정부가 주도하여 취업상황을 거시적으로 진단하고 장기적인 변동방향을 예측해주는 것만으로도 사람들에게 많은 도움을 줄 수 있을 것이다.

단기적으로도 기존의 전통적인 일자리를 늘리는 데만 골몰해서는 크게 성공하기 어려울 것이다. 정부는 새로이 부상하는 직업수요를 포착하고 시대적 조건에 부합하는 일자리의 창출·확장을 유도·지원해야 한다. 정부는 기존의 일자리를 늘리는 데만 머무를 일이 아니라 새로운 일자리의 창출을 돕는 데 더 많은 힘을 기울여야 한다는 말이다. 이 말은 실업대책의 논의에 나서는 모든 사람들이 하고 있다.

장기적인 변동에 대비하는 청사진도 구상해둘 필요가 있다. 예컨대 의식주의 해결을 위한 노동의 일자리가 지금의 절반 이하로 줄어들고 부양해야 할 인구는 상대적으로 많아지는 경우에 대비한 방책을 연구하기 시작해야 할 것이다. 미구한 장래에 닥칠 수 있는 그런 사태에 대한 대책은 혁명적인 것이어야 할 것이다.

저출산·고령화가 몰고 온 여러 어려움 가운데서 가장 자주 거론되는 것은 소수가 다수를 먹여 살려야 하는 문제이다. 생산능력을 잃은 노인을 부양하는 문제가 걱정꺼리라지만 문제는 거기에 그치지 않을 것이다. 생존을 위한 생산활동에는 뜻이 없고 소비에만 익숙한, 생산활동에 적응하지 못하는, 대량소비시대에 낳고 자란 젊은이들이 크게 늘어나고 있는 데도 관심을 가져야 한다. 고령화가 되든 안 되든 멀지 않은 장래에 소수가 다수를 부양해야 하는 것은 불가피한 일이 되지 않을까 생각된다. 정보화·인공지능화가 초고속으로 진행되면 사람 없는 일자리들이 아주 많이 늘어날 것이기 때문이다. 지금 우리는 사람의 일자리를 늘리는 일에만 온 정신을 쏟고 있으나 사람이 필요한 일자리의 획기적인 축소를 기정사실로 받아들여야 할 때가 머지않아 닥칠 수 있다.

소수의 인구가 다수의 인구를 부양하는 효율적 사회체제의 청사진을 서둘러 만들어야 한다. 생계를 위한 일에서 벗어난 생산적 인구가 지적 창조생활을 영위하고 국가사회의 문화발전에 기여할 수 있게 하는 방책의 청사진을 만들어야 한다. 그런 필요에 대응하려면 인구정책과 일자리정책을 담당하는 사람들이 파격적인 발상전환을 해야 할 것이다. 토마스 모어는 이미 수백 년 전에 인구의 절반씩이 몇 년을 주기로 교대하여 농사를 짓는 유토피아에 대해 이야기한 바 있다. 먹고 살기 위한 노동에는 인구의 일부만이 종사하는 이상향을 묘사한 것이다. 국민의 대다수가 농업에 종사하던 시대에 많은 사람들이 굶주렸지만 농업인구가 급격히 줄어드는 변화가 일어날수록 국민의 식생활이 풍요로워졌다는 묘한 상관관계에서도 어떤 힌트를 얻을 수 있을 것이다. 아이를 양육하는 데 필요한 경제력이 커질수록 아이를 적게 낳는 추세의 아이러니에서도 어떤 역발상의 힌트를 얻을 수 있을 것이다.

08
세대의 균열: 노소갈등

지금은 중구난방의 시대라 할까, 갈등의 시대라 할까. 드센 주장들도 많고 갈등도 많다. 사회적 격동성이 높아지면서 이해대립이 날로 첨예화되고 갈등이 늘어나고 있다. 우리 사회 곳곳의 갈등을 관리하는 일은 막중한 국정현안이다. 통치중추는 갈등관리의 시험대 또는 시련대(試鍊臺)에 올라 있다.

거시적으로 파악한 사회집단 간, 사회세력 간 갈등의 대표적인 예로 지역갈등, 이념갈등, 빈부갈등, 노사갈등, 남녀갈등을 들 수 있다. 그에 더해지고 있는 것이 세대갈등이다. 세대갈등, 노소대립(老少對立)이라는 말은 비교적 새로운 것이다. 여기서는 세대갈등의 문제를 논의하려 한다.

개인, 집단, 조직 등 행동주체 간의 대립적 상호작용을 갈등(葛藤)이라 한다. 하나의 작용이 다른 작용을 방해하거나 손상시키거나 그 효율성을 떨어뜨릴 때 그런 상호작용을 대립적 또는 적대적이라 한다. 갈등의 출처가 될 수 있는 상황 또는 조건은 매우 다양하다. 상충되는 목표의 추구, 제한된 자원의 획득과 사용에 관한 경쟁, 의사전달의 장애, 빈번한 변동, 행동자들의 특성 등이 모두 갈등야기의 조건이 될 수 있다.

갈등의 양태는 헤아리기 어려울 정도로 다양하다. 갈등이 언제나 해롭기만 한 것은 아니라고 한다. 유익한 갈등도 있다고 한다. 개인이나 어떤 사회체제의 목표와 가치를 지지·촉진하는 결과를 가져오는 갈등은 유익한 갈등이라고 한다. 이런 유익한 갈등이 없으면 정체된 사고방식, 잘못된 의사결정, 독재와 획일주의, 체제의 침체 등을 가져온다고 한다. 순기능적 갈등을 용인하고 해로운 갈등을 유익한 갈등으로 전환하는 것도 갈등관리의 한 전략이라고 한다. 그러나 갈등의 과정과 그 결과에 부작용과 폐해가 따르는 경우가 대부분이기 때문에 우리는 갈등의 방지와 해소에 집중적인 관심을 갖게 된다.

갈등의 행동주체 즉 당사자 역시 다양하게 분류할 수 있다. 개인, 소규모집단, 조직 등 결사체, 지역공동체, 광범한 사회적 집합체 또는 사회계층 등이 갈등의 당사자가 될 수 있다. 연령을 기준으로 나누는 세대의 범위도 다양하다. 세대 간 갈등을 말하는 사람들 대부분은 무엇을 한 단위의 세대로 보느냐에 대해 언급하지 않는다. 이야기를 듣는 상대방이 이해하려니 하는 생각에서 그리 할 것이다. 세대 간 갈등을 논의할 때 세대의 범위를 엄밀히 정의하기는 사실 어렵다.

나는 여기서 노년층과 청년층을 구분하여 세대 간 갈등의 문제를 논의하려 한다. 그러나 세대개념이나 노소구별의 모호성 또는 가변성을 어느 정도 용인하지 않을 수 없다. 설명하는 문맥에 따라 세대규정의 추상성을 아주 높여 거시적으로 세대를 양분해 파악할 때도 있고, 점차 추상성이 낮은 연령집단을 준거로 삼을 때도 있을 것이다. 노년층과 청년층이라는 말이 때때로 기성세대와 신진세대(신세대), 선배와 후배, 상위

통치하기 어려운 나라 – 국정관리의 현안과 쟁점

연령층과 하위연령층 등의 의미를 함축할 수도 있다. 노년층(늙은이 세대)은 오래 살아온 과거가 있고 과거에 익숙하다는 의미에서 과거세대라 불리기도 하고, 청년층(젊은이 세대)은 살아가야 할 앞날이 많다는 의미에서 미래세대라 불리기도 한다. 이런 별칭에 함축된 의미도 유념할 것이다.

노소갈등(老少葛藤)은 다른 영역의 갈등과 구별되는 특징들을 지녔다. 기존의 갈등개념으로 노소갈등의 설명이 가능할 것인가에 대한 의문이 들기도 한다. 늙기 전에 죽는 예외를 빼고, 모든 인간은 그 생애 중에 반드시 젊음도 겪고 늙음도 겪는다는 사실이 노소간의 관계에 아주 원초적인 조건을 설정한다. 노인을 공경하는 사람이나 노인을 원망하는 사람이나 자기도 늙는 날이 있을 거라는 생각을 하지 않을 수 없다. 노소갈등이란 결국 이미 노인인 사람들과 앞으로 노인이 될 사람들 사이의 관계인 것이다. 버릇없이 대드는 젊은이들에게 "너도 늙는다"는 말로 반격하는 노인들을 흔히 본다. 이런 에피소드는 많은 것을 시사한다.

노소갈등은 노골화되고 대립적 행동으로 현재화되기 어렵거나 그 정도가 완만해질 수밖에 없는 특질도 가지고 있다. 노소갈등은 잠재화된 심리적 갈등과 현재화(顯在化)된, 겉으로 나타나는, 갈등의 차이가 큰 갈등유형이라고 설명할 수 있다. 사람은 젊음과 늙음을 다 같이 경험한다는 사실뿐만 아니라 인간이 지켜온 오랜 문화가 노소갈등을 원천적으로 봉쇄하거나 억제하거나 잠재화해 왔다. 인간은 어느 사회에서나 노소갈등을 억제하는 문화를 만들었다. 효도, 경로, 장유유서 등의 관념이 관습화되어온 동양 각국에서 그런 문화적 영향이 더 컸던 것으로 이해되고 있다. 그리고 인간은 세대 간에 교대로 부양하는 상생의 관계를 오래 유지해 왔다. 어른은 어린 자식을 부양하고 자식은 자라서 부모를 부양하는 전통이 있다. 이런 오래된 관계 또는 그에 대한 관념의 유산도 노소갈등의 양태에 많은 영향을 미친다.

세월의 흐름에는 본시 이음자국이 없다. 사람의 일생에도 이음자국이 없다. 그런대도 사람들은 세월에 눈금을 그려놓고 여러 생각을 한다. 마찬가지로 사람의 일생에도 이런 저런 눈금을 그려 놓고 구획된 기간 간의 관계를 생각한다. 여러 눈금 가운데 가장 많은 사람들의 관심사가 되는 것은 젊음과 늙음을 가르는 눈금이다. 사람들은 젊음과 늙음의 조화와 협력을 말하기도 하고 양자의 대립과 갈등을 말하기도 한다. 근자에 자주 거론되는 것은 노소(老少)의 갈등이다. 세대 간의 불협화현상은 인간의 역사와 함께 있어 왔을 것이다. 유사 이래 후배들은 선배들을 거추장스러워 하고 선배들은 후배들이 버릇없다 여기는 다소간의 풍조가 있어 왔을 것이다. 그러나 시대에 따라 그런 대립적 사고에는 정도의 차이가 있었을 것이다. 근래 우리 사회에서는 세대 간의 대립적 사고의 문제성이 확대되고 급기야 세대갈등, 노소갈등이라고 규정되는 상황 또는 그 조짐이 확산되고 있다.

노소갈등문제는 국정관리자들이 큰 관심을 가져야 할 국책의제임이 분명하다. 그러나 정치권의 대응은 오히려 사태를 악화시키기도 한다. 노·소의 어느 한편을 부추기거나 비하해 정치적 이득을 보려는 행태는 한심하기 그지없다. 정치인이 또는 정치적 편향을 지닌 이른바 지식인들이 노인들을 차별하거나 폄하하는 발언을 해 구설수를 만드는 일이 심심치 않게 있다. "노인들은 공직선거의 투표 날 쉬시거나 놀러 가시라"는 말로 투표포기를 권유하다가 홍역을 치르고 사죄한 정치인들이 마음속에서까지 반성했는지는 의문이다.

현시대에 노소간의 불편한 관계가 노소대립과 갈등이라고까지 불릴

만큼 된 이유는 여러 가지일 것이다. 인간생활의 급속한 변동이 여러 갈등요소들을 불거지게 만들고 있다. 지금 기술문명이 앞장서 이끄는 세상의 변화는 그야말로 전대미문의 것이다. 사람들은 변동이 급속하다는 표현으로는 지금의 변동속도를 제대로 표현하지 못한다고 생각해 초고속의 변동이라는 말을 쓰기도 한다. 변동은 갈등의 계기를 만든다. 노소간의 관계에 일어나는 변동은 갈등의 온상이다. 인구의 고령화, 전통적인 일자리의 감소, 결혼제도를 포함한 가족제도의 변화, 저출산 등이 이렇게 빨리 진행될 줄 사람들은 미처 몰랐을 것이다. 젊은이나 늙은이나 변동을 소화하지 못하는 부적응으로 고통 받으며 그것은 세대 간의 갈등을 조장한다.

고령사회가 되면서 노소간 갈등이 사회적 이슈로 부각된 것 같다. 인구의 고령화로 젊은이들에게 부담스러운 노인인구가 너무 많이 늘어나고 있다. 지금 이미 노령에 접어든 인구의 다수는 노후대비에 실패한 사람들이다. 그들은 인간의 수명이 이렇게 연장될 것이라는 예상을 하기 어려웠을 것이다. 부모 봉양, 자녀 양육과 교육에 경제력을 모두 소진한 노인들이 가족에게 노후를 의탁하기는 어렵게 되고 있다. 예전에는 자녀를 키우는 것이 노후대비의 보험을 드는 것과 같은 암묵적인 의미를 갖기도 했다. 지금의 노인들은 그런 보험을 들기는 했으되 만기가 되어도 보험금을 탈 수 없는 처지가 된 것이다. 자기는 부모를 봉양했으나, 자녀들로부터 봉양받기는 어려운 노인들이 많다. 이런 단절적 변화는 지나가는 한 세대의 희생을 요구한다. 노인들의 한탄이 커질 수밖에. 결국 언젠가는 멈추는 한계가 있기는 하겠지만 앞으로 예측할 수 있는 상당기간 인간의 수명은 연장될 것이다. 수명이 연장되고 고령화가 진행될수록 세대 간 간극은 커지고 갈등의 소지도 커질 것이다.

가족제도와 경제적 생활여건은 변하고, 효도·경로를 강조하던 윤리규범의 장악력은 현저히 약화되었다. 이런 변화로 인해 세대 간에 교대로 하는 상호부양의 온정적(溫情的)·은정적(恩精的) 관계는 급격히 줄어들고 그 자리를 2차집단적 이해타산의 관계가 대체해 들어가고 있다. 그러면 갈등의 가능성은 높아진다. 노인부양이 가족의 손을 떠나 공공의 부담으로 되어가고 노인들을 돌보는 데 공공재의 투입이 늘어갈수록 연령집단 간의 이해대립의 계기가 늘어난다. 노년층에 일자리를 제공하고, 복지혜택을 제공하는 사회적 부담이 늘어난다. 거기에 드는 비용을 미래세대가 부담해야 한다는 예상이 젊은이들의 마음을 짓누르게 된다. 자기의 부모는 부양하기 어렵지만 사회 전체의 노령인구를 돌보는 비용을 떠안게 될 젊은 세대의 불만도 크리라.

노소는 사회 전체의 가용자원을 나누어가져야 한다. 두 집단은 원하든 원하지 않든 제한된 자원의 획득과 사용을 놓고 경쟁하는 위치에 있다. 한쪽의 자원을 늘리면 다른 한쪽의 자원이 줄어들게 된다. 신참세대는 기성세대가 차지하고 있던 것을 내놓기 바라지만 기성세대가 내놓을 수 없거나 내놓지 않으려하면 갈등이 빚어질 수밖에 없다. 줄어드는 일자리를 놓고 그런 줄다리기가 심각해질 수 있다. 고령화에 따라 조직구성원들의 정년을 연장할 필요가 점차 커지고 있다. 정년연장은 젊은이들의 부족한 취업기회를 더욱 위축시키게 될 것이고, 고령자들 때문에 젊은이들의 취업이 어렵다는 불만이 커질 것이다.

생활조건의 변동이 급속해지면서 세대 간의 적응능력 차이가 커진다. 정보화의 촉진은 젊은이들이 노인들의 지혜에 의존할 필요를 줄이고 있다. 전자화된 장치에 온갖 정보가 넘쳐난다. 젊은이들은 선배들에게 의존하기보다 인공지능에 의존하려 할 것이다. 반면 노인들은 기술적 정보화에 어둡다. 예전에는 노인들이 인간생활에 필요한 정보의 저장소였지만 지금은 노인들이 정보빈곤층으로 되어간다. 이것은 노소간의 상호이해와 소통을 방해하는 요소이다.

노(老)와 소(少)는 각기 경험한 바가 다르기 때문에 가치관과 사고방식에 차이가 난다. 노인과 기성세대는 그들이 이룩해 가진 것과 익숙한 것을 지키려 한다. 그들은 자연히 보수화되는 길을 걷는다. 사람이 나이 들어가고, 기성체제(旣成體制)에 정착하고, 책임 있는 자리에 들어가거나 이를 경험한 사람들은 보수화되는 경향을 보인다. 사람들은 나이 들어가면서 차츰 점진성을 선호하게 된다. 체제의 외곽에, 소외집단에 있던 사람들의 급진성은 체제에 가담해 늙어가면서 완화된다. 반면 젊은 이들은 기성질서와 부딪치고 그걸 장애라 느끼면 바꾸려 한다. 그들은 진보적 성향을 띠게 된다. 자기들의 장래를 위한 새로운 길을 개척하려는데 노년층이 방해가 된다고 생각한다. 6·25 전쟁을 겪었거나 냉전시대를 경험한 세대의 보수적 안보관을 젊은 세대는 이해하기 어려울 것이다. 보수적인 노인들은 민족화해와 통일을 가로막는 걸림돌이 되는 '보수꼴통'이라 여길 가능성이 높다. 여하간 젊은이들은 이상과 이념에 매료되기 쉽고, 노인들은 경험을 더 중시하는 경향이 있다.

여기서 여담 잠깐 하고 지나가려 한다. 얼마 전까지 매년 6월이 되면 6·25 전쟁의 참상을 상기하도록 한다는 취지로 여의도 어디에서인가 주먹밥 먹기 체험행사를 개최한다는 보도를 볼 수 있었다. 그 때마다 나는 어처구니없다는 생각을 했다. 분명 6·25를 경험하지 못한 사람들이 조직한 모임이리라 짐작했다. 전쟁 중에 주먹밥이나마 걱정 없이 먹을 수 있었다면 얼마나 좋았을까. 이리저리 쫓기고, 굶주리고, 처참한 고초를 겪으면서도 그저 살아남았다는 것만이 가없는 행운이었다. 그것이 전쟁의 실상이었다. 주먹밥 먹기 체험행사와 같은 철부지 놀이를 보면서 이런 가상의 우화를 만들어 보았다. 선생님은 아이들에게 "6·25 때는 주먹밥을 먹고 살았단다. 사람들이 얼마나 힘들었겠니"라고 말했다. 행사가 끝나고 집에 가면서 한 어린이가 말했다. "그 때 사람들은 참 멍청했어. 치킨이나 햄버거라도 먹지 왜 주먹밥만 먹냐." 다른 어린이가 말했다. "나는 엄마가 고기도 넣고 치즈도 넣어 만들어주는 주먹밥이 너무 맛있다. 만날 주먹밥만 먹게 전쟁 났으면 좋겠다."

이런 이야기를 하다 보니 내가 어릴 적에 들었던 옛날이야기도 생각난다. 어떤 부잣집 영감에게 곤궁한 소작인이 찾아와서 밥이 없어 처자식이 굶고 있으니 곡식을 좀 꾸어달라고 간청했다. 부잣집 영감은 청을 거절하고 소작인을 내쫓으면서 말했다. "밥이 없으면 떡이나 강정이라도 먹지, 밥 없다고 굶다니, 무식한 것들은 한심하다고." 사고의 준거틀(frame of reference)이 서로 다르면 생사람도 잡을 수 있다는 이치, 역지사지는 정말 어렵다는 이치를 일깨우는 칼날 같은 해학이다.

노소의 엇갈리는 가치관과 신념은 흔히 마찰을 빚는다. 정치적 의견 표출에서 그런 차이가 분명해질 때가 많다. 공직선거 때마다 노소간의 투표성향 차이가 분석되고 공표된다. 그런 행사가 노소의 의견차이를 확인하고 부각시킨다. 지난 촛불집회와 태극기집회에서 노소의 가치갈등, 이념갈등이 가장 극명하게 노출되었다. 2016년의 촛불시위 때부터 노인폄하가 노골화되기 시작했다고 여겨지기도 한다. 표현의 자유, 언론의 자유가 급속히 신장되면서 저속하고 버릇없는 말들도 고삐가 풀렸고, 폭증한 언론매체와 인터넷은 시빗거리를 만드는 말들을 쉽게 널리 퍼져나가게 했다. 소수 네티즌의 노인폄하발언도 광범하게 전파되어 노인들의 마음을 상하게 한다.

노인과 기성세대는 과거의 공(功)에 주목한다. 경제성장을 포함한 국가발전에 기여한 공로를 내세우고 그들이 바친 희생을 말한다. 풍요로워진 경제생활을 상기시킨다. 신세대가 발전의 과실을 누리면서 고마운 것을 모르고, 힘든 일을 싫어하고, 의존적이라고 불평한다.

반면 젊은이들, 신세대의 사람들은 지난날의 과(過)에 주목한다. 그들은 인권유린, 부패, 공해, 빈부격차, 취업난, 주택난, 경쟁의 격화 등 발전의 후유증, 실책, 어두운 그늘을 탓한다. 풍요 속에서 태어난 신세대는 이미 누리는 것에 대한 자각이 둔하다. 높아진 생계비관념, 최저생계비기준 때문에 경제적 어려움을 더 크게 느낀다. 상대적 박탈감, 상대적 빈곤감 때문에 불평하고 분노한다. 기성질서의 불공평성을 비난한다. 기성세대, 가진 자의 일탈에 대해서는 극한적인 공격을 퍼붓기도 한다. 신세대는 불확실한 장래 때문에 불안해하고, 장차 그들이 걸머져야 할 책임을 걱정한다. 오늘날 벌이는 풍요의 잔치와 정치적 포퓰리즘의 부채는 그들이 뒤집어써야 할 덤터기가 될 것을 걱정한다. 노인무임승차로 인해 늘어나는 지하철 적자, 각종 연금기금의 고갈, 의료보험 부담의 증가 등등에 대한 언론보도를 일상 접하는 젊은이들의 우려와 불안을 족히 짐작할 수 있다.

선배들은 후배들에게 이만큼 경제적 풍요를 누리면서 잘 살게 만들어 준 공을 인정해 달라 하겠지만 그런 호소는 무력하다. 경제적 풍요를 물려받은 세대는 그 다행함을 새기기보다 그 이상의 혜택과 새로운 것을 원하고 찾아나가게 된다. 국가주도의 발전행정을 통해서, 특히 개발독재를 통해서 경제발전을 이룩해주었더라도 배불러진 백성들은 결국 개발독재자를 타도하게 된다. 그런 이치에서 기성세대는 깨달음을 얻어야 한다. 성공한 개성상인들은 남을 도와주었던 일을 발설하지 않는 법절을 지켰다고 한다. 현명한 처사라 해야 할 것이다.

노인들, 선배들은 급변하는 시대에 처하여 커지는 지위부조화 때문에 고통을 받는다. 여러 지위체제 가운데서 연령에 의한, 선임순위에 의한 지위체제가 우월하고 경로사상이 강하던 시대에 낳고 자란 세대는 실적에 의한, 능력에 의한, 경제력에 의한 지위체제가 우선되는 세상에서 자아가 손상되는 일을 자주 겪는다. 나이가 많으면 모두 돈도 많고, 실적과 능력도 크다면 문제가 없다. 그러나 서로 다른 기준들에 따른 지위들이 많이 다르면 지위부조화로 인한 어려움을 겪는다. 노인들의 지위부조화는 노소간의 교호작용을 어렵게 하고 갈등을 야기할 수 있다. 어른의 말이 존중되기를 바라는 노인이 "늙은이가 무얼 안다고 나서느냐"는 반응에 직면했을 때의 상황을 상상해 보라.

젊은이들은 자기들의 처지와 생각을 노인들이 이해하지 못한다고 불평한다. 노인들은 고집불통이고 말이 안 통한다고 생각한다. 자기들에게 도움 되지 않는 잔소리만 한다고 말한다. "늙으면 입을 닫아야 한다"는 말이 격언처럼 유행하고 있다. 노인들은 젊은이들이 세상물정 모르고 경솔하다고 나무란다. 노인의 경륜을 무시한다고, 오랜 경험에서 나오는 가르침을 들으려 하지 않는다고 불평한다. 젊은이들의 버릇없고 무례한 행동을 개탄한다. 이러한 관점의 차이 또는 지각의 오차는 노소간의 의사소통을 어렵게 한다. 의사소통의 장애는 갈등해소의 길을 막고 갈등을 악화시킬 수 있다.

우리는 자기의 논점을 분명히 하고 강조하기 위해 과장기법을 쓰기도 한다. 나는 위에서 노소간의 문제, 세대 간의 문제가 이제 중요한 국정현안으로 받아들여져야 한다는 내 논점을 강조하기 위해 비과학적인 과장기법을 썼다. 노소간의 불편한 관계를 갈등관계로 악화시킬 수 있는 요인들, 조건들을 다소간에 부풀려 부각시켰다. 그러나 우리가 사는 세상이 그렇게 삭막하기만 한 것은 아니다. 우리가 주의만 한다면 세대 간 엇갈림이 나쁜 갈등으로 번지고 그것이 악화되는 것을 막거나 극복해나갈 수 있을 것이다. 대응책을 이야기하기 전에 뉘앙스를 약간 바꿔 노소간의 관계를 다시 살펴보려 한다.

사람의 생애는 포물선에 비유해 볼 수 있다. 무(無)에서 유(有)로 태어나 자라고 상향하다가 점차 다시 무를 향해 하향하고 종당에는 사라진다. 사람들은 이런 천리(天理)를 따라 살다 죽는다. 그와 같은 자연의 섭리라 할까, 보이지 않는 손이라 할까 하는 원초적 법칙이 있기 때문에 우리는 노소갈등의 한계를 설정해주는 안전판을 기대할 수 있다. 시대에 따라 농담(濃淡)의 차이는 있지만 동서고금을 막론하고 선배존중의 관행과 후배육성의 관행이 사라진 적은 없다. 지금도 선임자, 고령자를 우선하는 선임순위(先任順位)는 그 공평성에 대한 논란에도 불구하고 우선순위 결정의 가장 편안한 기준으로 사람들이 받아들이는 경향이 있다. 하고많은 동물 중에 부모를 봉양하거나 적어도 돌보는 동물은 사람밖에 없지 않은가. 그것은 제도의 설정을 넘어서 인간의 DNA에 내장된 행동성향이 아닌가 싶다.

그런데 인생의 포물선을 망각하거나 세대별 진퇴의 범절을 외면하는 일탈자들도 있다. 그래서 가끔은 물의가 빚어진다. 그들은 갈등의 단초를 만들거나 악화시킨다. 선행자들이 앞당겨 물러나라고 성급하게 보채는 사람들이 있다. 정치한다는 사람들 가운데 아차 생각을 잘못해 노인들은 선거에 참여하지 말라든가, 몇 살 이상인 사람들은 정치를 하지 말라든가 하는 소리를 해서 구설수에 오르는 경우를 예로 들 수 있다. 그러나 이렇게 내놓고 떠드는 사람들은 소수이며 예외자들이다. 사춘기의 청소년 가운데는 독자성을 주장하고 부모에 반발하면서 가출하는 사람도 있다. 그러나 모든 청소년이 가출하는 것은 아니다. 그들은 예외이다. 마찬가지로 어른들이 한꺼번에 물러나라 주장하는 사람들도 예외이다. 대부분의 사람들은 선배들이 물러나주기 바라는 마음을 속으로 삭이고 인생의 포물선에 순응하면서 산다.

노인 측에도 일탈자들이 있다. 노욕이 지나쳐 비킬 걸 비키지 않고 내놓을 걸 내놓지 않으려는 사람들이 있다. 젊은이들에게 또는 자녀들에게 넘겨주어야 할 자리나 재물을 무덤까지 가져갈 듯 움켜쥐기도 하고, 더 많은 것들을 끊임없이 차지하려는 사람들이 있다. 기업의 소유주가 늙으면 자식들이나 후계자들에게 경영을 물려주는 게 순리인데 노망날 때까지 경영권을 붙들고 있는 사람도 없지 않다. 인생을 마무리할 단계에 도달해서도 노욕 때문에 악역을 맡아 추하게 늙고 생애에 걸친 자신의 성취를 허망하게 더럽히는 정치인들도 있다. 그러나 그런 사례는 예외이다. 인생의 포물선을 어기려고 노욕을 부리는 사람들은 예외이다.

독자성을 키워나가는 것은 성숙의 길이다. 선배들이 걸어온 길로부터 이탈하는 것도 발전의 계기가 될 수 있다. 선배세대가 후배세대를 위해 길을 터달라는 요구를 받을 때도 많다. 그러나 보다 급히, 혹은 송두리째 선배세대, 노인세대가 없어지기를 바라는 행동은 성공할 수 없다. 세대 간에 쌓이고 얽힌 것이 너무 많아 한꺼번에 기성세대가 정리될 수는 없다. 그리고 사람은 결국 죽음을 이길 수 없듯이 젊음은 늙음(늙어가는 것)을 이길 수 없다. 왜냐하면 젊음과 늙음은 같은 연속선상에 있기 때문이다. 젊음은 시시각각 늙음으로 변해가기 때문이다. 빠른 세월 속에서 젊은이들이 노인 물러가라 외치다 보면 그들도 어느새 늙어가고 있다. 승산이 없는 노인퇴치운동에 짧은 인생을 낭비할 수는 없다.

기성질서에 대한 반발심을 속으로 삭이고 대부분의 젊은이들은 노소 공생의 문화에 길들여지면서 늙어간다. 사람들은 어쩔 수 없이 선행(先行) 세대의 과오를 대부분 되풀이하면서 늙어간다. 게을렀던 어른이 아이들에게 부지런할 것을 가르치지만 모든 어린이가 부지런해지지는 않는다. 술의 폐해를 경험한 노인들은 술 마시지 말라고 가르치고 담배피운 것을 후회하는 늙은이는 담배피우지 말라 가르치지만 후진들은 같은 과오를 되풀이한다. 인류의 유구한 역사를 통해 선행자들의 과오를 후행자들이 전혀 되풀이하지 않았다면 인류는 지금쯤 아마도 신의 경지에 도달해 있을 것이다.

그러나 되풀이되는 과오의 양을 조금씩이라도 줄여왔기 때문에 우리는 오늘과 같은 문명의 시대를 살고 있는 것이다. 여기에 젊음과 늙음의 역할이 있다. 인류발전의 노력은 젊음에서 늙음으로 연속된다. 어느 단계에서 역할이 끝나는 것은 아니다. 젊은 시절의 이점은 실수와 만용을 무릅쓴 도전과 모험이다. 성찰과 후회가 많은 노년은 젊음에 지혜를 공급할 수 있다. 과거의 교훈을 전해줄 수 있다. 젊음의 만용을 경계해줄 수 있다. 젊은이들에 비해 노인들은 신문물에 관한 한 정보빈곤층으로 되어간다고 하지만 그들의 경험이나 판단력이 전혀 쓸모없어진 것은 아니다. 젊은이들은 이런 노인을 가져다 버릴 생각을 해서는 안 된다.

인생의 순로(順路)에 관한 위의 이야기에는 순기능적인 노소관계 발전에 기여할 수 있는 처방이 함축되어 있다. 앞으로 노소는 상호이익침해를 최소화하고 상부상조의 좋은 관계를 유지·발전시켜나가도록 노력해야 할 것이다. 여기서 유념해야 할 키워드는 역지사지, 공감, 적응과 쇄신이다.

노측(老側)의 더 많은 노력을 제안한다. 젊음을 이끌어줄 수 있으려면 노인들은 끊임없는 자기성찰로 인류발전의 길을 가로막지 말아야 한다. 노인들은 익숙한 것에 너무 안주해서 모든 변동에 저항해서는 안 된다. 노인들은 과거에 대한 긴 안목을 갖고 미래에 대해서는 짧은 안목을 갖기 쉽다. 이를 자각하고 장래를 향해서도 긴 안목을 가질 수 있도록 노력해야 한다. 미래계획, 특히 장기적인 미래계획에 관한 의사결정권을 보다 많이 신진세대에 넘겨주어야 한다. 변화의 속도가 빨라질수록, 변화의 복잡성·불확실성이 높아질수록 노인들이 축적한 경험의 정보가 치는 떨어진다. 노인들의 예견력도 따라서 떨어진다. 노년세대는 이 점을 늘 자각해야 한다.

노인들은 젊은이들을 나무라기 전에 자신의 젊은 시절을 반성해보아야 한다. "어른 노릇하는 일이 어렵다"는 말을 되새기고 존경받을만한 행동을 해야 한다. 자기가 해야 할 도리는 저버리고 대접받기만을 바라는 것은 미망된 행동이다. 젊은이들의 노인에 대한 존중은 심리적 승복에서 우러나는 자발적 행동이라야 한다. 그런 존중을 노인 측에서 간청하거나 강요하는 것은 볼품사나운 일이다. 노인 유세(有勢)만 떨다가 "늙은 게 벼슬이냐"는 핀잔이나 듣고 갈등의 감성적 원인을 만들어서야 되겠는가.

노측은 젊은이들의 애로와 고민을 더 잘 이해하고 공감하도록 노력해야 한다. 선행세대의 노력으로 후속세대가 잘살게 되었다는 현상만 볼일이 아니다. 젊은이들은 선행세대가 경험하지 못했던 문제들 때문에 고통을 받고 스트레스라는 말을 입에 달고 살기도 한다는 사실을 이해해야 한다. 젊은이들은 앞으로 초고령의 시대를 살아야 한다. 그들은 긴 생애 동안 너무나 불확실한 새 길을 개척하면서 살아가야 한다. 그들을 기다리는 것은 생애 전체에 걸친 끝없는 학습의 필요이다. 교육기회의

통치하기 어려운 나라 – 국정관리의 현안과 쟁점

확대는 한편으로 축복이지만 다른 한편으로는 고행이다. 예전에 박사가 되면 단번에 민족지도자의 반열에 오르던, 박사가 희귀하던 시절이 있었다. 지금은 어떠한가. 조금 과장해서 풍자한다면 박사학위취득이 국민의 기초학력으로 되어가는 게 아닌가 하는 생각이 들 정도다. 박사후과정(博士後課程)이라는 교육을 이수한 사람들도 흔해졌다. 사람들의 학습부담은 점점 더 늘어나리라. 이런 애로들을 이해하면서 젊은이들을 대해야 한다.

노인들은 젊은이들이 버릇없고 미풍양속을 해친다고 말한다. 그러나 젊은이들의 탓만으로 돌릴 수 없는 사정도 있다. 사실 젊은이들은 문화가 격변하는 과도기의 어려움을 겪고 있다. 그들은 구질서와 신질서의 사이에 끼어 방황하는 세대라고 볼 수 있다. 예전의 문화적 규범은 와해되거나 약화되고, 신세대가 주도해 정립해야 할 새로운 행동규범의 체계는 아직 영글지 않은 상태에서 사는 젊은이들은 가치갈등, 가치혼란을 겪고 있다. 이런 형편에서 어찌 행동해야 옳은지를 모르는 것을 꾸짖기만 한다면 젊은이들의 불만을 살 것이다.

여기서 약한 문화·강한 문화에 대해 잠깐 언급하려고 한다. 노년세대는 우리 고유의 강한 문화 속에서 성장했다. 그에 비교하면 신세대는 약한 문화 속에서 살고 있다. 문화의 강도(cultural strength)는 개인이 가진 문화적 요소와 집합체가 가진 문화적 요소의 결합수준 또는 가지런히 맞는 수준을 나타내는 기준이다. 강한 문화는 사람들에게 어떻게 행동하라는 지시신호를 많이 보내고 그에 순응하지 못할 때 큰 제재를 가한다. 반면 약한 문화에서는 지시하는 바도 적고 잘못된 행동에 대한 제재도 약하다.

사람들은 과거의 강한 문화에 대해 부정적인 평가를 많이 해왔다. 자유의 억압, 인권의 침해, 발전의 저해 등 강한 문화의 폐단을 지적하는 데 바빴다. 강한 문화가 인간생활에 주는 질서, 안정, 편의, 높은 예측가능성 등 이점에 대한 주의는 소홀했다. 강한 문화 속에서 살기는 편하고 고민도 적어질 수 있다. 공동체의 문화가 시키는 대로만 하면 편했다. 예컨대 결혼은 누구나 하는 것이라는 문화적 지시가 강하고, 결혼적령기까지 알려준다면, 청춘남녀의 방황과 고민은 줄어들 수 있다. 사람은 결혼하는 것이고 한 번 결혼하면 '검은 머리 파뿌리 되도록' 그냥 사는 것이었다. 그런 구속이 해체되다시피 변한 세상에 사는 신세대는 억압으로 부터의 해방을 구가할 수 있으나 그런 해방이 반드시 행복의 조건이기만 한 것 같지는 않다. 결혼은 선택이요, 이혼은 자유라 할 때 엄청난 의사결정부담을 안게 되고 번민도 많아지리라. 약한 문화가 허용하는 선택의 자유는 축복이지만, 그 축복을 개인의 행복으로 일구어내는 데는 많은 노력이 필요하다. 그 가운데 번민도 있고 스트레스도 쌓일 수 있다. 멋대로 할 수 있기 때문에 생기는 신세대의 새로운 불안과 고민을 알아주어야 한다.

문화 이야기가 나왔으니까 하는 말인데, 장차 노인존중·선배존중의 문화는 점점 더 약화되어갈 것이다. 그런 가운데 노인을 규정하는 연령기준은 좀처럼 변하지 않을 것이다. 아주 변하지 않는 것은 아니지만 변화가 더딜 것이다. 80대 평균연령의 시대를 사는 오늘날의 늙은이 들은 40대 평균연령 시대의 관념에서 벗어나지 못한 사람들의 노인관과 관행들 때문에 어려움을 겪는다. 지금의 젊은이들, 자라나는 아이들이 문화지체 때문에 앞으로 겪게 될 어려움은 더 클 것이다. 노인을 규정하는 기준에 대한 사회관념이 50대나 60대로 변하더라도 자라나는 세대는 수명연장으로 인해 60년이나 70년을 노인으로(노인으로 분류되어) 사는 것이 예상되고 있다. 경로사상이 흐려진 세상에서 그렇게 오래 노인으로 산다는 것은 정말 힘들 것이다. 이런 미래의 노인들을 위해 지금의 노인들은 무엇인가 도움 되는 일을 해야 한다.

기술변동에 따른 젊은이들의 변화와 그들의 고충도 이해심을 가지고 지켜보아야 한다. 초고속의 기술발전을 따라잡아 그에 적응해야 하는 필요는 젊은이들에게 많은 부담을 안겨주고 있다. 특히 인공지능의 발달과 세상의 전자화는 젊은이들의 사고방식과 생활방식의 변화를 강요하고 있다. 그에 따라 변화하는 젊은이들과 기술발전에 어느 정도 거리를 둘 수 있는 노인층 사이의 사회적 거리를 더 멀게 만들고 있다. 전자화된 세상에서 젊은이들은 많은 편익을 새로이 누리지만, 편익 못지않게 불이익도 크다. 사람들이 전산망으로 얽힐수록 인간적 소외는 커진다. 전자적 감시수단의 폭증을 생각해보라. 부끄러움도 많고, 감추고 싶은 것도 많을 나이에 누군가 언제 어디서나 그들을 엿보고 엿들을 수 있다는 가능성, 녹음되고 사진으로 찍혀 널리 유포될 수 있다는 가능성은 아주 큰 스트레스 요인이다. 프라이버시 침해라는 말은 예전 세대에게는 익숙하지 않은 것이었으나 신세대에게는 심각한 문제이다.

소측(少側)도 노소동행의 순행을 위해 노력해야 한다. 대전환의 시대에 각기 짊어져야 할 짐과 고통을 받아들이고 극복할 것은 극복하도록 해야 한다. 발전의 즐거움을 누리면서 고통은 피하려하고, 변동의 고통만을 부각시켜 불평할 일은 아니다. 거대한 시대조류에는 사람의 힘으로 어찌할 수 없는 국면이 있다. 인간의 계획적인 노력으로 바꿀 수 있는 것에는 한계가 있다. 대전환기에 노년층이 어쩔 수 없이 감내해야 할 희생이 있다면, 젊은이들이 감내해야 할 희생의 몫도 있을 것이다. 장차 자신도 걷게 될 노령의 삶에 대해 보다 많은 이해심을 가지고 노인들을 대해야 할 것이다.

선행세대의 경험과 지식을 활용할 줄 알아야 한다. 배척 일변도로 나간다면 스스로에게 손해가 된다. "나쁜 것도 선생이다"고 하는 교훈을 새겨야 한다. 잘못된 행동을 보고 그걸 되풀이 하지 않는 지혜를 터득 한다면 큰 득이 될 것이다. 지금의 노년층이 잘못하고 노후대비를 못해 젊은 세대에 부담을 안겨주고 있는 것을 보고도 지금의 젊은이들이 나중에 늙어서 후속세대에 똑같은 짐 덩어리가 된다면 어리석은 일 아닌가. 그런 부담을 줄여나가야 할 것 아닌가. 그래야 발전이라 할 수 있지. 지금의 젊은이들은 지금의 노년세대를 연구하고 과오를 되풀이하지 않도록 노력해야 한다. 지금의 젊은 세대라도 초고령사회에서의 노후를 대비하기 위해 각별한 경각심을 가지고 노력해야 할 것이다. 지금의 노년층처럼 부실한 노후준비로 노년을 맞는다면 그때 가서는 참으로 큰 문제에 봉착할 것이다.

인구의 고령화, 세대의 균열 등으로 빚어지는 사회적 문제에 대해 정부가 할 수 있는 일은 사실 제한적이다. 문제를 완전히 해소할 수도 없고, 국민의 도덕심 향상운동을 주도해 큰 성과를 거두기도 어렵다. 그러나 정부는 법제도나 경제정책 등의 영역에서 할 수 있는 일들을 찾아야 한다. 노소갈등을 만들고 키우는 일은 하지 말아야 한다. 노소가 서로의 이익에 손상을 줄 수밖에 없는 일을 줄여나가야 한다. 이해충돌의 절충·완화를 유도해야 한다. 노소간의 이해충돌은 국정관리자들에게 정책딜레마를 안겨줄 때가 많다. 그런 딜레마를 헤쳐 나가는 지혜가 절실히 요망된다. 노소간의 갈등감(葛藤感)을 키우는 언동을 삼가야 한다. 언론매체들도 협력해야 한다. 노소간의 갈등상황을 과장하는 언론의 선정주의적 행동은 자제해야 한다.

경제발전을 더욱 촉진해 노소가 나누어가질 가용 재화·용역을 늘림으로써 노소갈등의 중요한 원인을 줄여야 한다. 그러면서도 산업화의 후유증을 줄여 젊은 세대의 고통을 완화해야 한다. 청년이 사회에 진입하는 데 장애가 되는 요인들을 줄여나가야 한다. 청년들의 생애계획을 독려하고 노후대비를 도와야 한다. 양육과 부양에 대한 국가의 책임을 늘려나가야 한다. 거기서는 점차 수익자부담원칙적용의 수준을 높여 세대 간의 갈등소지를 없애야 한다. 노인들의 자립력 향상을 돕는 일도 병행해야 한다. 낡고 뒤처진 제도와 관행 때문에 노소갈등이 생기는 일이 없도록 해야 한다. 40대나 50대 평균연령시대의 제도와 관행 때문에 사람들, 특히 노년층이 고통을 받는 일이 없도록 해야 한다.

09
성희롱과 '미투'

    2017년부터 크게 확산되기 시작한 '미투' 행동의 물결은 특기할만한 사회적 파동 가운데 하나이다. 이 물결이 일으킨 사회적 파장은 국정관리의 한 현안임이 분명하다. '미투'(Me Too: 나도 당했다)는 성(性)에 관련된 범죄, 불법·부당행위의 피해자가 피해사실을 폭로하고 고발하는 행동을 약칭하는 속어이다. 이 말이 미국에서 만들어지고 별로 시간지체 없이 우리나라에 전파되었다. '미투'의 실행은 우리나라에서 훨씬 더 증폭되고 있다. 실제로 오래 묵은 비위들이 사방에서 폭로되는 바람에 사회 각계에서 위세가 등등하던 이른바 유력인사들이 여럿 몰락의 운명을 맞았다. 거의 매일이다 시피 각계각층의 성추문이 폭로되고, 많은 경우 분규화되고 있다. 사회 전체가 성추문으로 시끌시끌한 듯 느껴진다. 그런 탓인지 이성(異性) 혐오 풍조가 심각하다고 느끼는 사람들이 부쩍 늘었다는 여론조사결과도 있다. 이러니 '미투'가 국정현안이라고 말하는 것이다.

성적인 불법·부당행위를 폭로하고 고발하는 행동의 증폭에 외래적인 '미투'의 영향도 작용했겠지만, 그보다 더 큰 이유는 우리의 자생적인 여건의 변화에서 찾아야 한다. 성적 학대나 차별을 참고 견디게 만들었던 오랜 세월의 사회적 압박이나 규범은 허물어지고 있다. 더 이상은 참지 않겠다는 태도가 대세인 듯하다. 폭로자들의 편에 서서 힘을 보태주려는 세력도 많이 늘었다.

'미투'의 고발대상이 될 수 있는 성적 범법행위의 유형은 여러 가지이다. 그중 다수는 아주 오래 전부터 법적 제재대상으로 규정되었으며 그에 대한 처리절차와 방법이 비교적 잘 제도화되어 있다. 따라서 그것이 어떤 범죄이며 어떻게 처벌되는가에 대한 일반의 이해수준도 높다. 형법에 명확하게 규정되고 형벌로 다스려지는 강간의 죄, 강제추행의 죄, 그 밖에 성풍속에 관한 죄 등이 그 예이다. 그런가 하면 근래에야 법적 관심의 대상이 되었으며 그에 대한 일반의 이해도 아직 온전치 않은 성적 범법행위들도 있다. 어떤 의미에서 새로 문제화된 범법행위라 할 수 있는 이 행위유형의 범위와 내용에는 미묘하고 모호한 요소들이 있다. 이 새로운, 복잡하고 미묘한 영역이 '미투'와 함께 광범하게 이슈화되고 분규를 야기하게 되었다. 그것이 성희롱이다. 예전에는 문제 삼지 못했거나 묻혀 지던 행동들도 다수가 성희롱이라는 이름 아래 고발대상으로 걸려들었다.

여기서는 우리에게 덜 익숙한 성희롱문제를 살펴보려 한다.

예전에는 우리나라에 성희롱이라는 법적 개념이 없었다. 오늘날 성희롱으로 규정되는 행위들이 오래 전에도 있었겠지만 그것을 문제 삼고 고발하기는 어려웠다. 인권, 특히 여성인권이 억압되고, 전통적인 남존여비의 문화적 유산이 강하고, 여성의 사회진출이 부진하고, 정부나 민

통치하기 어려운 나라 – 국정관리의 현안과 쟁점

간의 조직 운영이 남성우월주의적·권위주의적이던 시대에는 성희롱에 해당하는 행위가 규탄되거나 분규화되기가 어려웠다.

그러나 우리나라에서도 상황은 급속히 변하고 있다. 참여민주주의 발전이 빨라지고, 여권신장이 촉진되고, 여성의 사회진출·조직생활 참여가 크게 확대되었다. 전통적으로 남성이 독점하던 직업영역에 대한 여성의 진출이 늘어나고 있다. 성간(性間)의 역할구별이나 권력균형이 많이 달라졌고 달라지고 있다. 여성단체들의 세력이 커지고 있다. 여성들의 정치참여와 발언권행사도 현저히 늘어났다. 직장 내의 상하관계에서 맹종하는 분위기는 많이 약화되었다.

이렇게 달라지고 있는 조건들은 한편에서 성희롱의 기회를 늘리고, 다른 한편에서는 그것이 고발되고 분규화될 수 있는 기회를 늘리고 있다. 남녀 간의 접촉이 많아지면 성희롱의 기회가 늘어난다. 성희롱에 대한 저항의식이 높아지면 불평제기와 갈등야기의 기회는 늘어난다.

성희롱은 여성뿐만 아니라 남성도 당할 수 있다. 그러나 실제로 많이 당하는 쪽은 주로 여성이다. 성희롱이 사회적 이슈로 부각되고 그에 대한 입법적 대응까지 나오게 된 보다 직접적 계기는 여성의 사회진출이 늘어나고 남녀관계에 관한 사회적 관념이 달라진 것이라고 할 수 있다.

성희롱(性戱弄: sexual harassment)은 사람을 성적으로 괴롭히는 행위라고 일반적으로 정의된다. 대개 희롱이라는 말은 실없이 놀리는 행동이라는 뜻으로 쓰인다. 그러나 성희롱은 실없는 놀림보다는 훨씬 심한 괴롭힘이다. 성희롱은 어떤 사회관계에서나 발생할 수 있다. 그러나 성희롱을 규정하는 법률들은 직장에서의 성희롱을 우선적인 대상으로 삼는다. 다른 형사범죄와 달리 성희롱을 예방하고 수습하는 책임을 원칙적으로 당사자와 소속 조직에 맡기는 법의 입장 때문에 그리하는 것 같다. 나 역시 성희롱의 주된 준거대상을 조직생활에서, 직장에서 겪는 성희롱에서 찾는다. 직장생활을 배경으로 하는 성희롱의 논의는 다른 사회관계에서 발생하는 성희롱을 설명하는 데 원용할 수 있을 것이다.

성희롱은 성적인 내용이 담긴 고의적 행위이다. 행위 자체가 성적이거나 행위의 동기가 성적인 것이다. 행위의 고의성은 상대방에 해를 끼칠 수 있다는 인식 또는 의도가 있을 때 성립한다. 다만 그 고의성은 폭넓게 인정한다. 고의성의 요건 때문에 다툼이 생길 때가 많다. 가해자들이 기억을 못한다거나 술에 많이 취해 무슨 일이 있었는지 모른다는 말로 죄책을 면해보려고 하는 사례가 흔하다. 그러나 대개의 경우 고의성 결여를 입증하기란 쉽지 않다.

성희롱은 상대방, 즉 당하는 쪽의 당사자가 원하지도, 요구하지도 않는 행위이다. 성희롱은 피해자가 반대하고 거부하는 행위를 가해자가 하는 것이다. 당사자들끼리 합의해서 하는 행위는 풍속범죄 등 다른 범법의 문제가 있더라도 성희롱의 범주에는 포함되지 않는다.

성희롱의 방법은 다양하다. 성희롱의 행위유형은 여러 가지로 분류된다. 말로 하는 것, 몸짓이나 신체적 접촉과 같은 육체적인 것, 그림과 같은 상징물을 사용하는 것 등이 그 예이다. 보복 또는 보복의 위협과 같은 조건에 결부된 것도 있고 단순히 적대적·외설적 분위기를 조성하는 데 그치는 것도 있다. 성희롱의 방법과 행위유형에 대해서는 뒤에 재론할 것이다.

성희롱의 피해자와 가해자는 누구나 될 수 있다. 그러나 우리나라의 법제에서는 조직생활에서, 고용관계에 관련해서 일어나는 성희롱의 피해자와 가해자에 주의를 한정한다. 성희롱을 규정하는 법률들에서는 대체로 성희롱의 피해자에 조직의 구성원뿐만 아니라 채용과정에 있는 구직자도 포함시킨다. 그리고 피해자의 성별은 따지지 않는다. 성희롱은 대개 이성 간에 저질러지며 여성들이 주된 피해자가 되는 경향이 있다. 그러나 남성이 피해자가 되는 경우를 배제하지는 않는다. 성희롱은 동성 간에서도 저질러질 수 있다.

성희롱은 조직 내의 지위에 상관없이 누구나 당할 수 있지만 지위가 낮은 사람들이 감독자 등 상급자들로부터 피해를 입는 경우가 다수이다. 법률에서는 가해자를 직장관계, 업무관계에 연관된 사람들로 한정하지만 대개 사업주, 사용주, 상급자, 종사자, 근로자 등을 예시하여 가해자가 될 수 있는 사람의 범위를 넓게 해석한다. 성희롱의 장소에 대한 제한은 없다. 가해자는 고용상의 교환조건을 이용할 때도 있고 그렇지 않을 때도 있다. 성희롱은 고용상의 해택을 제시하거나 불이익조치를 위협해서 저지르는 경우뿐만 아니라 성적 굴욕감 또는 혐오감을 유발하여 고용환경을 악화시키는 데 그치는 경우에도 성립한다.

성희롱의 개념정의에 관한 이야기를 끝내기 전에 법에서 규정하는 개념정의 하나를 소개하고 넘어가려 한다. 「남녀고용평등과 일·가정 양립 지원에 관한 법률」 제2조 제2항은 "직장 내 성희롱이란 사업주·상급자 또는 근로자가 직장 내의 지위를 이용하거나 업무와 관련하여 다른 근로자에게 성적 언동 등으로 성적 굴욕감 또는 혐오감을 느끼게 하거나 성적 언동 또는 그 밖의 요구 등에 따르지 아니하였다는 이유로 고용에서 불이익을 주는 것을 말한다"고 규정한다. 「국가인권위원회법」과 「양성평등기본법」도 그와 유사한 성희롱의 정의를 보여주고 있다.

앞서 언급한 바와 같이 성희롱의 방법과 행위는 매우 다양하다. 구체적인 행위양태를 여기서 모두 열거하는 것은 불가능하다. 몇 가지 범주로 분류한 행위유형들을 예시할 수는 있다. 성희롱행위유형을 분류한 유형론들 가운데 두 가지가 연구인들 사이에서 가장 많이 인용되고 있으며 법령에서도 이를 채택하고 있다. 두 가지 유형론이란 교환조건의 유무를 기준으로 하는 분류와 행위의 수단을 기준으로 하는 분류이다.

강요나 교환조건의 이용이 있느냐 또는 없느냐에 따라 조건형 성희롱과 환경형 성희롱을 구분한다. 조건형 성희롱은 가해자가 직장 내의 지위를 이용해 대가를 결부시켜서 하는 성희롱이다. 대가에는 혜택을 주는 긍정적 대가도 있고, 불이익조치를 하는 부정적 대가도 있다. 보복형 성희롱 또는 대가형 성희롱이라고도 불리는 조건형 성희롱은 성적인 행위를 받아들이도록 혜택을 제공 또는 이를 약속하거나 불이익조치를 실행 또는 위협하는 성희롱이다. 승진시켜주는 것은 혜택의 예이며, 희롱행위를 거부했다는 이유로 해고하는 것은 불이익조치의 예이다. 환경형 성희롱은 가해자가 적대적이거나 차별적인 성적 환경을 만들어 성희롱이 빚어지게 하는 것이다. 음담패설을 하거나 음란사진 등을 사무실에 게시하여 보는 사람들이 성적 혐오감·굴욕감을 느끼게 하는 행위가 그 예이다.

성희롱의 행위수단은 육체적(물리적) 행위, 언어적 행위, 그리고 시각적 행위로 구분해볼 수 있다. 육체적 행위의 예로는 입맞춤이나 포옹, 뒤에서 껴안는 것과 같은 신체접촉, 가슴·엉덩이 등 성적 수치심을 느낄 수 있는 신체부위를 만지는 행위, 안마나 애무를 요구하는 행위 등을 들 수 있다. 육체적 접촉에 의한 성희롱과 형법의 강제추행죄는 그 경계가 맞닿아 있고 일부 겹칠 수도 있다. 구체적인 사례에 따라 그 어느 쪽인지를 판단할 수밖에 없다. 성희롱은 조직 내에서 징계로 다스리는 것이 원칙이지만 그 정도가 심해서 강제추행에 이르거나 다른 불법행위를 수반한다고 판단될 때에는 사법기관에 고발해야 한다.

언어적 행위의 유형이 제일 다양할 것이다. 직접 대면해서 또는 전화나 다른 전자매체를 통해서 음란한 농담을 하거나 음탕하고 상스러운 이야기를 하는 것, 외모에 대해 성적인 평가를 하는 것, 성적인 사실을 묻거나 성적인 정보를 의도적으로 퍼뜨리는 것, 성적인 관계를 요구하는 것, 술자리에서 억지로 옆자리에 앉혀 술시중을 들도록 요구하는 것 등이 그 예이다. 시각적 행위의 예로는 음란한 사진 그림 등을 게시하거나 보여주는 것, 성적인 신체부위를 보여주는 것 등을 들 수 있다.

성희롱에 대한 사람들의 인식이 빠르게 변하고 있다. 오늘날 성희롱은 묵과할 수 없는 심각한 차별행위이며 인권침해라는 인식이 널리 확산되어 있다. 사람들은 성희롱의 폐해가 크다고 생각한다. 그래서 국가가 성희롱문제에 개입한다. 성희롱은 직접적인 피해자뿐만 아니라 그가 종사하는 조직에도 피해를 주고 나아가서는 사회에도 악영향을 미친다. 사람들이 그런 폐단을 깨닫게 되었다는 사실이 중요하다.

성희롱의 피해자는 심리적 타격을 받는다. 당혹감, 수치심, 모욕감을 느끼고 분노하고 자존심에 대한 상처 때문에 시달릴 수 있다. 이성에 대한 혐오감 때문에 성적 정체성이 왜곡되는 피해를 입을 수 있다. 심리적 타격은 육체적 이상증세, 질병을 만들 수 있다. 두통, 식욕상실, 소화불량 등이 그런 심인성 질환의 예이다.

성희롱 유무와 그 수준의 판단에는 피해자의 주관적 반응이 중요한 기준을 제공한다. 피해자의 거부의사, 심신의 피해에 대한 인식 등이 중요한 판단기준으로 된다는 뜻이다. 성희롱행위라는 스트레스 유발요인에 대한 반응은 사람에 따라 다를 수 있다. 가해자의 행위와 스트레스 발생 사이에 끼어드는 사람마다의 지각, 과거의 경험, 동기, 성격, 능력, 다른 사람들로부터 받는 사회적 지원 등이 서로 다르기 때문이다.

사소한 문제 때문에도 스트레스를 받는 사람이 있고, 상당히 강한 스트레스 유발요인에 대서도 관용적인 사람이 있다.

개인마다 다를 수 있는 스트레스 취약성 또는 스트레스 민감도를 설명하는 데 '스트레스 문턱'(stress threshold)이라는 말이 쓰이기도 한다. 이 말은 사람이 부정적 스트레스를 느끼지 않고 견딜 수 있는 스트레스 유발요인의 수준을 지칭한다. 이것은 스트레스 유발요인에 대한 관용적 태도 또는 내성의 수준이다. 문턱이 낮은 사람의 스트레스 취약성은 높고, 문턱이 높은 사람의 스트레스 취약성은 낮다. 성희롱 피해자의 스트레스 문턱은 낮은 반면 가해자와 방관자들의 스트레스 문턱은 높을 수 있다. 그러면 분규가 생기고 피해자는 2차, 3차의 괴로움을 당할 수 있다. 피해구제에 나서는 사람들은 스트레스 민감도에 관련된 문제들을 면밀히 분석하고 피해자를 위해 섬세한 배려를 해야 할 것이다.

성희롱으로 인한 적대적 분위기 조성, 피해자의 사기저하와 능력저하는 조직에 해를 끼친다. 성희롱이 문제화되면 분규처리의 비용이 들고, 피해자가 조직을 이탈하면 사람을 새로 임용하는 데 시간과 비용을 들여야 한다. 성희롱문제로 시끄러워지면 조직활동의 생산성이 떨어지고, 조직의 이미지와 신망이 실추된다. 성희롱은 사회의 건강과 윤리의식에 손상을 준다. 성희롱은 인권침해이며 평등이념에 반대되는 성차별적 행동이기 때문이다. 성희롱의 주된 대상이 되는 사회집단의 사회적 응을 어렵게 하며 그만큼 사회 전체의 인적자원에 손실을 입힌다.

성희롱이라는 미묘하면서도 예민한 범법행위는 예방하기도 어렵고 수습하기도 어렵다. 성희롱문제가 정의롭고 온당하게 처리되지 못하면 당사자들에게 상처만 남기고 조직과 사회에 부정적 영향을 미친다. 특히 성희롱을 폭로하고 고발한 피해자들이 오래 시달리고 이중 삼중의 괴롭힘을 당하는 경우가 많다. 어떻게든 그런 사단을 피할 수 있도록 모든 관계자들이 노력하라는 당부가 넘쳐난다. 여러 가지 대책들이 처방되고 있다. 중요한 대책들은 법제화되어 있다.

성희롱을 통제하려는 대책은 사전적이고 예방적인 것과 사후적인 것으로 나누어볼 수 있다. 예방교육 실시, 성희롱에 관한 상담, 개인의 방어능력향상 등이 사전적 대책의 예이다. 장기적인 조직문화개혁도 사전적 대책의 하나라 할 수 있다. 피해자를 보호하고 침해된 권리를 구제하는 것과 가해자를 처벌하는 것은 사후적 대책에 해당한다. 성희롱 대응책은 또한 개인차원의 대책, 조직차원의 대책, 그리고 문화개혁으로 범주화해볼 수 있다.

개인은 가해자가 되지 않도록 노력해야 한다. 그리고 성희롱의 피해자가 되지 않도록 대비해야 한다.

가해자가 되지 않으려면 성인식(性認識)의 변화를 잘 성찰하고 상대방의 인격을 존중하는 태도를 길러야 한다. 어떤 행위에 대한 상대방의 거부의사를 민감하게 받아들이는 감수성을 길러야 한다. 성희롱의 분규과정에서 가해자도 생애의 큰 타격을 입을 수 있다는 점을 명심해야 한다. 가해자가 받는 법적 제재보다 도덕적·사회적 불명예가 더 무서울 수 있다.

성희롱의 피해자가 되지 않으려면 성희롱적 성향을 보이는 사람들과 상황을 피하고, 자기가 정한 성적 행동지침에 어긋나는 요구에 대해서는 거부의사를 분명히 표시해야 한다. 성희롱의 조짐이 보이면 전문적 상담자나 감독자 등의 조력을 받아 예방적 대응을 해야 한다. 실제로 성희롱을 당하면 공식적 구제절차를 신속하게 밟아야 한다. 이를 대비해 증거물이나 증언을 확보하도록 노력해야 한다.

그런 행동수칙은 당연한 방어책이지만 실제 조직생활에서 이를 실천하는 데는 애로가 많다. 인품이 훌륭하고 분별력 있는, 시속(時俗)의 변화에 민감한 사람보다 그렇지 못한 사람이 성희롱이나 추행을 저지를 확률이 높다. 그래서 그런지, 성희롱 가해자로 지목된 사람이 잘못을 뉘우치고 사과하는 경우는 오히려 드물다. 적반하장으로 나가는 경우가 많다. 가해자 다수가 성희롱 사실을 부인하고, 폭로자를 비난하고, 명예훼손이나 무고혐의로 고소하는 등 역공으로 나간다.

조직의 분위기는 피해자에게 비우호적이거나 적대적인 경우가 많다. 문제제기로 시끄러워지는 것을 원치 않는 집단적 침묵효과(집단적 압력으로 침묵시키는 효과: mum effect)가 있다. 조직을 시끄럽게 만드는 피해자의 인격을 공격하기도 한다. 피해자가 여성인 경우, "여자가 처신을 조심해야지, 어떻게 행동했기에 그런 일이 생기느냐"는 말을 듣기 일쑤다. 특히 상사에게서 성희롱을 당한 경우, 조직 안에서 이를 문제 삼는 데는 가히 극단적인 결심이 필요하다. 성희롱을 폭로한 피해자는 외로운 싸움을 하게 된다. 여기에 제삼자의 제도화된 조력이 필요하다.

조직은 효율적이고 실효성 있는 성희롱방지프로그램을 만들어 시행해야 한다. 국가는 입법으로 이를 뒷받침해야 한다. 우리나라에서는 이미 여러 법률로 성희롱대응책을 규정하고 있다. 조직의 관리층에서는 성희롱금지에 관한 행동규범을 명백하게 천명하고 이를 직원들에게 주지시켜야 한다. 직원들에게 성희롱방지를 위한 훈련을 실시해야 한다. 성희롱의 구성조건, 성희롱의 폐해, 성희롱에 대한 처벌 등의 주제에 대해 교육시켜야 한다. 감독자와 관리자들에게는 성희롱의 예방과 수습에 대한 훈련을 실시해야 한다. 성희롱 방지를 위한 훈련실시는 법적 의무이다.

조직은 또한 성희롱에 관한 고충을 처리할 담당자를 지정하고 처리 절차를 수립하여 적시성 있게 운영해야 한다. 성희롱의 고충을 처리해야 할 책임자들이 가해자의 편에 서서 문제를 덮거나 무마하려 드는 사례가 흔하다. 이를 방지·시정할 수 있는 통로도 마련해두어야 한다. 가해자를 징계로 처벌하고 필요한 경우 형사고발도 해야 한다. 성추문, 성희롱에 대한 처벌과 사회적 응징이 강경해지면 그것이 주는 예방교육효과도 클 것이다. 성희롱에 대한 부정적 유인으로 충분한 효과를 발휘할 수 있도록 처벌을 엄정하게 시행해야 한다.

성희롱을 막거나 그 폐해를 수습하기 위해 개인과 조직이 할 수 있는 행동의 효과는 한정적일 수밖에 없다. 성희롱을 저지르는 태도와 행동은 조직문화와 사회문화에 깊은 뿌리를 두고 있기 때문이다. 근본적이고 장기적인 대책은 문화개혁이며 문화지체자들의 계몽이다. 조직문화와 사회문화를 성희롱을 용납하지 않는 방향으로 개조해나가야 한다. 문화개조를 통해 모든 조직구성원들이 성희롱의 비윤리성·불법성에 대해 높은 감수성을 갖게 되어야 한다.

이미 변했거나 변하고 있는 성에 관한 문화에조차 적응하지 못하는 문화지체자들이 정신 차리게 하는 일이 우선 시급한 것 같다. 성희롱이라는 관념이 없던 시절의 행동방식을 버리지 못하는 사람들이 성희롱, 강제추행 등 말썽을 일으키는 경우가 많기 때문이다. 그들은 새로운 행동규범에 적응하지 못한 낙오자들이다. 화사첨족(畫蛇添足)이 되지 않을까하는 우려에도 불구하고 급속한 사회변동과 문화지체에 대해 조금 말을 더 해야겠다.

우리가 사는 시대를 나는 연속적인 과도기라고 묘사하기도 한다. 과도기적 현상이 연달아 생기기 때문이다. 광범하고 급속한 변동이 쉴 없이 일어나는 세상이기 때문이다. 격동적인 변동의 와중에서 살아가기는 힘들다. 아주 날렵한 적응을 해내지 못하면 상처를 입고 심한 경우 패가 망신의 지경에 이를 수 있다. 그런데 시대조류에 동떨어진 문화지체자들이 너무 많다.

관직에 오르면 입신양명하고 부귀영화를 누릴 수 있으며 뇌물받는 것은 관행이었던 시절, 선거는 당연히 관권선거였으며 경찰을 포함한 공무원들은 여당지지자여야 했던 시절, 재산가들이나 고위공직의 권력자들이 기생은 물론 서비스업에 종사하는 모든 여성들을 성적인 노리갯감으로 삼아도 잘 받아들여졌던 시절이 있었다. 지난날 술자리나 사교모임에서 음담패설은 사교의 도구가 되기도 했고, 심지어는 생존전략이 되기도 했다. 민감한 화제로 혹은 직장문제에 관한 말실수로 구설수에 오르거나 신상에 불이익을 받는 일이 없이 무난하게, 즐겁게 모임을 이끌어가는 방편이 된다는 뜻에서 음담패설이 직장인들의 처세술이요 생존전략일 수 있었다고 말하는 것이다. 사내들의 사교모임에서, 유흥에서 서비스를 제공하는 여인들에 대한 성적 희롱이나 추행은 음담패설과한 묶음으로 쓰였다. 그런 데서 만들어진 버릇이 다른 사회관계에 전이되기도 했다. 그러나 시절이 많이 달라졌다. 지금은 음담패설이 치명적인 자해흉기가 될 수 있는 시대이다. 이성에게 실없이 던진 음담 한마디나 음탕한 손놀림 한 번으로 처벌받고, 망신당하고, 사회적으로 매장될 수 있다.

문화지체자들, 예전의 미몽에서 깨어나지 못한 굼뜬 사람들이 여러 가지 곤욕을 치르고 대중매체의 뉴스를 장식한다. 권력기관의 책임자들이 선거에서 여당 편을 들다가 들통이 나서 쇠고랑을 찬 모습을 보였다. 당사자는 할 수밖에 없는 일을 했는데 왜 그러는지 분하다고 생각할지 모른다. 공무원은 여당 편을 들 수밖에 없다는 생각을 떨쳐버리기가 정말 어려운 모양이다. 그들이 마음을 바꾸지 못하게 하는 여건이 아직도 강고한 때문인지 모른다. 아주 높은 공직을 역임한 노인이 골프장 여종업원을 음탕한 손으로 더듬고 주무르다가 강제추행죄목으로 재판을 받고, 형의 선고를 받고, 이루 형언할 수 없는 망신을 당한 일도 있다. 옛습성을 반성하지 못하는 사람은 골프 심부름하는 여자를 좀 만졌다고 이런 망신을 주다니 하는 생각 때문에 억울하고 분할 것이다. 뇌물 먹은 정치인들은 그것이 관행이었다는 말을 흔히 한다. 그 또한 억울하다는 생각을 할 것이다.

세상이 어찌 변했는지 감을 못 잡고 봉변을 당하는 사람들의 얼빠진 표정을 보면서 시대부적응자들의 비애를 읽는다. 그들이 둔감하고, 조금은 멍청하고, 세상물정 모르는 사람들일 수 있다는 생각은 실소를 자아내기도 한다.

개별적인 조직에서 실시하는 성희롱예방교육의 상당부분을 문화지체자들의 태도변화훈련에 할애해야 할 것이다. 문화개조훈련은 사람들의 심층적 잠재의식의 세계에까지 접근해야 하기 때문에 전문가들의 조력을 받아야 한다. 정부와 시민사회가 협력하여 성차별적 문화를 개혁하고 문화지체자들을 계몽하는 사업에 앞장서야 할 것이다.

10
판공비와 예외적 행정

2017년 6월 특수활동비를 잘못 쓴 죄로 검찰간부 두 사람이 징계면 직되었다. 특수활동비를 직원들과 회식하고 격려금을 주는 데 쓴 것이 죄목이라고 한다. 특수활동비는 원래 그런 목적에도 쓸 수 있는 것이 관행이었던 모양인데 이 경우에는 죄가 된다고 하였다. 2020년에는 법무부장관이 검찰의 특수활동비지급실태에 관련해 검찰총장에 대한 감찰을 지시하였다. 검찰총장이 특수활동비를 자기 쌈지돈처럼 자의적으로 사용하고 있다는 그럴싸한 비난과 함께 감찰을 지시한 것이다. 이건 고분고분하지 않은 검찰총장을 '찍어내기' 위한 모사라는 소문이 파다한 가운데 큰 논란을 불러일으켰다.

이 밖에도 미운 공무원의 판공비사용내역을 들춰 곤욕을 치르게 하려는 시도는 비일비재하다. 미운털이 박힌 사람에게 모호한 판공비지출을 문제 삼아 죄를 묻는 조치가 대중의 환호를 받을 수 있을지 모른다. 그러나 내막을 아는 사람들은 쓴웃음을 금치 못할 것이다. 대중매체의 뉴스를 달구는 '판공비사태'를 보면서 판공비의 존재이유와 그에 관한 말썽의 소지를 다시 생각하게 된다. 그리고 행정의 원칙에 대한 다양한 예외의 문제를 함께 생각하게 된다.

공무원들에게는 보수 이외에 정부가 공식적으로 인정하는 여러 가지 돈이 지급된다. 그 중 한 가지가 오래된 말로 판공비(辦公費)이다. 지금은 예산서 상에서 판공비라는 용어를 사용하지 않는다. 예전 판공비의 범주에 포함시킬 수 있는 경비들을 특수활동비, 특정업무경비, 업무추진비 등으로 나누어 관리한다. 그 밖에 판공비처럼 쓰는 돈에 대한 여러 가지 비공식적 호칭들이 있다. 여기서는 공무수행을 위한 재량적 비용지출의 여러 명칭과 형태들을 통틀어 포괄하는 뜻으로 판공비라는 개념을 사용하려 한다.

판공비가 국어사전에는 공무를 처리하는 데 드는 비용, 또는 그런 명목으로 주는 돈이라고 정의되어 있다. 제도의 공식적 선언에 부합하는 정의라고 볼 수 있다. 다만 거기에 재량적 집행이라는 요소를 추가해야 할 것이다. 판공비를 배정받은 사람은 그의 재량으로 또는 임의로 사용할 수 있지만 용도는 공무에 한정한다. 여기서 공무에 사용해야 한다는 용도한정의 조건이 문제이다. 그런 조건의 판단에는 주관적 해석이 크게 작용하게 될 뿐만 아니라 조건 충족 여부를 감시할 방법이 마땅치 않다. 공무관련성을 넓게 해석하는 경우 사적(私的)인 사용과 구별하기 어려운 지출도 용납될 수 있다. 이를 아주 좁게 해석하는 경우 재량적 지출의 의미가 거의 사라지게 된다.

실행과정에서 판공비는 문자 그대로 순전히 공무수행을 위해서만 쓰여야 한다는 규범이 엄격히 지켜지는 경우가 원칙일 것이다. 그러나 공무를 위한 지출인지 개인적 목적을 위한 지출인지 단정하기 어려운 모

통치하기 어려운 나라 – 국정관리의 현안과 쟁점

호한 용도에 쓰일 수도 있다. 모호한 경계적 지출(境界的 支出)이 공개되면 늘 논란거리가 된다. 개인적 목적의 사용이라 하여 말썽을 빚을 수도 있고 아닐 수도 있는 지출의 예로 직원들이나 업무추진관련자 등의 경조사에 부조금을 내는 일, 부하들의 노고를 보상하고 장려하기 위해 격려금을 주거나 회식의 비용으로 내는 일 등을 들 수 있다.

판공비 지출의 실제에서 일탈적 지출의 가능성을 배제하기는 어렵다. 개인적 목적에 판공비를 유용하면 안 된다는 공식적 규범이 있기는 하지만 그것이 얼마나 지켜지고 있었는지는 정확히 알 수 없다. 그리고 과다지출 등 방만하고 적절치 못한 지출, 불법적 지출의 예도 없지 않을 것이다. 다만 판공비 불법사용문제가 시끄러워지고 여론의 질타가 일면서 사용명세와 증빙서류의 제출, 사용내역의 공개 등 통제조치들이 강화되었다. 실제로 재량권 남용이나 부당한 지출은 많이 위축되었을 것이다.

판공비의 실제 모습은 여러 얼굴을 지니고 있다. 업무수행경비 또는 실비변상적 경비라는 얼굴도 있고 직무가급적 수당이나 생계보조급적 수당과 같이 쓰일 수도 있는 숨겨진 보수라는 얼굴도 지녔다. 직무가급적 수당(職務加給的 手當)은 직무의 차이에 대한 보수의 조정이 기본급(봉급)만으로는 불충분할 때 활용되는 수당을 통칭한다. 이것은 직무의 특이성 때문에 지급되는 수당이다. 그 대표적인 예가 특수근무수당이다. 생활보조급적 수당(生活補助給的 手當: 가계보조급적 수당)은 생활비를 보조하기 위한 수당이다. 가족수당을 그 예로 들 수 있다.

판공비의 실비변상적 요소는 공식적인 얼굴이다. 그런데 판공비는 부분적으로라도 숨겨진 보수라는 비공식적 얼굴을 또한 어쩔 수 없이 지니게 된다. 이 비공식적 요소 때문에 그 운용이 어렵고, 걸핏하면 말썽이 난다. 판공비의 비공식적 또는 탈법적 사용은 별일 없을 때는 묵인되지만 그것은 공직자들이 뒤집어쓰는 먼지가 된다. 그래서 털면 먼지안 날 사람 없게 되는 것이다. 판공비 남용의 위험은 바로 공직자에 대한 통제의 도구가 될 수도 있다. 평소에는 문제 삼지 않던 판공비 사용에 불리한 해석을 붙여 밉보인 사람을 찍어낼 수 있다. 알아서 쓰라고준 돈을 알아서 쓴 죄를 물을 수도 있다는 말이다. 공무원들은 그들에게부여된 지출의 재량권이 처벌이라는 부메랑으로 돌아올 때 억울함을 호소할 길이 막막하다.

판공비라는 모호한 지출의 역사는 아주 길다. 오용의 말썽이 그치지않는 이 제도가 필요해서 생겨났을 것이며 오래 유지된 데에는 그럴만한 이유가 있을 것이다. 정부조직에서는 일하고 인력을 유지하기 위해사업예산, 조직유지경비, 보수, 실비변상 등 수많은 예산을 지출하고 있다. 판공비는 그런 '딱딱한' 경비지출들의 틈새를 부드럽게 메워주는 윤활유와 같은 것이다. 이런 윤활유에는 독소가 있다. 독소란 오용·남용의 위험을 말한다.

오용·남용의 위험에 주목하는 사람들은 판공비의 개폐를 주장한다. 개폐의 방법 가운데 가장 빈번하게 거론된 것은 판공비지출방법과 대상의 엄격한 통제이다. 정부 각 기관이나 지방자치단체들은 각종 규칙, 규정 등을 만들어 판공비의 용처를 보다 구체적으로 열거하기도 하고 오용사례를 열거하기도 하지만 판공비 지출통제방법으로 효용이 큰 것 같지는 않다. 영수증과 같은 증빙서류제출을 보다 엄격하게 요구한다든지지출내역을 공개하게 한다든지 하는 방법들도 통제 강화의 수단으로 제안되고 일부 채택되어왔다.

보다 급진적인 방법으로는 판공비 예산을 다른 사업비와 같이 취급

통치하기 어려운 나라 — 국정관리의 현안과 쟁점

해 사업비 지출절차를 따르게 하는 방법을 생각할 수 있다. 판공비를 보수체계에 편입하고 보수의 일종으로 지급해서 말썽의 소지를 없애는 방법도 있을 것이다. 판공비를 사업예산으로 또는 보수예산으로 개편하는 것은 판공비를 없애는 방법이다. 이런 편입조치 없이 판공비제도를 아주 폐지하자고 주장하는 사람들도 있을 것이다. 폐지라는 말을 쓰지 않더라도 강경한 통제를 요구하는 개선방안들은 판공비를 사실상 폐지하자는 처방이라고 볼 수 있다. 지출방법과 지출대상을 엄격하게 통제하고 지출내역을 완전히 공개하자는 방안도 판공비 본래의 취지에 부합되지 않기 때문에 폐지방안과 별반 다를 바 없다.

정보기관의 특수활동비 일부를 상급기관이 가져다 쓴 것이 문제화되고 관계자들이 중죄로 다스려지자 특수활동비 사용에 대한 외부감사를 강화하자는 주장, 사용내역을 공개하자는 주장이 쏟아졌다. 그런 주장대로 따르면 정보기관의 첩보활동 등 비밀공작을 모두 공개하는 결과를 빚을 수도 있다. 내버려두면 남용의 위험이 있고, 공개하면 기밀누설의 위험이 있다. 그 중간을 가는 것도 매우 어렵다.

판공비는 공무원들에게 지급되는 예외적 경비의 일종이라고 할 수 있다. 예외는 원칙을 보완한다. 정부를 운영하는 데는 원칙적 제도뿐만 아니라 예외적 제도가 또한 필요하다. 그래서 정부에는 예외적 제도들이 많다. 인사행정분야에서 예외적인 것은 판공비뿐만이 아니다. 봉급이라는 원칙적 급여 외에 여러 가지 수당이라는 예외적 급여가 있다. 임용에서는 공개경쟁채용이라는 원칙적 임용방법 이외에 특별채용(경력경쟁채용 등)이라는 예외적 임용방법을 인정한다. 차별철폐를 위해 역차별을 무릅쓰고 여러 가지 임용우대제를 운영한다. 우대임용은 임용평등주의에 대한 예외이다. 비정규직은 정규직에 대한 예외다. 유연근무제는 원칙적인 근무제도에 대한 예외이다. 시간외근무나 휴일근무는 표준근무시간제에 대한 예외이다.

재무행정분야에서도 원칙에 대한 예외는 쉽게 찾을 수 있다. 예비비 예산은 그 단적인 예이다. 수정예산이나 추가경정예산은 본예산이라는 원칙에 대한 예외이다. 예산의 이월이니 이용(移用)이니 하는 것도 역시 원칙에 대한 예외이다. 비공식적으로 여기저기 숨겨진 예산도 예산공개의 원칙에 대한 예외이다. 정부조직에 붙어 있는 참모조직들은 계서제에 대한 예외이다. 지방자치단체라는 원칙 이외에 특별지방행정기관이라는 예외가 있다.

행정작용·행정행위에 관한 원칙은 법정주의이다. 국회는 법을 만들고 행정은 법을 집행한다. 행정은 법의 구속을 받고 법의 지시에 따라야 한다. 법의 지시대로 해야 하는 기속행위(羈束行爲)가 원칙이다. 그러나 법은 재량행위라는 예외적 영역을 허용한다. 행위자가 위임받은 재량의 범위 내에서 자기 판단대로 의사결정을 할 수 있는 것이 재량행위이다. 법은 또한 법외적(法外的) 사실행위에 대해서도 필요하면 관대하게 용인해준다. 그럴 수밖에 없다. 행정의 일거수일투족을 완벽하게 법으로 정하려면 거의 무한대의 법조문이 필요할 것이다. 국회가 그런 일을 해내는 건 불가능하다.

때와 장소를 불문하고 인간사에서 원칙에 대한 예외의 인정은 불가피하다. 사람 사는 데는 언제나 예외가 있어 왔다. 그래서 사람들은 누구나 "예외 없는 원칙은 없다"고 말한다. 전지전능한 신의 세계에는 예외가 없는지 모른다. 그러나 인간세계에는 예외가 있고, 있을 수밖에 없다. 인간은 불완전하기 때문이다. 인간은 완벽하게 합리적일 수가 없기 때문이다. 예외는 원칙의 무리 없는 운행을 돕는다. 원칙에 예외가 따라 다니지 않으면 사람들 하는 일이 잘 굴러가지 않는다. 인간세상의 한 부문인 정부도 별 수 없이 많은 예외를 안고 복잡하고 불확실한 세상을 헤쳐 나간다. 지금의 정부개혁사조는 오히려 더 많은 예외를 만들려는 것이다. 개혁사조의 주류는 정부조직의 유기체화·연성화·유연화를 통한 적응성고도화를 처방한다. 딱딱한 것보다 부드러운 것을 찾는 개혁처방들은 예외의 증가를 불러올 수밖에 없다.

그런데 사람들은 예외보다 원칙을 선호한다. 원칙은 좋은 것이며 예외는 바람직하지 않은 것이라는 막연한 선입견 또는 편견을 가지고 있다. 예외는 깔끔하지 않고, 거치적거리고, 정돈된 질서를 어기는 것 같은 느낌을 줄 수 있다. 예외는 무엇인가를 어긴다거나 위반한다는 느낌을 줄 수 있다. 예외라는 말을 듣고 변칙, 정실에 의한 법규위반, 특혜, 특권을 연상할 수도 있다. 실제로 원칙의 경우보다 예외의 기준과 한계가 더 모호하다는 것이 어느 정도는 사실이다. 그만큼 오용과 남용의 위험은 더 커진다.

예외보다 원칙을 선호하는 사람들의 관념 탓인지 원칙대로 하겠다는 말은 흔히 갈채를 받는다. 사람들, 특히 정치인들이나 법조인들은 원칙이라는 표현을 즐겨 쓴다. "원칙이 통하는 사회를 만들겠다", "원칙대로 하겠다", "법과 원칙에 따라 처리하겠다" 등등의 말을 자주 한다. 그들은 누구의 원칙이냐를 설명하는 데에는 인색하다. 예외를 절대적으로 봉쇄하려는가에 대해서도 말하지 않는다.

예외의 존재가 빚어내는 복잡성과 혼란 그리고 예외의 탈선을 개탄하는 사람들은 예외 전체에 대해 부정적인 태도를 갖기 쉽다. 복잡한 세상사를 덜 겪어본 사람들일수록 원칙 고수에 더 집착한다. 순수한 열정은 원칙 고수로 통한다. 대중적 인기를 얻으려는 정치인과 행정인들은 예외에 대한 통제를 표방한다. 정권마다 출범 초기에는 예외를 봉쇄하려는 여러 선언을 하는 경향이 있다.

예외의 일탈과 그로 인한 관기문란을 바로잡아보겠다는 시도는 나무랄 수 없다. 그러나 예외의 통제는 그리 간단치 않은 일이며, 시간이 많이 걸리는 일이고, 자칫 헛수고로 끝날 수 있는 일이라는 점을 유념해야 한다. 그리고 예외적 제도와 관행을 만든 당초의 목적부터 성찰해야 한다. 일탈의 가능성을 알면서도 많은 경우 흐리멍덩한 예외적 제도와 관행을 만들고 유지하는 이유부터 알아보아야 한다는 말이다. 재량행위의 투명성을 어느 정도 요구할 것인지도 깊이 생각해보아야 할 난제이다. 예외의 통제 또는 폐지가 서툴고 지나쳐서 쥐 잡다 독 깨는 일이 벌어지지 않도록 해야 한다. 순수한 원리주의적 열정이 재난을 부르는 예는 많다.

판공비 문제와 연관된 문제들은 줄줄이 많다. 정부에는 실재하지만 합법·불법의 경계가 모호하고 대외적으로 밝히기도 거북한 일들이 많다. 관청의 예산전략, 숨겨진 예산, 숨겨진 보수, 변태경리 등이 그 예이다. 이런 일들을 말끔히 섬멸하려 덤빌 것인가, 아니면 그럭저럭 아는 듯 모르는 듯 끌고 갈 것인가를 선택해야 하는 기로에 섰다면, 현실적인 대안은 후자일 수밖에 없다. 무릇 인간사에는, 그리고 정부활동에는 '그럭저럭 헤쳐 나갈 수밖에 없는'(muddling through) 문제들이 많다.

판공비의 폐지나 축소가 가져올 풍선효과의 우려는 현실적이다. 특수활동비에 대한 공격이 심해지면 그것을 조금 줄이는 대신 특정업무경비나 업무추진비를 대폭 늘리는 관료적 예산전략을 보면서 위정자들뿐만 아니라 여론주도자들도 무언가 깨달음을 얻어야 할 것이다.

여기의 맺음말은 이러하다. 재량의 허용에 반드시 필요한 전제조건

통치하기 어려운 나라–국정관리의 현안과 쟁점

은 신뢰이다. 위임받는 사람을 전혀 신뢰하지 않으면 그의 재량을 허용할 수 없다. 신뢰 없는 위임의 효용을 담보하는 길은 오직 철저한 감시와 통제뿐이다. 신뢰 없는 재량권위임은 수임자(위임받는 사람)가 저지를 수 있는 도덕적 해이의 가능성을 각오해야 하는 행위이다.

다른 조직에서와 마찬가지로 정부조직을 운영하는 데는 재량행위, 재량적 지출이 필요하다. 그것은 수임자에 대한 신뢰를 전제한다. 재량권을 주면서 신뢰는 하지 않는다면 모순이다. 그런데 여론은 판공비사용자들을 불신한다. 그래서 정부는 판공비라는 재량적 지출을 허용하면서 동시에 불신하고 통제해야 하는 모순을 떠안고 있다. 모순관리는 아주 힘든 줄타기이다. 그야말로 딜레마이다. 재량권을 주는 만큼 믿을 것인가, 아니면 못 믿는 만큼 재량권을 줄일 것인가. 이 갈림길에서 정부는 지금 못 믿는 만큼 재량권을 줄이는 쪽으로 가고 있다. 그게 여론에 영합하는 길이라 생각하는 것 같다. 그 길이 옳은지 아닌지는 조만간 밝혀질 것이다.

11
공직 인사의 형평성

우리는 바야흐로 형평성 열풍의 시대에 살고 있다. 요즈음 앞뒤의 사정을 둘러보고 우리 사회의 형편을 그리 말하는 것이다. 정치·경제·사회의 모든 분야에서 형평성추구운동이 큰 위세를 떨치고 있다. 우리 사회가 고도산업화·정보화의 시대로 접어들면서 사회적 형평성 문제가 중요한 정책의제로 부상되었고, 민중의 발언권이 강화되면서 형평성 구현에 대한 요구는 봇물이 터지듯 했다. 특히 촛불집회, 촛불시위로 한 정권을 거꾸러뜨리고 촛불정신의 위력을 과시한 촛불대중은 한껏 고무되어 그들 나름의 형평성 구현을 압박하고 있다.

정치적·사회적 병리라고 지목된 이슈를 표적삼아 촛불을 들고, 주로 야간에, 모여 규탄시위를 벌이는 것을 촛불집회라 통칭하게 되었는데 그건 이제 우리 정치문화의 일부를 지칭하는 고유명사처럼 되어 있다. 촛불집회는 우리 국정관리체제의 아주 중요한 한 축이 되어 있다. 집권여당은 촛불민심, 촛불정신을 지성껏 받들겠다고 되풀이해 선언하고 있다. 촛불집회의 가치추구, 즉 촛불정신은 엘리트주의, 계층질서, 차등의 문화에 반기를 드는 것으로 보인다. 온갖 기득권과 그에 결부되었던 적폐를 공격한다. 고용분야에서는 기득권층의 특혜, 약자에 대한 차별을 엄중히 고발한다.

다수가 지배하는 것이 민주주의의 구성원리이다. 다수의 민중이 정치과정에 보다 직접 참여하고 대표·대의기관들을 보다 강력하게 조종할 수 있게 되면 형평성이라는 이름으로 차별철폐, 특권·특혜의 추방을 훨씬 더 강력하게 압박할 수 있다. 촛불시위로 대변되는 민중의 정치가 위력을 발휘하면서 국민생활 전반에 걸쳐 형평성추구의 열풍이 불게 되었다. 일종의 역차별열풍이라고 표현할 수도 있다. 역차별은 차별에 대항하고 차별을 무너뜨리기 위해 차별을 감행하는 것이다.

연구인들은 형평성 또는 사회적 형평성(social equity)을 같은 상황에 처해 있는 사람들을 평등하게 대우하고 차별을 금지해야 한다는 규범을 담은 가치라고 일반적으로 정의한다. 이런 가치의 해석이나 이를 실현하는 데 동원하는 수단적 가치와 실천수단에 대한 처방을 담은 접근방법들은 변천해 왔다. 각 접근방법에 부여하는 상대적 비중은 변해 왔다.

어느 시대 어느 사회에서나 형평성추구의 갈망은 있었고 실제로 그런 갈망의 실현도 있었다. 그러나 그 내용과 방법 그리고 수준은 때와 장소에 따라 달랐다. 같은 사회에서도 시대의 흐름에 따라 형평관이나 실천행동은 변해 왔다. 우리사회에서 지금 형평성추구의 갈망이 크게 고조되어 있다고 하는 것은 비교적인 차원에서 하는 말이다. 형평성추구열풍의 와중에서 실책이 끼어들지 않기를 바란다. 형평성에 대한 오해, 과잉추구, 편파적 쏠림, 아전인수식 형평성규정 등등 실책의 위험은 많다. 이런 위험에 대해 경고하기 위해 이 글을 쓴다.

형평성 열풍은 지금 우리나라 국민생활 전반에 걸쳐 불고 있다고 보아야 하는데, 여기서는 문제를 좁혀 공직의 인사, 그중에서도 행정부 공무원들의 인사행정에 눈을 돌리고 그 형평성문제를 논의해 보려 한다. 인사행정의 여러 영역 가운데서 임용과 보수의 관리를 골라 형평성추구 문제를 검토하려 한다. 임용관리와 보수관리를 고른 까닭은 그 두 영역에서 형평성문제가 가장 뚜렷하게 부각되고 쟁점화되기 때문이다.

　　공직인사의 형평성에 대해 여기서 하는 이야기들이 다른 영역의 형평성을 논의할 때도 참고가 되기를 기대한다.

　　공직자 임용관리의 형평성에 대한 관념·원리의 변화과정부터 살펴보기로 한다. 인사행정의 시조(始祖)는 대체로 신분지배의 제도였다. 오랜 역사를 지닌 신분지배제도에서 공직자 임용은 귀족적 지배계층 또는 상류계층에 속하는 사람들을 대상으로 하였다. 임용 후에는 계급에 따라 차등적인 지위, 즉 신분이 주어졌다. 이런 관료제는 관료의 임용에서 세습적인 사회계급을 중요한 선발기준으로 삼는다 하여 세습적 계급관료제라 부르기도 한다. 귀족적 상류계층으로부터 공무원을 선발한다 하여 신사(귀족)에 의한 정부라고 부르기도 한다. 신분지배의 제도를 만들고 지지한 사람들은 천민 또는 평민보다 신분이 높은 귀족이나 양반이 고귀한 관직을 차지하게 하는 것이 형평성 있는 제도라고 생각했을 것이다. 민주정치 이전의 시대, 사회구조의 층화가 엄격했던 시대에는 신분에 따른 공직임용이 큰 무리 없이 수용되었다.

　　그러나 민주정치가 시작되면서부터 신분기준의 공직임용 원리는 더 이상 지탱되기 어려웠다. 신분주의에 가름하여 등장한 것이 공직인사의 엽관주의이다. 민주정치의 초기에 사람들은 평민이라도 누구나 공직에 임용될 수 있어야 형평성 있는 인사제도라고 생각하게 되었다. 공직임용을 귀족에 국한하는 것은 민주정치가 추구하는 형평성의 원칙에 맞지 않는다고 생각하게 되었다. 그래서 엽관주의와 교체임용주의에 입각한 임용체제를 구축해서 누구나에 의한 정부, 평민에 의한 정부를 구현하려 하였다.

엽관주의(獵官主義)는 정치적 임용주의, 정당적 임용주의라고 부를 수도 있다. 이것은 집권정당을 위한 기여도와 충성심의 정도 그리고 집권자들의 신뢰를 받는 수준에 따라 집권한 정당의 추종자들을 공무원으로 임용해야 한다는 원리이다. 엽관주의는 선거에 승리한 정당의 전리품인 공직은 지지자들에게 분배되는 보상이라고 보는 관점을 반영하는 것이기도 하다. 엽관주의는 정권이 바뀌면 새 주인을 따라 공직에 들어오는 사람들에게 재직자들이 자리를 내놓아야 한다는 원칙인 교체임용주의를 포함한다.

엽관주의적 인사체제가 추구하는 이상은 민주성과 형평성의 구현이다. 그런 기본적 가치의 구현을 위한 수단적 가치나 실행수단은 신분주의나 그 밖의 원리에 따른 제도의 경우와 다르다. 엽관주의는 공직인사의 정치적·정당적 대응성이라는 수단적 가치의 구현을 통해 인사형평성을 도모하려 한다. 정당의 필요에 따라 추종자들을 공직에 임용하게 함으로써 신분주의적 제도를 타파하고 누구나 공직에 들어갈 수 있는 통로를 만들려는 것이다. 엽관주의는 공직임용의 형평성을 높일 뿐만 아니라 정부관료제의 민주화를 촉진하고 민주정치발전에 기여할 수 있다고 하였다. 엽관주의적 인사제도는 공직임용을 개방화하고 보다 많은 사람들이 교대로 정부의 업무수행에 참여할 수 있게 하기 때문에 정부관료제의 민주화에 기여한다는 것이다. 보다 많은 국민이 정부의 일에 참여할 수 있게 하고, 정부관료제의 정치적 대응성을 높이고, 정당제도의 유지·발전을 지원하기 때문에 민주정치의 발전에 기여한다고 말한다.

그러나 엽관주의를 통한 형평성추구는 반쪽짜리이다. 형평성을 추구한다면서 형평성을 저해할 수밖에 없는 딜레마를 안고 있다. 누구나 공무원이 될 수 있도록 문호를 개방한다지만 그것은 차별적 문호개방이다. 집권정당에 연줄이 닿고 정당적 특수이익에 충성하는 사람들만 공직에 들어갈 수 있기 때문이다. 엽관주의가 생래적인 신분 등 특권적 지위를 공직임용의 조건으로 삼지 못하게 하는 데는 성공했겠지만 정당과의 유착 또는 유대라는 새로운 차별적 조건을 불러들인 것이다.

그리고 교체임용제도 때문에 행정의 계속성과 전문성을 해친다. 정부업무의 경험도 없고 무능한 사람들이 정부에 많이 들어갈 수 있기 때문에 업무수행의 능률이 떨어진다. 관기문란과 부패의 위험도 높인다. "공직을 교대로 차지하고 누리자"는 원풀이에는 너무 많은 부작용이 따른다.

귀족 등 특권계층의 공직 독점을 타파해야 할 필요가 크고, 민주적 정치제도의 기초를 형성하는 초창기적 과제가 중요하고, 행정업무는 단순하고, 공무원들에게 요구되는 전문성의 수준이 낮은 상황에서는 엽관주의의 여러 흠절에도 불구하고 엽관주의가 지지를 받을 수 있다. 그러나 귀족 등 특권계층의 공직독점이 사라지고, 공직인사를 둘러싼 부패와 그로 인한 관기문란이 심각해지고, 행정업무의 전문화수준이 높아지면 엽관주의의 폐해는 크게 부각된다. 그래서 배척당할 수밖에 없다.

대한민국정부는 처음부터 민주적 정부였다. 그러나 엽관주의를 공직인사의 전반적이고 원칙적인 원리로 삼는 시대를 경험하지 않고 곧바로 실적주의체제를 수립하였다. 적어도 공식적인 법적 제도로서는 그러했다는 말이다. 다만 정무직 등 일부 직위에 대한 엽관적 임용(정치적 재량에 의한 임용)은 합법적으로 허용해 왔다. 현실의 오래된 문제는 음성적이고 탈법적인 엽관인사였다. 지금도 정권이 바뀌면 엽관임용이 허용되는 고위직뿐만 아니라 임기제의 보호를 받아야 하는 고위공직자나 실적체제의 보호를 받도록 되어 있는 일반 공무원들에게까지 물갈이가 파급되고 있는 것은 큰 폐단이라 해야 할 것이다. 공직을 승자의 전리품으로 취급하려는 정치꾼들의 습성은 좀처럼 변할 줄 모른다.

엽관주의에 반기를 들고 등장한 것이 실적주의(實績主義)이다. 실적주의는 실적기준(능력에 관한 객관적 기준)에 따라 인사행정을 해야 한다는 원리이다. 이때의 실적은 직무수행에 적합한 능력에 관한 실적이다. 엽관주의가 정당적 연계와 충성심을 공직임용의 기준으로 처방한다면 실적주의는 개인이 갖춘 능력과 실적을 공직임용의 기준으로 처방한다는 점에서 양자는 대조된다.

실적주의적 인사체제가 추구하는 기본적 가치도 민주성과 형평성이다. 이를 실현하기 위한 수단적 가치는 공직의 능률 향상과 공무원들의 권익 보호이다. 실적주의는 산업화사회의 필요를 반영한다. 그리고 자유주의, 개인주의, 정치·행정 이원론에 일관된다. 정치·행정 이원론은 정치와 행정의 영역을 별개로 규정하고, 정책을 결정하는 정치나 정책을 집행하는 행정은 상대방의 고유영역에 간섭해서는 안 된다고 주장하는 이론이다. 실적주의적 인사체제의 핵심적인 실천수단은 공개경쟁채용시험의 실시, 공무원의 정치적 중립과 신분보장, 그리고 정당적 영향으로부터 중립적인 중앙인사기관의 설치이다.

실적주의적 인사행정은 공직임용의 기회균등을 보장하기 때문에 민주적이라고 한다. 객관적 채용기준(실적기준)에 따른 채용시험에 합격하면 누구나 공무원이 될 수 있도록 하기 때문에 공직취임기회에 관한 형평성을 구현할 수 있다고 한다. 그리고 실적주의는 공무원의 능력 향상과 업무능률 향상에도 기여할 수 있고, 행정의 계속성과 공무원의 직업적 안정성을 높이는 데도 기여할 수 있다. 정치적 연줄이 아니라 개인의 실력을 기준으로 공정한 인사를 하기 때문에 정부조직 내에 도덕적 분위기를 조성할 수 있다고 한다.

실적주의적 인사행정의 약점도 여러 가지로 지적되고 있다. 공직에 나쁜 사람들이 들어오지 못하게 막는 일에 몰두하다 보면 인사기능을 소극화하고 집권적 통제에 치우치게 한다는 비판이 있다. 공무원을 중립화함으로써 정책적 대응성을 약화시킨다는 비판도 있다. 근래 공격의 주된 표적이 된 것은 형평성 추구의 형식성이다. 실적주의가 형평성 실현의 기회와 가능성만을 보장하기 때문에 결과적으로는 형평성 구현의 외형만 꾸미는 꼴이 된다는 것이다. 기회의 형평성에만 매달리다 보면 실질적으로는 오히려 차별을 심화시킨다고 한다.

엽관적·정실적 임용의 폐단이 심각하고 인사행정의 통일성 확보에 대한 요청이 크면 실적주의의 효용은 커진다. 정부관료제의 거대화·전문화, 정부업무의 복잡성 증대, 보편주의적 이념의 확산 등도 실적주의의 지지기반이 된다. 반면 탈관료화의 요청, 실질적이고 결과적인 차별 철폐에 대한 요청, 인사행정의 신뢰체제화에 대한 요청, 인사행정의 적극화에 대한 요청, 인사운영의 융통성에 대한 요청이 커질수록 실적주의적 인사행정의 약점은 더 많이 노출된다.

실적주의의 약점과 실책을 공격하면서 등장한 것이 진보적 자유주의·진보적 평등주의에 입각한 대표관료제(代表官僚制)의 원리이다. 대표관료제는 모든 사회집단들이 한 나라의 인구 전체 안에서 차지하는 수적 비율에 맞게 정부관료제의 직위들을 차지해야 한다는 원리가 적용되는 제도이다. 대표관료제는 인적 구성비율이나 정책지향에서 사회 전체의 축소판 같이 되어 있는 관료제이다.

대표관료제의 이념적 기초는 진보적 자유주의와 평등주의이다. 이런 진보적 이념은 기회가 모든 사람에게 진정으로 평등하려면 개인들 사이의 불평등을 국가가 시정해 주어야 한다는 점을 강조한다. 개인의 직업적 성공에는 개인의 능력이나 노력뿐만 아니라 역사적·사회적 배경과 조직 내의 여러 요인들이 함께 영향을 미친다고 보기 때문이다. 다수에 의한 지배를 처방하는 것이 민주주의의 원칙이다. 그런 원칙에도 불구하고 다수를 위한 형평성 추구에는 많은 제약과 허점이 있다. 공직임용을 개인의 성적이나 경쟁력에만 맡기면 못 가진 자들과 성적에서 뒤떨어지는 자들은 공직의 비례적인 지분을 차지하기 어렵다. 그러므로 국가가 계획적으로 개입해 비혜택집단의 공직임용기회를 확대해 주어야 한다. 이런 것이 진보적 자유주의의 논리이다.

대표관료제의 원리가 추구하려는 기본적 가치도 민주성과 형평성이다. 대표관료제는 '실현된', '결과로서의' 민주성과 형평성을 구현하려한다. 대표관료제는 명목적인, 기대되는, 기회의 형평성이 아니라 결과적인 형평성의 구현을 강조한다는 점에서 실적주의적 인사제도와 구별된다. 그리고 실적주의적 제도는 개인의 자격에 초점을 맞추지만 대표관료제는 사회집단들의 필요에 초점을 맞추는 집합체주의적 접근을 한다. 사회집단 소속을 기준으로 혜택 또는 불이익(역차별)을 배분하기 때문에 대표관료제는 연좌제적(緣坐制的) 요소를 내포한다는 평가를 받기도 한다.

대표관료제를 구현하려는 수단은 실질적 기회균등을 보장하는 방법과 이미 빚어진 차별의 효과를 제거하는 방법으로 나누어볼 수 있다. 전

통치하기 어려운 나라 – 국정관리의 현안과 쟁점

자는 고용평등조치이다. 이것은 현재의 차별을 방지하려는 소극적 시책이다. 후자는 차별철폐조치이다. 이것은 과거에 저질러진 차별의 효과까지 시정하려는 적극적·공격적·결과지향적 시책이다. 차별철폐조치는 과거의 차별로 인한 효과가 없어질 때까지 비혜택집단(불리하게 차별받았던 집단)의 구성원들에게 보상적 기회를 제공하려는 것이다. 보상적 기회를 제공하는 방법은 임용상의 각종 혜택 또는 우대이다. 우대의 방법 중에 가장 급진적인 것은 임용의 비례적 대표성을 강제하기 위해 임용할당제를 실시하는 것이다. 임용할당제는 정부조직의 인적 구성이 비례적 대표성의 요건을 충족할 때까지 비혜택집단 사람들을 우대하기 위해 시험성적과 같은 실적기준을 완화하거나 포기하는 방법이다.

대표관료제는 정부조직의 국민대표성을 높이고 대중통제를 정부조직에 끌어들여 내재화시킬 수 있다. 실적주의에 입각한 인사제도가 저지른 폐단, 즉 사실상의 차별을 시정하고 인사행정의 형평성을 적극적·결과적으로 보장할 수 있다고 한다. 실적주의적 제도가 그 외형과는 다르게 실질적으로는 여러 차별을 저지르는 까닭은 비혜택집단의 구성원들이 정부의 모집망에 접근하는 기회도 제약되고, 임용시험에 출제되는 내용을 배울 기회도 제약되어 있기 때문이라고 한다. 실적주의적 인사제도의 여러 도구들도 비혜택집단을 차별하는 수단으로 쓰여 왔기 때문이라고 한다.

대표관료제에는 이론적 맹점도 있고, 실천적 폐단도 있다. 인구구성에 따라 비례적으로 임용된 공무원들이 각기의 출신집단을 정책적으로 충실히 대변한다는 것이 대표관료제이론의 전제이다. 그러나 실제로 그렇게 된다는 보장은 없다. 만일 출신집단의 이익을 충실히 대변한다면 그것도 문제이다. 공무원들이 출신집단의 이익만을 대변하게 되는 경우

집단이기주의에 빠진다는 위험이 있다. 대표관료제는 개인보다 집단을 중시하기 때문에 자유주의에 배치된다는 비판도 있다. 임용에서 실적기준을 이차적인 또는 부차적인 기준으로 취급하기 때문에 행정의 전문성과 효율성을 떨어뜨릴 수 있다. 무엇보다 큰 약점은 역차별(逆差別)이라는 문제이다. 대표관료제의 구현을 위한 차별철폐조치들이 역설적으로 또 다른 차별을 초래한다. 임용상의 역차별은 분규를 만들고 사회적 분열을 조장할 수 있다.

사회적 불평등의 폐해와 실적주의적 인사행정의 폐단이 심각하고, 행정에 대한 시민참여의 필요가 크고, 정부조직을 민주화하고 행정서비스의 대응성을 높여야 한다는 요청이 큰 조건하에서는 대표관료제의 이점과 효용이 돋보일 수 있다. 그러나 자유주의적·개인주의적 생활질서와 시장적 경쟁이 강조되고, 사회적 불평등이 심각하지 않은 상황에서 정부의 생산성향상에 대한 관심이 고조되면 대표관료제의 결함이 더 크게 부각될 수 있다.

우리나라는 다른 어느 나라 못지않게 대표관료제적 원리의 도입을 서둘러 왔다. 우리 정부는 성(性)에 따른 차별, 출신지역에 따른 차별, 학벌에 따른 차별, 소득격차에 따른 차별, 장애인에 대한 차별, 기술계 인력에 대한 차별 등을 심각한 문제로 인식하고 차별해소책을 채택해 왔다. 비혜택집단을 위한 여러 가지 우대제와 할당제를 도입하였다. 공무원 채용에서 차별을 유발할 수 있는 평가기준을 폐지하기도 했다. 블라인드채용제의 채택은 차별유발의 가능성이 있는 평가요소의 고려를 금지한 조치의 대표적인 예이다. 최근에 정치지형의 진보화수준이 높아짐에 따라 대표관료제적 성향의 정책들이 더 늘어날 조짐을 보이고 있다. 특히 여성과 빈곤계층에 대한 고용우대에 박차를 가하고 있다.

중요하다고 생각해 여기서 살펴본 임용정책의 접근방법들은 인사행정의 발전과정을 반영한다. 신분적 임용에서 정당적 임용을 거쳐 실적임용으로, 다시 비례대표제적 임용으로 역점이 변천해 온 것을 제도운영의 실제에서도 관찰할 수 있다. 특히 미국의 경험에서 가장 뚜렷한 제도의 변화과정을 볼 수 있다. 그러나 어떤 접근방법도 완전히 사라졌다거나 용처가 전혀 없어진 것은 아니다. 지금도 각기 어느 정도의 효용과 세력을 가지고 실천세계에서 각축하고 있다.

다음에는 보수의 형평성 이야기로 넘어가 보자. 형평성 있는 보수는 어떤 것인가? 보수의 형평성 구현을 위해 어떤 보수결정기준을 선택해야 하는가? 이런 질문에 대한 해답은 변해 왔다. 우선적인 또는 원칙적인 보수결정기준에 대한 선호는 계급이라는 신분에서 직무로, 직무에서 성과로 이행되어 온 것을 볼 수 있다.

보수결정기준의 선택에 관한 처방과 실천에 나타난 변화를 몇 가지 접근방법으로 간추려 보기로 한다. 보수를 실제로 결정할 때에는 복수의 기준들이 고려된다. 그 가운데서 주된 기준 또는 역점기준의 변화과정을 보려는 것이다. 생계비는 주어야 한다는 생계비기준의 고려는 전제적인 것으로 보고 역점기준들을 검토하려 한다. 생계비기준에 따른 보수지급의 필요는 어느 정도 충족된 다음의 이야기를 하겠다는 것이다.

가장 오래되고 그 생명력이 질긴 기준은 계급기준이다. 정부조직의 계층적·계급적 질서가 공고하고, 사회구조의 층화가 분명하고, 지위중심주의적 생활규범이 넓은 지지를 받았던 시대에는 공무원의 계급이라는 지위 또는 신분에 따른 보수의 차등화가 기본적 보수결정기준으로 잘 수용되었다. 사람들은 그런 기준의 선택이 형평성의 원리에 부합한다고 생각했을 것이다.

산업화가 진행되고 생래적 신분이 아닌 개인적 노력, 개인적 성취가 사회관계설정·지위결정의 기반으로 되어가면서 직무기준에 따른 보수결정의 원리가 우선적인 원리로 부상하였다. 담당하는 일에 맞는 보수(동일노동·동일보수)라야 형평성 있는 보수라는 생각이 넓은 지지를 받게 되었다. 그런 관점에 입각한 보수제도가 선도적인 위치에 오르게 되었다.

그러나 직무기준에 따른 보수결정은 형평성구현을 온전히 하지 못한다는 허점을 내포한다. 직무기준에 따른 보수, 즉 직무급은 '수행하게 되어 있는' 직무를 기준으로 결정하는 보수이다. 그 말은 직무수행의 의무, 의무이행의 가능성 또는 기회, 투입으로서의 직무수행요건에 대해 지급하는 보수이다. 직무급은 실제로 일한 만큼 또는 일해서 성과를 낸 만큼 보수를 주는 것이 아니라 직무를 맡은 사람이 일할 책임이 있는 만큼 또는 일한 시간만큼 주는 것이므로 진정한, 결과로서의 형평성을 실현할 수 없다는 비판을 받는다.

그런 비판을 배경으로 성과급이 제안되었다. 성과주의지향적 사조의 영향으로 사람들은 실현된 직무 또는 직무수행의 성과를 기준으로 보수를 결정해야 진정한, 결과로서의 형평성을 구현할 수 있다고 생각하게 되었다. 그래서 성과와 실적에 따른 보수결정을 원칙적인 것으로 처방하게 되었다. 성과급을 지지하는 사람들은 보수와 직무수행성과를 연계시키면 보수의 직무수행동기 유발기능(사기진작기능)을 강화할 수 있다고 한다. 보수의 동기유발기능이 강화되면 보수를 보다 유력한 관리도구로 활용할 수 있다는 주장도 한다.

계급, 직무, 그리고 성과는 보수의 형평성을 위한 3대 결정기준이라 할 수 있지만 그 밖에도 많은 결정기준들이 있다. 예컨대 직무수행의 능력이나 성과에 불구하고 생계비는 보장해 주어야 한다는 요구도 있고,

경력이 많거나 선임순위가 높은 사람 또는 유용한 자격을 갖춘 사람에게 보다 많은 보수를 주어야 한다는 요구도 있다. 성과급적 보수제도에서 한걸음 더 나아가 발전적 보수제도의 시행을 주장하는 사람들도 있다. 발전적 보수제도는 직원의 발전적 성향과 조직의 발전에 기여하는 노력에 보수를 연계시키는 제도이다.

인간주의심리학자들은 보수와 직무를 연계시킬 필요가 없고, 누구에게나 균등한(같은) 보수를 지급해야 한다고 주장하기도 한다. 그들의 주장에 따르면 일하는 것(직무수행)은 고통이 아니라 보람이고 삶의 의미이기 때문에 모든 사람들이 일을 원하고 기꺼이 일한다고 한다. 따라서 일의 곤란도나 책임수준이 다르다고 해서 보수의 차등을 둘 필요가 없다는 것이다. 이런 이상주의적 주장에 일리는 있으나 현실에서는 아직 이단(異端)으로 취급된다. 보수평준화를 부르짖는 급진적 운동가들이 혹시 그런 이상적 주장을 왜곡해 원용하려 할 가능성은 있다.

오늘날의 대세는 성과기준의 보수결정이다. 그 기세가 자못 등등하다. 그러나 성과급은 여러 약점과 난제들을 안고 있는 것이므로 성과주의라는 이상을 구현하려 할 때에는 세심한 주의가 필요하다. 공무원들, 근로자들이 성과급을 썩 좋아하는 것은 아니다. 이성적으로는 반대하기 어려우나 가슴으로는 수용하기 힘들어한다. 그들을 힘들게 하는 문제들이 있기 때문이다.

성과기준의 보수지급이 과연 직무수행동기를 높이는가에 대해서 회의적인 사람들이 많다. 업무성과의 측정, 특히 정부업무의 성과측정은 기술적으로 어렵다. 성과측정이 잘못 되면 불합리한 보수결정이 될 수 있다. 직무수행의 목표배합을 실행과정에서 왜곡시킬 수 있다. 성과측정의 대상이 되는, 눈에 잘 띄는 일만 잘 하고 다른 임무수행은 소홀히 할 수 있기 때문이다. 성과급은 조직 내의 경쟁을 격화시키고, 소외감을 키우고, 직원 간의 협력을 어렵게 한다. 성과에 연동시키기 때문에 성과급은 유동적이고 불확실한 요소를 담고 있다. 그것이 직원들의 경제생활에 불안요소가 될 수 있다. 보수관리가 복잡해지고 재정관리에도 부담을 준다. 형평성이 가장 높다고 말하는 이론을 믿고 채택한 성과급제도가 그 실천과정에서 여러 애로에 봉착해 왜곡되면 아니 채택함만 못할 것이다.

공직인사에 관한 형평성의 의미를 규정하는 관점 그리고 형평성 구현의 접근방법은 여러 갈래이고, 분화된 접근방법들에 대한 역점은 변해왔다. 인사행정의 형평성 증진을 위한 하나하나의 접근방법 또는 접근방법들의 조합이 지니는 상대적 우월성은 보편적인 것이 아니다. 그 효용은 상황적 조건과 필요에 따라 달라질 수 있다. 인사제도 입안자들은 여러 접근방법들을 상황적 요청에 맞게 선택·절충하고 서로 조화를 이루도록 만들어야 한다. 독자들이 그런 이치와 필요들을 이해하는 데 위의 논의가 도움이 되었기를 기대한다. 형평성 추구 열풍의 시대에 처하여 공직인사의 형평성, 나아가서 사회 각 분야의 형평성을 높이려는 개혁을 이끌어가는 사람들을 위해 몇 가지 조언을 해두려 한다.

무엇보다도 먼저 해야 할 기본적인 작업은 추구하려는 형평성의 의미와 접근방법이 무엇인지를 명료화하는 것이다. 각각의 접근방법을 지지하는 세력들이 무엇을 생각하는지도 정확하게 파악해야 한다. 그리고 각축하고 갈등하는 접근방법들을 상황적 요청에 맞게 절충하고 조화시키는 데 유능해야 한다. 인간은 복잡하고 인간사는 복잡하며, 형평성을 추구하는 일도 복잡하다. 얽히고설킨 전후좌우의 복잡한 관계들을 언제나 신중하게 고려하고 극단론을 경계해야 한다.

차별을 완벽하게 섬멸하려 덤비다가는 부작용으로 낭패를 겪게 될 수 있다. 모든 사람이 모든 면에서 문자 그대로 꼭 같아야 한다는 생각은 위험하다. 갑(甲)의 '갑질'을 단죄할 때는 을(乙)의 '을질'에 대해서도 경각심을 가져야 한다. 기득권세력의 교대 또는 축출을 너무 급진적으로 서두르다가는 많은 폐단을 빚을 수 있다. 어느 한 접근방법만 맹신할 일도 아니다. 시대의 유행에 휩쓸려서, 정치적 포퓰리즘 때문에, 또는 상황적 요청을 제대로 인식하지 못해서, 어느 하나의 접근방법에 대한 편중이 지나치게 되는 일이 없도록 경계해야 한다. 우리의 경우 편중과 조화실패의 위험이 늘 걱정된다.

형평성을 놓고 각축하는 세력들의 아전인수식 형평성규정이나 이기적 요구들을 경계하고 절제시키는 지혜를 발휘해야 한다. 득세한 세력의 주장에 휩쓸려 지나친 일들을 하게 되면 형평성구현에도 실패하고 오히려 사회적 소외와 갈등을 증폭시킬 수 있다. 역풍의 싹을 키울 수도 있다. 개혁추진자들은 각축하는 세력들을 고루 살펴야 한다.

무엇보다도 개혁의 의도에 대한 불신을 사지 말아야 한다. 개혁추진자들의 표리가 다른 행동은 냉소주의를 부른다. 예컨대 고교평준화시책의 확대·강행에 나선 주무부장관과 실세로 불리는 고위관료들이 자기자식들은 비평준화 고등학교나 8학군의 고교에 보낸 전력을 가지고 있다면 그들의 정책의도는 의심받을 수밖에 없다. 내가 비록 평등과 형평성을 최고의 신조로 삼는 좌파라고 표방하고는 있지만 내 자식만은 특별하고 우수한 또는 귀족적인 학교에 보내야 하고, 남의 자식들은 평준화, 심지어는 하향평준화된 학교에 보내야 한다고 주장한다면 어찌 설득력을 기대할 수 있겠는가.

12
블라인드채용의 이해득실

　문재인 정권이 출범하면서 공공부문에 폭넓은 블라인드채용제도를 도입하였다. 우리나라 인사행정에서 기득권타파·차별철폐를 강조하고 대표관료제적 요소의 도입을 재촉한 개혁의 바람이 분지는 꽤 오래되었다. 1972년의 「국가공무원법」 개정으로 공무원 공채에서 학력요건의 규정을 폐지한 것이 그러한 개혁의 출발이었다고 할 수 있다. 뒤이어 비혜택집단(非惠澤集團)에 대한 차별을 없애고 그들을 우대하는 제도들을 도입 또는 강화해 왔다.

　이제 일부 공무원을 제외한 공공부문 종사자의 채용에서 학력요건 폐지를 지나 학력을 표기하지도 못하게 되었다. 학력뿐만 아니라 전력이나 생래적 조건에 관한 대부분의 주요 정보를 가리고 채용을 결정해야 하는 전력불문(前歷不問)의 시대가 열렸다. 정부는 전력불문의 채용 방침을 민간부문에까지 확장하려고 권유활동을 하다가 「채용절차의 공정화에 관한 법률」의 규정으로 블라인드채용을 민간부문에서도 의무화하였다. 조직구성원들을 채용하는 근대적 접근방법의 발전경향은 심사대상이 되는 정보의 출처를 늘려가는 것이다. 그러나 근래 우리나라에서는 이를 반전시키는 변화의 바람이 불고 있다. 이런 바람을 증폭시킨 것은 채용방법 선택의 가치기준들 가운데서 평등을 최우선시하는 좌파의 승리에 기인하는 바가 크다.

정부에서 말하는 블라인드채용(정보 가림 채용: blind selection)은 재능 있는 사람들이 출신학교나 출신지 등에 대한 편견 때문에 채용과정에서 탈락하는 일이 없도록 하려는 제도이다. 이것은 공정한 채용과정, 평등한 사회의 구현에 이바지하려는 제도라고 한다. 이 제도의 실천과정에서 가림(표시금지)의 대상이 되는 정보는 학력, 출신지, 가족관계, 신체적 조건, 외모를 알 수 있는 사진 등 '차별적 요인'들에 관한 정보이다. 이러한 차별적 요인은 지원서와 이력서 등 첨부서류에 기재하지 못하게 한다. 면접을 실시할 때에는 차별적 요인에 관한 정보를 면접위원에게 제공하지 못하게 하며 면접과정에서 그에 관한 질문도 하지 못하게 한다. 블라인드채용 추진계획에서는 채용시험성적 이외의 평가요소 또는 선발기준을 차별적 요인이라 부른다. 다소 어폐가 있으나 이 글에서는 그대로 쓰려 한다.

블라인드채용을 정당화하는 이점은 무엇일까?

무엇보다도 타당성이 없거나 의심되는 요인들 때문에 빚어지는 차별을 없애는 데 기여할 수 있다. 이른바 차별적 요인의 고려가 정실인사·차별임용의 온상이 되고 그것이 사회분열을 조장하는 등 여러 폐단을 빚는 지경에 이르렀다면 이를 금지하지 않을 수 없다.

본인의 책임으로 돌릴 수 없는 이유로 좋은 학력 등을 갖추지 못한 사람들의 취업을 어렵게 한 진입장벽을 낮춰줄 수 있다. 비혜택집단의 기회를 확대해주는 통로가 될 수 있다. 블라인드채용은 과거의 실패를 딛고 능력개발을 위해 노력해 온 사람들에게 패자부활의 기회를 넓혀줄 수 있다. 이것은 많은 젊은이들의 좌절을 희망으로 바꿔주는 데 도움이 될 것이다.

실적주의적 채용의 실질화에 기여할 수 있다. 타당성이 검증되지 않은 평가기준의 고려를 배제해 주기 때문이다. 과거의 성취기록을 본 다음 다른 능력요소의 평가에서 저지르기 쉬운 연쇄적 착오(halo effect)를 막을 수 있다. 연쇄적 착오는 어떤 사물의 한 가지 특성에 대한 인상이 그 사물의 다른 특성을 이해하는 데 영향을 미쳐 저지르게 되는 착오이다. 실적·능력의 외형이 아니라 선발과정에서 입증된 실제의 능력을 기준으로 사람을 채용할 수 있다면 실적주의를 진정으로 구현할 수 있을 것이다. 과거자료의 미래예측능력에 대한 의문은 언제나 따라다닌다. 좋은 학력 등 과거의 성취는 어디까지나 과거의 일이며 그에 관한 정보가 미래의 성공을 정확하게 예측해 준다는 보장이 없다. 더군다나 과거의 성취기록이 형식적이어서 실재적 능력과 괴리되는 것이면 미래의 성취를 예측하는 기준으로는 그 타당성을 찾기 어렵다. 어떤 경우에나 학력, 경력 등이 지니는 가치를 직무요건에 관련지어 평가하는 일이 쉽지 않다. 정확한 평가가 어렵다는 것이다.

블라인드채용은 형식적인 '간판 따기'에 치중된 '스펙 쌓기'로 인한 낭비를 줄이는 데 기여할 수 있다. 과잉학력이 빚는 여러 폐단을 막는 데도 도움이 된다. 과잉학력을 위한 물력의 낭비를 막고, 고등교육과 좋은 대학 진학을 위해 대도시로 몰려드는 인구집중을 억제하는 데도 일조를 할 수 있다고 한다.

차별철폐를 위해 도입하는 각종 할당제에 비해 블라인드 채용은 역차별의 효과가 적다는 평가를 할 수도 있다. 과거의 좋은 성취기록 때문에 기회가 원천적으로 봉쇄되는 것은 아니기 때문이다. 예컨대 충실한 학교교육으로 실력을 쌓은 사람은 시험과정에서 실력을 입증해 보일 수 있다.

전통적 행정문화의 유산인 연고주의의 폐단을 시정하는 데 기여한다. 연고주의의 기초는 혈연, 성별, 지역, 학벌, 직장관계 등 여러 가지이다. 인적자원관리에 파고든 연고주의는 공정한 임용을 방해하는 중대요인으로 꼽히고 있다. 특히 출신지역·혈연·성별로 인한 차별은 본인에게 책임을 물을 수 없는 생래적 요인에 의한 차별이며 현대판 신분차별이라고 할 수 있다. 그만큼 해독도 크다.

블라인드채용의 약점·손실은 무엇인가? 비판의 논점은 무엇인가?

현대인사행정의 지향노선을 생각하고 우리나라 인사행정의 장기적인 발전방향을 생각하는 사람들은 블라인드채용의 득보다 실이 더 많다고 말할 수도 있다. 블라인드채용의 여러 이점들에는 약점들이 내포되어 있다. 이점과 약점이 표리의 관계를 이루는 경우도 있다.

핵심적인 약점은 채용과정에 지나친 부담을 주고 그 식별력을 약화시킨다는 것이다. 응시자의 적격성을 판정하는 데 필요한 중요 정보들을 배제하기 때문이다. 특히 과거의 개인적 성취기록을 무시하는 것은 심각한 문제이다. 블라인드채용 지지자들은 적격자 선발을 위한 식별·차등화를 차별(discrimination)로 이해(오해)하고 공격하는 경향이 있다.

사람의 생애는 연속적인 것이며, 사람의 능력은 선천적인 요소와 후천적인 경험이 엮어낸다. 후천적으로 형성되는 능력은 시간선상에서 누적된다. 지난날의 능력형성과정을 모르고 현재와 미래의 능력을 평가하기는 매우 어렵다. 위에서 과거기록의 미래예측능력이 의심스럽다는 것이 블라인드채용의 정당화 근거가 될 수도 있다고 말했다. 그러나 과거의 기록이 불완전한 미래예측자료라고 해서 쓸모없는 자료는 아니다. 다른 능력평가자료에 비해 타당성의 상대적 수준이 높은 것이라는 평가를 할 수도 있다.

지금까지 사람들이 개발한 수많은 임용시험방법들은 거의 모두 불완전하다. 그런 까닭으로 임용과정에서는 여러 시험방법들을 시험조합으로 만들어 사용한다. 불완전한 방법들이 서로 보완하도록 한다. 측정대상과 형식이 다른 시험들을 중복적으로 실시해 과오를 줄이려는 것이다. 임용과정의 현장에서 실시하는 필기시험, 면접시험, 실기시험 외에 학력·경력 등 성취자료를 심사하기도 하고 전력조회를 통해 과거의 행적을 심사하기도 한다. 블라인드채용은 응시자의 과거 업적이나 행적에 대한 중요 정보를 평가에서 배제하기 때문에 채용결정의 타당성, 변별력을 심히 제약할 수 있다.

채용과정에서 필기시험이나 면접에 너무 큰 부담을 안겨줄 것이다. 면접에서는 응시자의 과거자료로 인한 착오 또는 편파적 판단을 막을 수 있다고 하나 또 다른 착오의 위험을 높일 수 있다. 예컨대 첫인상으로 인한 착오가 우려된다. 면접전문가가 아닌 면접관들은 객관적 자료가 없을 때 응시자들의 인상에 따라 적격성을 판단할 가능성이 높다. 정실개입의 가능성도 높아진다. 시험의 종류를 줄여서 전적으로 필기시험에 의존하는 경우에는 블라인드채용의 효용을 찾기 어렵게 된다. 필기시험의 성적만으로 합격여부를 결정하기 때문에 블라인드채용이라는 제약을 둘 필요가 생겨나지도 않을 것이다.

이른바 차별적 요소를 채용과정에서 비밀에 붙인다 하더라도 채용

후에까지 그 비밀이 유지될 수는 없다. 승진·배치전환 등 내부임용에서는 차별적 요소를 여전히 고려한다면 블라인드채용의 효과는 반감될 것이다.

과거의 기록 특히 학력에 관한 기록을 무시하는 경우 여러 영역에 걸친 부정적 파장이 커질 것이다. 교육기관 등 인력양성체제와 고용체제의 괴리·단절을 조장할 수 있다. 인력양성체제와 고용체제는 서로 협력해야 한다. 협력관계가 무너지면 인력양성체제는 직업현장에 적합한 인력을 양성하기 어렵다. 교육의 부실화를 조장할 수 있다. 고용조직들의 적극적 모집활동을 어렵게 한다. 시험절차 이전에 모집작용이 수행해야 할 선별기능을 약화시킨다. 모집과정에서 학력, 경력 등을 기준으로 부적격자들을 미리 걸러내지 못하기 때문에 채용시험과정이 너무 복잡해지고 비용이 많이 들 수 있다. 시험과정이 소루해질 수 있다. 기술고도화가 촉진되고 다기능적(多機能的) 직무가 늘어나고 있는데, 그런 변화에 적합한 인재를 육성하는 교육기관들을 제대로 활용할 수 없게 된다.

정부의 모순된 정책지향도 변명하기 옹색해질 것이다. 연계된 제도 간의 서로 어긋나는 정책추진이 문제라는 것이다. 대학입시에서는 고교재학 중의 학업성취도를 중시하도록 정부가 요구하고 있다. 대학별로 실시해 결판을 내던 입시제도의 틀을 깨기 위해 고교내신성적 고려비율을 높이는 개혁에 정부가 심혈을 기울여 왔다. 대학을 졸업한 사람들의 취직시험에서는 고교나 대학의 학업성취를 고려하지도 알려고 하지도 말라는 정책을 정부가 추진한다면 앞뒤가 안 맞는 행동이다.

채용시험 준비자들은 시험에 어떻게 대비해야 할지 몰라 방황할 수도 있고, 시험에 출제될만한 문제들만 공부할 수도 있다. 그리 되면 학교교육을 심히 교란할 수 있다. 비혜택집단 배려라는 당초의 취지와는 달리 사교육비 부담을 가중시킬 수 있다. 채용시험 준비교육을 학교 밖에서 따로 받아야 하기 때문이다. 자격증 획득, 적성검사와 같은 심리시험 대비, 면접대응훈련 등 새로운 선발방법에 적응하는 부담이 클 것이다.

고용조직들의 임용결정권을 지나치게 제약하는 강제조치라는 비난을 들을 수 있다. 조직마다의 독특한 인재수요와 조직문화를 무시한다는 비판을 받을 수 있다.

블라인드채용이라는 수단을 통한 형평성 추구는 효율성을 훼손할 수 있다. 아무나 채용하더라도 차별만 하지 않으면 된다는 분위기를 조장할 수 있다. 적임자의 선발보다 차별 없는 선발을 과도히 강조하는 가운데 시험기술은 낙후되어 있으면 그런 말을 들을 수 있다. 선발과정의 타당성을 높인다고 시작한 일이 타당성을 오히려 떨어뜨리는 결과를 빚는다면 어리석은 일이다.

민주국가의 실적주의적 임용체제는 생래적인 조건과 같이 본인이 만들지 않은 조건, 본인에게 책임을 돌릴 수 없는 조건에 따른 차별은 배척한다. 그러나 본인의 노력으로 쌓은 실적에 따른 우대는 형평성의 원리에 어긋나지 않는 것으로 본다. 예컨대 물리학분야의 연구업무에 종사할 공무원을 뽑는 면접시험에서 어떤 수험생이 저명한 물리학자의 아들이기 때문에 가점을 받는다면 그것은 명백한 차별이다. 그러나 물리학교육에 탁월한 대학의 물리학 과목에서 우수한 학점을 받았기 때문에 가점을 받는 것도 차별이라 우기기는 어렵다. 본인의 노력으로 쌓아올린 좋은 학력과 같은 실적조차 기득권, 특권이라 하여 배척하는 것은 평등성의 과잉추구라는 비판을 받을 수 있다. 공부 잘 하는 학생, 학생을 잘 가르치는 대학까지 백안시하고 배척하는 정치·사회적 풍조를 부추길

까 걱정된다.

오죽했으면 문제투성이인 블라인드채용제도를 채택했을까 하는 생각을 해볼 수 있다. 당국자들은 채용과정에 개입하는 차별적 요소 때문에 빚어진 폐단이 너무 커서 대중요법적인 극약처방을 하지 않을 수 없었다고 설명할 것이다. 채용과정의 차별적 요소에 대한 고려가 고용뿐만 아니라 사회생활에 미치는 악영향이 클 때, 그리고 효율성보다는 형평성을, 개인적 자유보다는 평등을 더 강조하는 풍조가 우세할 때 블라인드채용은 그 입지를 찾을 수 있을 것이다. 그러나 그와 같은 조건이 변하면 블라인드채용이라는 '획일적 강제조치'를 더 이상 지탱하기 어려울 것이다.

현재의 상태에서 블라인드채용제도의 시행이 불가피하다면 그 취지에 맞는 성과를 거두고 그 폐단은 최소화할 수 있도록 여러 방면의 노력을 해야 할 것이다.

제일 중요한 과제는 채용과정의 선별능력을 높이는 것이다. 그 핵심은 시험기법의 개선이다. 차별적 요인에 관한 정보 없이도 채용결정의 신뢰성과 타당성을 확보할 수 있는 시험기법들을 서둘러 개발해야 한다. 차별적 요인에 대한 평가를 가름할 평가방법들을 추가해야 할 것이다. 여러 날에 걸쳐 여러 가지 시험방법을 적용해 응시자의 적격성을 심층적으로 평가하는 복합시험방법도 실용화의 길을 찾아야 한다. 시험내용의 구성에서도 차별의 문제가 발생하지 않도록 해야 한다. 평등주의의 산물인 실적주의적 시험의 내용이 혜택집단에 유리하게 꾸며져서 비혜택집단을 오히려 차별하는 결과를 빚었다는 선진국들의 경험을 반면교사로 삼아야 할 것이다. 면접 등 주관적 판단의 개입가능성이 높은 시험들이 늘어나고 그 비중이 커지면 평가를 객관화할 수 있는 방법의 개발을 서둘러야 한다. 차별적 요인의 고려 없이도 대규모 지원자집단을 적정하게 다룰 수 있는 선발절차를 발전시켜야 한다.

내부임용에서도 차별적 요인에 의한 차별을 없애도록 노력해야 한다. 근무성적평정제도를 한층 발전시키고 재직훈련을 강화해서 채용절차의 미비점을 보완해야 한다. 장기적으로는 차별을 배척하는 행정문화를 발전시켜나가야 한다.

만약 블라인드채용제도의 자발적 채택이 장차 사회 전반에 확산된다면 교육과 고용의 관계가 무언가 잘못되어 있거나 어긋나 있다는 증좌일 터이니 양자의 관계를 재설정하는 청사진을 만들어야 할 것이다. 교육체제의 전에 없던 환골탈태가 강요될 수도 있다.

여하간 블라인드채용제도를 시행하기로 결정했으면 그 실천과정에서 형식주의에 빠지지 않도록 조심해야 한다. 제도 운영이 형식에 흐르면 안 하느니만 못한 결과를 가져올 것이다. 일을 저질러 놓았으면 제대로 시행해 보고 경험에 비추어 공·과를 다시 따져야 할 것이다. 실패가 확인되면 지체 없이 시정해야 한다.

13
정치적 중립의 쟁점

우리 국민 대다수는 공무원의 정치적 중립이라는 말을 들어서 알고 있을 것이며 그게 좋은 거라 생각하는 것 같다. 각자 나름대로 그 말의 뜻을 헤아리고 있을 것이다. 아마도 대개는 민주국가에서 공무원의 정치적 중립이 필요하다더라, 실제로는 중립의무를 위반하는 공무원들이 많아 걱정이라더라, 공무원의 정치적 중립에 관한 법적 의무를 더욱 엄격하게 규정해야 한다더라 등등의 생각을 하고 있지 않나 싶다.

그런 일반의 생각은 공무원의 정치적 중립에 대해 우리나라에서 널리 받아들여져 온 이해 또는 합의라고 할 수 있다. 그러나 오래된 합의의 일부는 실천세계의 변화에 부응하지 못해서 문제를 야기한다고 말하지 않을 수 없다. 공무원의 정치적 중립에 관한 제도적 장치를 수정할 때가 되었다. 공무원의 정치적 중립은 우리에게 무엇이며 무엇이어야 하는가? 무엇이 문제인가?

공무원의 종류와 그 소속기관은 다양하고 복잡하다. 엄밀하게 따지자면 공무원 범주별로 정치적 중립 문제를 따로 논의해야겠으나 여기서는 일반행정기관에 종사하는 경력직공무원, 그리고 선출되거나 임명되는 정무직공무원들의 정치적 중립에 관한 문제들을 주된 논의의 대상으로 삼을 것이다. 그 밖의 특수경력직공무원 등에 대해서는 논의의 중간에 따로 언급할 것이다.

실적주의(merit principle)를 주된 인사원리로 삼고 있는 현대민주국가에서는 공무원들에게 정치적 중립을 요구하고 공무원의 정치활동을 제한한다. 공무원의 정치적 중립을 요구하는 행동규범은 복수정당제에 입각한 민주정체를 채택하고 실적주의를 인사행정원리로 받아들이는 나라에서만 존재의미가 있다. 군주국가나 일당전재국가에서는 공무원의 정치적 중립을 요구하기도 어렵고 보호하기도 어렵다. 그런 나라들에서 설령 정치적 중립조항을 만든다 해도 그것은 형식뿐이기가 쉽다. 의회민주정치를 하고 있는 나라에서도 엽관주의를 지배적인 인사원리로 채택하는 경우에는 공무원의 정치적 중립에 관한 제도가 설 자리를 잃는다.

공무원의 정치적 중립은 부당한 정당적 정실이나 당파적 정쟁에 대한 중립을 뜻한다. 공무원의 정치적 중립성에 대한 요구는 정치적 무관심이나 집권한 정치지도자들의 정책에 대한 저항을 요구하는 것이 아니다. 공무원이 국민의 의사를 행정에 반영하는 일을 게을리 하라는 뜻도 아니다. 단지 정당세력 간의 권력투쟁에 끼어들지 말아야 하며 정파적 특수이익과 결탁하여 직무수행의 공정성을 잃어서는 안 된다고 하는 뜻일 뿐이다.

공무원의 정치적 중립을 요구하는 가장 기본적인 이유는 공익을 추구해야 하는 공무원의 사명에서 찾게 된다. 공익을 추구해야 하는 공무원은 당파적 이익에만 편중하거나 부당한 정치적 압력에 굽히는 일이 없이 불편부당한 입장을 견지해야 하기 때문에 정치적 중립을 요구하게 된다. 집권세력의 변동에도 불구하고 공무원집단이 정부업무를 전문적이고 계속적으로 수행할 수 있게 하기 위해서도 그들의 정치적 중립을 보장할 필요가 있다. 정당적 정실이 인사행정과 공무원의 직무수행에 개입함으로써 야기하는 관기문란과 낭비를 막기 위해서도 공무원의 정치적 중립성을 보장할 필요가 있다.

공무원의 정치적 중립성을 보장하기 위해서는 외부의 정치적 간섭이나 강압으로부터 공무원을 보호하는 조치를 취할 뿐만 아니라 공무원의 능동적인 정치간여를 제한할 필요가 있다. 공무원의 능동적인 정치간여를 제한하는 조치란 정치적 중립성을 보장하는 데 필요한 범위 내에서 공무원의 정치적 자유를 제한하는 조치를 말한다. 공무원들의 정치적 중립을 보장하기 위해 그들의 기본권을 제한하기 때문에 그것은 논란의 대상이 되기도 한다. 불공평한 자유 제한이다, 공무원들의 국민대표기능 수행을 봉쇄한다, 참여적 관료제의 발전을 방해한다는 등의 비판이 있어 왔다. 근래에는 상황적 조건의 변화를 내세운 비판도 늘어나고 있다. 선진민주사회의 현실적 상황변화는 공무원의 정치활동 규제를 정당화하기 어렵게 만들었다는 주장인 것이다.

선진민주국가들에서 상황적 조건이 변함에 따라 공무원의 정치적 중립성에 대한 인식도 달라지고 있다. 실적주의적 인사행정 성장의 초창기에는 정부관료제의 중립적 행동을 확보하는 일이 최우선의 과제였을 것이다. 그러나 오늘날에는 그와 경쟁관계에 있는 다른 가치들이 대등하거나 보다 높은 우선순위를 요구하고 있다. 정부관료제의 정치적 책임을 확보해야 한다는 요청, 정부의 관리자들이 정책사업가(policy entrepreneur)로서의 역할을 충실히 수행해야 한다는 요청, 정부를 이끌어가는 정치적 리더십의 역할을 강화해야 한다는 요청, 정부 내 관리과정의 융통성을 높여야 한다는 요청, 공무원단체의 확대된 역할을 수용해야 한다는 요청 등이 점차 커지고 있다. 공무원들의 헌법적 권리와 자유를 제한하는 데 대한 반대의 목소리도 높아지고 있다. 공무원들의 책임 있는 능동성 발휘, 사회적 형평성 추구, 약자의 편에 서는 용기 등이 점점 더 많이 강조되고 있다. 인사행정의 실적체제 정착, 공무원의 전문성과 윤리성 향상, 정당제도의 체질변화 등도 중요한 상황변화의 예로 들어지고 있다. 이러한 일반적 추세변화는 공무원들에 대한 정치활동금지조항의 완화를 요구한다.

우리나라의 법제도나 국민감정은 공무원의 정치적 중립을 요구하는 데 매우 강경하다. 대한민국 건국 이래 헌법과 법률은 공무원의 정치활동을 엄격하게 제한해 왔다. 국회의원만이 그러한 제약으로부터 자유로울 수 있었다.

강경한 정치활동 금지조항은 실천세계에서 오랫동안 무시당했기 때문에 보존되었다는 역설적 설명이 가능하다. 금지조항이 형식주의의 희생이 되었기 때문에 공격을 피할 수 있었다. 금지조항을 더욱 강화하자는 목소리만 들렸다.

일인장기집권, 일당독재, 군사통치의 헌법파괴, 관권선거의 습성화 등등 지난날의 정치적 탈선·타락과 행정적 방종은 정치적 중립조항을 형식화하거나 심지어는 사문화하였다. 이런 형편에 정치활동 금지조항을 완화하자는 말은 필요도 없었고 꺼내기도 어려웠다. 행정의 정치적 남용을 막기 위해 공무원의 정치활동을 금하는 법규범을 강화해야 한다는 주장만이 사람들의 호응을 얻을 수 있었다.

정치의 선한 모습을 보기 힘들었던 국민은 정치에 대한 혐오감을 갖지 않을 수 없었다. 정치적 탈선에 대한 국민의 감정적 반발은 지나치고, 그로 인해 여러 가지 기이한 현상이 빚어져 왔다. 정가에서는 중립내각·거국내각의 구성을 촉구하기도 했고 대통령에게 여당의 당적을 버리도록 압력을 가하기도 했다. 대통령은 정당정치에 초연해야 한다는 주장도 자주 들어왔다. 전직대통령은 정치를 하면 안 된다는 여론몰이가 흔했다. 언론은 정치인들의 집권의욕을 백안시하고 정치인의 이선후퇴나 정계은퇴는 미덕인 것처럼 치켜세우기도 했다.

정치적 중립조항은 그 정략적 이용을 유혹하기도 한다. 정치인들은 국가기관 중립의 의미를 아전인수식으로 해석하여 자기주장이나 입지를 강화하려는 기도를 하기도 한다. 내편을 들면 중립이고 반대편에 유리하면 중립위반이라고 우긴다. 내편을 들어줄 때 중립이라 말하고, 이익배분에서 내가 더 많은 이익을 차지할 때 공정하다고 말하는 사람들의, 정치판의, 놀부식 셈법이 중립조항 운영을 여러 가지로 왜곡한다. 중립내각 구성을 외치는 사람들은 대개 내각이 자기편을 들어주길 바라는 마음을 가지고 있으면서 그것을 감추려 애쓴다.

집권자들이 마음에 안 들거나 조종이 쉽지 않은 권력기관의 책임자를 몰아내고 자기 사람을 앉히려고 음험한 공작을 하면서 중립을 위한 일이라 강변하는 사례가 드물지 않았다. 일부 고위공직의 중립성 또는 독자성을 보장하기 위해 적용하게 되어 있는 임기제(任期制)가 실제로 얼마나 많이 유린되고 유명무실하게 되었는지 생각해 볼 일이다. 임기보장이니, 신분보장이니 하는 제도에도 불구하고 이른바 '찍어내기'에 걸려 밀려 난 권력자들이 적지 않다.

공무원들의 정책추진은 중립의 논리를 표방하지만 기실은 정파적으로 오염된 반대에 직면하여 좌절을 경험하는 예가 흔하다. 되풀이되는 선거철에는 중립을 내세운 당략적 주장 때문에 정책추진이 왜곡되는 일이 비일비재하다. 사법기관의 수사와 재판이 선거판의 눈치를 살펴 이리저리 뒤틀려야만 중립이라고 우기는 세력도 있다.

대통령, 지방자치단체장 등 선출직 공무원들의 정치활동금지를 규정하는 경색된 공식적 제도나 이를 옹호하는 민심은 앞뒤가 안 맞는 비부합의 장애를 일으키고 정부의 리더십을 약화시킨다. 법적 금지조항에 그대로 묶인다면 행정부가 거버넌스의 한 축으로서 수행해야 할 정치적 역할을 감당하기 어려울 것이다.

대통령과 지방자치단체장들은 정당원이며 정당공천을 받아 선거에 출마하고 당선된 뒤에도 당적을 보유한다. 그럼에도 불구하고 선거만 끝나면 칼로 자른 듯이 탈정당화되기를 요구한다. 일반직 공무원과 같은 수준의 정치적 중립을 요구하는 것이다. 현재 사람들이 가진 기준에 견준다면 정당가입 자체가 정치적 중립의무 위반일 터인데 그에 대한 이의제기의 목소리는 잘 들리지 않는다.

정치활동금지조항에 관한 선출직 공무원들의 기강은 사실상 흐트러져 있다. 정치권에서는 공무원의 정치적 중립에 관해 한 입으로 두 말을 예사로이 하는 것 같다. 한편으로는 정치적 중립을 소리 높이 외치면서 다른 한편으로는 대통령이 중립의무를 위반하지 않으면 할 수 없는 행동을 요구하기도 한다. 예컨대 국회에서 정당 간에 갈등이 심해지면 정치인들은 대통령이 나서서 조정해야 한다고 말들을 한다. 야당대표와 대통령이 만나는 것을 여야영수회담이라 부르기도 한다. 정치적 중립을 요구하는 법제와 민심에도 불구하고 대통령은 실제로 광범한 정치적 역할을 수행하고 있다. 역대 대통령들은 관행적으로 정치활동금지조항을

통치하기 어려운 나라 – 국정관리의 현안과 쟁점

어기면서 일했기 때문에 트집을 잡기로 하면 언제나 법적 제재의 대상
이 될 수 있었다. 정치적 중립 위반을 걸어 국회에서 대통령에 대한 탄
핵을 의결한 일도 있다. 그러나 국회의 다수세력을 업고 있는 한 정치적
중립조항을 위반한 대통령은 별 탈 없이 넘어간다. 지방자치단체장들도
암암리에 정당적 활동을 하고 있다.

우리의 고유한 전통과 형편 때문에 선진민주사회에서처럼 선출직 공
무원들의 정치활동을 자유롭게 허용해서는 안 된다고 주장하는 사람들
이 있다. 그러나 우리의 고유한 형편이라는 것은 과거로 되어가고 있다.
이제는 공무원들의 정치적 오염 문제가 많이 해소되었으며 공무원들의
정치활동금지조항을 완화할 필요는 커졌다. 공무원들을 정치적 남용으
로부터 보호하기 위해 그들의 권리를 제한해야 한다는 논리가 예전처럼
광범한 지지를 모을 수는 없게 되어가고 있다. 정치화의 시대가 열리고
있다. 정치의 역할이 커지고 발전해야 하는 시대가 되고 있다는 뜻이다.

공무원의 정치활동을 금지하는 법제도를 전반적으로 재검토해야 하
겠지만 우선적으로 해야 할 일은 국민의 선거에 의해 취임하는 공무원
들에 대한 정치활동금지조항을 개정하는 것이다. 선출직 공무원들이 국
가 거버넌스의 한 축을 맡아 효율적으로 운영할 수 있도록 낡은 사회
적·정치적·법적 제약을 풀어주어야 한다. 그들이 좋은 행정뿐만 아니라
좋은 정치도 할 수 있도록 적정한 수준의 정치활동을 정당화해주어야
한다.

선출직 공무원들의 정치활동을 법적으로 허용하는 데는 여러 가지
방안들이 있을 것이다. 합법화·양성화의 방안으로 여러 정파들과 토론
을 하고 논쟁을 벌일 수 있도록 하는 것, 각종 선거에서 지지하는 후보
를 표방할 수 있게 하는 것 등을 예로 들 수 있다.

대통령은 민주정치체제의 틀 안에서 고도의 정치력을 발휘하고 여당과 자기의 지지세력을 지원하기 위해 노력할 수 있어야 한다. 대통령을 지지하는 국회의원들이 늘어날 수 있도록 도우려는 대통령의 노력을 막아야 한다는 주장의 논리는 취약하다. 자기가 지지하는 정치인들을 지지한다고 말하는 등 대통령의 지원활동은 물론 도덕적·법률적 제약을 벗어나지 말아야 한다. 이건 노파심으로 하는 말이다. 과거 대통령과 그 주변인들이 은밀하게 불법적이거나 부도덕한 정파적 활동을 하는 일이 드물지 않았기 때문이다. 대통령의 일탈적 정치활동에 주목하는 사람들은 대통령의 폭넓은 정치활동을 반대한다.

대통령이 임명하는 정무직공무원들의 정치적 역할과 역량에 관한 우리들의 생각도 재검토해야 한다. 그들이 사실상 수행하고 있는 불가피하고 바람직한 정치적 역할을 비난대상으로 만들고 음지의 활동으로 만들어 온 관행은 고쳐야 한다.

경력직 공무원들의 정책감수성도 새로운 시각에서 조명해야 한다. 그들의 당파적 정치를 허용하는 문제를 논의하는 것은 아직 이르다 할 것이다. 그러나 정책형성의 정치와 행정관리적 정치에 관한 그들의 역량은 함양되고 발양될 수 있게 해야 한다. 이런 주장은 국민에게 봉사하고 이익배분과 이익조정에 간여하는 일반행정기구종사자들을 기준으로 하는 것이다. 이 점에 관련하여 경력직 공무원들의 종류와 담당업무가 다르면 정치적 중립의 요건도 달라진다는 것을 특별히 강조해둘 필요가 있다. 일반행정기구의 공무원, 법관, 검사, 경찰, 군인의 정치적 중립의무가 서로 같을 수는 없다.

근래 국가의 '권력기관'들, 특히 검찰의 중립성과 독립성을 강화해야 한다는 대중의 목소리와 정치적 수사(政治的 修辭)가 요란하다. 검찰의 독립성과 정치적 중립성을 강화하기 위한 여러 제도들이 이미 수립되어 있다. 그러나 제도의 운영에서 여러 일탈이 빚어졌다. 검찰총장은 임기제가 적용되는 공무원인데도 불구하고, 1988년 검찰총장 임기제 도입이후 임기를 제대로 마친 검찰총장은 절반이 채 되지 못했다. 근래에는 중도퇴직자가 부쩍 늘었다. 집권자의 이기적인 의중을 거스르는 검찰총장들은 이른바 '찍어내기'에 걸려 퇴출되었다는 혐의가 짙다. 속칭 찍어내기란 순종적이지 않은 공직자의 비리를 들추거나 개인의 자존감을 해치는 조치를 해서 그를 공직에서 물러나게 하는 행위를 지칭한다.

검찰이 권력(집권세력)의 시녀라는 오명도 있었다. 검찰중립을 규정하는 법규범과 달리 검찰이 권력에 고분고분 순종하던 시대에는 검찰중립화에 대한 대중의 요구와 정치적 논쟁이 오히려 크지 않았다. 문제가 묻혀있었다고 보아야 한다.

중립의무에 대한 검찰의 자각이 커지고, 중립적 행동에 관해 검찰과 집권세력 사이에 갈등이 빈발하게 되자 검찰중립화에 대한 국민과 정치권의 관심이 고조되었다. 근자에 대통령의 살아있는 권력에 영향을 미칠 검찰수사가 여러 장애에 부딪치자 그에 대한 세인의 관심이 커지고, 정치세력 간의 정쟁이 벌어지고, 그것이 국회의원 선거의 쟁점이 되기도 했다. 검찰의 독립과 정치적 중립을 어떻게 보장할 것인가는 우리 시대의 매우 중요한 국정과제로 부각되어 있다.

정의롭고 공정하게, 법과 원칙에 따라 검찰이 본연의 임무를 수행할수 있게, 그에 필요한 만큼의 독립성과 중립성을 보장해주어야 한다. 제도면에서 뿐만 아니라 운영의 실제에서도 그러한 요건이 충족되어야 한다. 이것은 당위적 요청이다. 그러나 이를 실현하는 구체적 내용과 방법을 결정하는 문제는 간단하지 않다. 정해진 원칙이 그대로 실천되는 것을 보장하기는 더욱 어렵다. 무엇으로부터 중립시켜야 하며 어떻게 독립시킬 것인가, 그리고 검찰의 국민에 대한 정치적 책임은 어떻게 확보할 것인가를 함께 고려해야 하기 때문에 문제는 복잡하다. 정치적 책임과 임무수행의 독립에 대한 요청을 어떻게 조정할 것인가. 검찰을 독립시키되 누구에 대해서도 책임을 지지 않는 완전독립체로 만들 수는 없기 때문에 상충되는 요청의 절충이라는 문제에 봉착하는 것이다.

누구도 검찰을 지휘하거나 통제할 수 없게 하면 아무에게도 책임지지 않는 검찰이 만들어진다. 검찰은 대통령을 통해서 국회와 국민에게 책임을 지도록 만들어진 조직일 수밖에 없다. 여기에 대통령과 관할장관의 지휘감독권을 인정할 필요가 있다. 그런가하면 대통령이나 장관이 검찰의 정당한 수사권·공소권 행사에 간여하고 이를 왜곡시키지 못하게 하는 안전판이 또한 필요하다. 검찰에 대한 대통령과 장관의 임용권과 감찰권 등을 인정해야 하지만 그 남용을 억지할 제도적·실천적 장치를 확립해야 한다.

앞으로 상당기간 검찰에 대한 대통령의 지휘감독권을 보장하는 일보다 이를 제어하는 일에 더 많은 관심을 가져야 할 것이다. 대통령이 인사권을 확장행사하고 남용하여 검찰업무수행의 일거수일투족을 조종하는 미세관리(微細管理: micromanagement)는 막아야 한다. 미세관리란 관리대상자들에게 위임해 그 재량에 맡기는 것이 마땅한 구체적이고 소소한 일에까지 관리자가 간섭하는 것을 말한다.

검찰에 대한 대통령의 부당한 미세관리를 막는 궁극적인 역할은 물론 국민들이 맡아야 한다. 그러나 보다 직접적인 안전판은 대통령 자신의 자각에서 구할 수밖에 없다. 형사사건으로 자기 형이나 자녀들이 검찰의 소추를 받을 때 의연하게 불간섭의 태도를 보인 대통령도 있었다.

정치인으로 임명한 장관을 통해서 대통령주변인의 수사에 여러 간여를 한 대통령도 있었다. 검찰수사의 파장이 대통령 자신의 거취에까지 번질 수 있는 경우 검찰수사에 대한 청와대의 음성적 간여가 늘 문제화되었다. 대통령이 비난을 무릅쓰고 검찰수사를 훼방하려하는 경우 이를 제도만으로 막기는 어렵다. 결국 좋은 대통령 밑에 좋은 검찰이 나온다는 말을 하지 않을 수 없다. 그러나 대통령의 선의에만 맡겨놓을 수는 없다. 대통령의 나쁜 간섭을 방치해서는 안 된다. 정부 내외의 여러 견제세력이 작동해야 한다.

검찰의 정치적 중립성과 독립성을 보장할 필요가 있음을 강조하는 사람들에게는 검찰의 책임성 확보와 검찰권의 통제에 대한 필요도 잊지 말라고 나는 말해왔다. 독립성과 책임성이 균형 또는 조화를 이루어야 하는 것은 원론적인 이야기이다. 그러나 검찰의 독립성이 정치적으로 심히 유린되고 있는 시대에는 독립성 증진을 더욱 강력하게 요구할 수밖에 없다.

정치(정파적 이익)에 의한 검찰권 침해의 과거 행적, 그리고 특히 2019년과 2020년에 정부가 보인 검찰 길들이기의 거조(擧措)는 내가 통치자에 대한 검찰의 책임확보라는 문제를 뒷전으로 밀어놓게 만들었다. 직업적 정당원이 검찰을 통제하는 자리에 앉아 검찰을 집권세력에 순종하도록 만들어가는 노골적인 과정을 보면서 그리 되었다는 말이다. 검찰뿐만 아니라 법원에까지도 정치적 또는 이념적 편향(偏向: vias)이 뚜렷한 사람들의 임용이 늘어나는 작금의 현실을 보고 사법적 내지 준사법적 권력의 중립화를 나는 더욱 강조하게 되었다.

내가 검찰에 대한 정치적 농단을 나무랄 때 주로 지목하는 것은 '정파적·파당적 정치'의 작희(作戱)이다. 정책적·국민대표적 정치에 대한 감수성을 준거로 삼는 것이 아니다.

공무원의 정치적 중립에 관한 제도와 의식의 개혁을 논의할 때에는 형식주의의 폐해를 깊이 반성해야 한다. 나쁜 정치가 바람직한 중립을 심각하게 훼손하던 시대에는 정치적 중립에 관한 법규범의 적용을 강화하는 쪽에 관심이 기울어질 수밖에 없었다. 그러나 공직자들의 바람직한 정치행위를 억압하여 형식주의를 초래하는 시대에는 법규범의 조정 쪽에 관심을 모아야 한다. 특수분야종사자들을 제외한 공무원들의 정치활동금지조항을 상황변화에 맞춰 점차 완화해 나가는 것이 시대적 요청이라고 생각한다. 정치활동금지조항의 운영과정에서 빚어지는 왜곡을 방지하는 노력도 물론 병행해야 한다. 금지조항을 완화하면서 운영과정에서의 형식주의는 철저히 막아야 한다는 말이다.

공무원의 정치적 중립에 대한 논의에 연계해서 정치인이 할 수 있는 일과 할 수 없는 일도 재검토할 때가 되었다. 우리나라에서 정치인으로 규정되는 사람들의 행동을 제약하는 법제도와 관행들이 지나치다. 정치인들이 해서는 안 되는 일들이 너무 많다. 그러니 뒷거래와 지하세계의 유혹에 빠지기 쉽다. 정치인들의 금기를 햇볕에 내놓고 살펴보아야 한다. 지나친 금기사항들을 시대적 조건에 맞게 완화해나가야 할 것이다.

대통령이 공직선거에서 자기 정당의 후보를 지지하는 유세를 하는 걸 당연시하는 나라, 장관이나 국회의원이 자기 아들을 비서로 채용해도 괜찮은 나라, 대통령이 자기 아내를 중요한 정부사업의 책임자로 앉혀도 괜찮은 나라, 정치인들이 모금만찬에서 거금을 모아도 괜찮은 나라. 그런 나라들도 멀쩡히 선진민주국가들이다. 그런 예들을 섣불리 모방하라는 말은 아니지만 우리 모두가 함께 참고는 하라고 권고한다. 친인척을 비서로 채용한 국회의원들을 중죄인처럼 비난한 여론의 정당화

근거는 따져보아야 한다.

우리 전통문화의 한 특징으로 연고주의를 드는 사람들이 많다. 1차
집단적 고려에 의한 정실이 공사무분별(公私無分別)의 폐단을 많이 빚어
왔기 때문에 우리나라의 정치인들에게는 사적 연고관계의 단절을 요구
하는 공식적 규범들이 과다하게 적용되어온 것 같다. 그러한 공식적 규
범들을 재검토해보는 것이 나쁜 일만은 아니다. 공직자가 친인척을 보
조인력으로 채용해도 별 탈이 없을 만큼 공직문화가 달라지고 있는지
살펴가면서 그리 해야 하겠지.

14
신분보장: 고용의 안정성과 융통성

우리 시대, 우리 사회에서 조직구성원들의 신분을 보장하는 문제가 중요한 사회적 이슈로 부상해 있다. 신분보장제도에 대한 변화요구가 쟁점화되어 있다. 그런 형편은 민간부문에서 더 심각한 것 같다. 고용안정성의 보장과 고용유연화 추구는 첨예한 노사갈등의 한 핵이다. 공공부문도 신분보장문제를 둘러싼 논쟁과 갈등에서 자유롭지 않다. 여기서는 변화압력에 직면하고 있는 정부의 공무원 신분보장제도를 놓고 무엇이 쟁점인지 논의해 보려 한다.

인사행정에 실적체제가 도입된 이래 공무원의 신분을 어떻게, 어느 정도나 보장해야 하느냐에 관한 논쟁은 늘 있어 왔다. 공무원에 대한 신분보장제도가 완벽할 수 없기 때문에, 변화하는 상황에 적응하지 못하기 때문에, 그리고 제도 운영상의 형식주의 때문에 보호해야 할 사람들은 제대로 보호하지 못하고 불이익을 주거나 퇴출시켜야 할 사람들은 빠짐없이 그리하지 못하는 문제가 거의 언제나 있었다. 그런 현실의 문제가 그치지 않는 논쟁의 근원이다. 정부내외의 여건과 정치·행정적 필요의 변화는 그러한 논쟁을 가열시키는 계기를 만들어 왔다.

지금 우리가 처한 여러 가지 여건은 공무원의 신분보장제도를 대한민국 법제로 처음 도입하던 때의 여건과는 많이 다르다. 이런 까닭으로 신분보장제도 개편론이 힘을 얻고 있다. 정권교체기마다 고위직의 대폭적인 물갈이가 진행되면 또 다른 차원에서 공직자들의 신분보장문제가 쟁점화되기도 한다. 또 다른 차원의 쟁점화란 신분보장 침해의 쟁점화를 말한다.

다음에 공무원의 신분보장에 관한 논쟁의 상반된 논거들을 살펴보고 그 귀결에 대한 내 의견을 말하려 한다. 여기서 논의의 주된 준거대상으로 삼는 공무원은 행정부의 경력직공무원이다. 국가공무원법에서는 경력직공무원을 "실적과 자격에 의하여 임용되고, 그 신분이 보장되며, 평생토록 공무원으로 근무할 것이 예정되는 공무원"이라고 규정한다.

공무원의 신분을 엄격하게 보장해야 한다고 주장하는 신분보장 강화론(身分保障 强化論)부터 살펴보려 한다.

공무원 신분보장의 필요성을 강조하는 사람들이 주장하는 정당화근거 또는 신분보장 강화의 순기능은 행정의 안정성·일관성을 유지하는 데 기여한다는 것, 공무원들의 신분을 안정시키고 외부로부터의 교란을 줄이면 그들의 성실하고 능동적인 직무수행을 가능하게 하고 뒷받침해 줄 수 있다는 것, 공무원들이 자율적이고 창의적으로 일할 수 있게 하려면 그 신분을 보장해 주어야 한다는 것, 신분보장은 행정인으로서의 전문성을 향상시키는데 기여한다는 것, 신분보장은 직업생활의 안정을 원하는 공무원의 이익을 보호하고 그들의 사기를 진작한다는 것, 신분보장은 공직의 응집성을 높이고 공무원들의 단체정신과 조직몰입을 향상시킨다는 것, 공무원 임용관리를 단순화하고 정실인사의 폐단을 줄여준다는 것 등이다.

신분보장 강화론이 주장하는 신분보장의 일반적인 이점 또는 정당화 근거에 대한 평가는 상황적 조건에 따라 달라질 수 있다. 우리나라에서 공무원 신분보장 강화론을 지지했거나 여전히 지지해 주고 있는 상황적 조건은 여러 가지이다. 신분보장 강화의 단점보다 이점을 더 부각시킨 조건들은 보면 다음과 같다.

첫째, 우리가 살아온 농경시대의 역사는 아주 길다. 그래서 우리에게는 농경사회의 안정지향적·보수적 문화유산이 있다. 변동이 제한적이었던 사회구조의 유산도 있다. 이런 유산들은 '한 우물파기'의 직업정신, 평생직장의식을 키워왔다.

둘째, 미분화된 직업관의 유산도 있다. 전제군주제하에서 관직은 양반계급의 독점물이었으며 관직의 사회적 신분연장은 생애 전체에 걸치는 것이었다. 그 특권적 신분이 후손에게까지 물려지기도 했다. 이런 전통은 '붙박이 직업', '붙박이 신분'을 선호하는 잠재의식을 만드는 데 일조했을 것이다.

셋째, 공무원의 신분은 국가와 공무원이 맺는 특별권력관계의 산물이라는 관념이 인사행정을 오래 지배했었다. 관리들이 바치는 무정량(無定量)의 복무, 일신전속의 충성에 대해 군주 또는 국가가 베풀어주는 은전으로서의 관직은 개인의 특권이며 그것은 사인관계(私人關係)와 달리 특별히 보호되어야 한다고 믿었다. 그와 같은 전통적 사고가 우리의 뇌리에 아직도 남아 있을 것이다.

넷째, 우리는 과거 매관매직, 부정청탁 등 공직임용에 관련된 비리가 만연되었던 경험을 가지고 있다. 사람들은 그러한 비리가 아직도 많을 것이라고 짐작한다. 인사비리에 대한 혐오감 또는 두려움은 공무원 신분보장 강화론을 편들게 만든다.

다섯째, 실로 오랫동안 통치지도층의 신망은 형편없는 것이었다. 지난날 비민주적인 폭력적 방법으로 정권을 차지하거나 연장해 억압적 국정을 끌어간 대통령들이 있었다. 국정의 비리, 공직의 남용 때문에 여러 전직대통령들이 형사소추와 처벌의 대상이 되었다. 그런 대통령들에 대한 국민의 악감정은 대통령 견제론, 공직중립화론을 크게 부추겼다. 공무원의 신분보장은 공직중립화의 도구이기도 하다.

여섯째, 초창기적인 실적체제(merit system)에 관한 미국식 원리의 영향도 크다. 초창기적 실적체제의 핵심적 원리는 공무원의 정치적 중립, 신분보장, 인사행정 기준과 절차의 객관화이다. 이런 원리들이 우리 공무원제도 입안에 고스란히 이전되었다. 지난날 우리 학계의 처방적 이론들은 대개 초기적 실적주의의 확대적용을 지지했었다.

일곱째, 공무원 신분보장제도 운영의 형식주의가 신분보장 강화론을 부추겨왔다. 법률을 포함한 공식적 제도가 공무원의 신분보장을 비교적 엄격하게 규정했음에도 불구하고 제도운영의 실제에서 신분보장의 자의적인 침해가 허다히 저질러졌다. 이런 현실은 공식적 신분보장제도를 더욱 강화해야 한다는 논의에 힘을 실어주었다.

여덟째, 우리보다 앞서 간 선진산업사회들의 경우에 비해 우리 사회의 직업적 유동성은 낮다. 직업시장(노동시장)이 비탄력적이라고 말할 수 있다. 공직에서 퇴출되어 경력이 중단된 사람들은 직업적으로 회생하지 못할 가능성이 높다. 따라서 공무원의 신분보장을 흔들려는 기도에 대한 공무원집단의 저항이 거세질 수밖에 없다.

아홉째, 공무원 신분보장 완화 내지 제한을 추구하는 개혁은 정치권 일부의 발목잡기, 신분불안문제를 침소봉대하는 언론의 센세이셔널리즘, 학계의 비판 때문에 장애에 봉착할 수 있다. 대중매체들로부터 유포되기 시작한 보은인사, 낙하산 인사, 코드 인사, 가신(家臣) 그룹 중용, 공무원들의 줄서기 등 냉소적 언어들은 실적주의적 신분보장을 교란할 수 있는 행위들에 대한 비아냥거림이다.

다음에는 공무원 신분보장 완화론(身分保障 緩化論)을 보기로 한다.

경직적인 신분보장규정을 완화하여 인사운용의 융통성을 높이는 것이 바람직하다는 신분보장 완화론의 논거는 공무원 인사체제뿐만 아니라 정부조직의 구조와 과정을 연성화하여 변동대응력을 키우고 인력활용의 효율성을 높일 수 있다는 것, 공직의 개방성을 높이고 공무원의 신진대사를 촉진하여 조직의 침체를 방지할 수 있다는 것, 성과주의적 인사행정을 구현하는 데 유리하다는 것, 정부의 최고관리층과 정치적 리더십의 정부관료제에 대한 장악력을 강화할 수 있다는 것, 공무원의 엽관적 임용 또는 정치적 임용에 대한 수요가 늘어나고 있는데 그에 대응하려면 공무원의 신분보장을 완화할 필요가 있다는 것, 작은 정부구현을 위한 감축관리를 원활하게 하려면 필요한 감원에 장애가 되는 신분보장규정을 개정해야 한다는 것 등이다.

신분보장 완화론의 논거에 힘을 실어주는 상황적 요청 또는 조건들은 다음과 같다.

첫째, 정부 내외의 여건은 복잡해지고 그 변동은 급속해지고 있다. 국내외의 모든 분야에서 경쟁은 격화일로에 있다. 정부조직을 급진적으로 개혁하는 리엔지니어링의 필요는 증대하고 있다. 이런 마당에 공무원들이 낡은 신분보장의 울타리 속에서 안주하게 할 수는 없다.

둘째, 작은 정부 구현·전자정부 구현의 필요가 커지고, 성과주의·소비자중심주의가 행정개혁의 핵심원리로 되어 있다. 그러한 변화는 인력체제의 빈번하고 신속한 재편을 요구한다. 이에 대응하려면 신분보장규정을 완화해야 한다. 성과관리의 신상필벌을 여행(厲行)하려면 인적자원관리·재정자원관리의 여러 국면이 융통성 있게 뒷받침해 주어야 한다. 그래서 신분보장도 완화해야 한다고 주장하는 것이다.

셋째, 정부관료제에 관한 탈전통적 내지 반관료제적 개혁모형들은 선진제국의 행정개혁운동에 지대한 영향을 미치고 있으며, 우리나라에서도 개혁마당의 여론을 이끌고 있다. 반관료제적 모형의 예로 경계 없는 조직, 임시체제(adhocracy), 유기적 조직 등에 관한 모형들을 들 수 있다. 반관료제적 모형들은 대개 인력구조의 융통성, 직업적 유동성을 처방하거나 그것을 전제한다. 여기서 반관료제적 모형(反官僚制的 模型)이라고 부르는 것은 경직되고 기계적인 전통적 관료제의 구성원리를 탈피하자고 주장하는 모형이다.

넷째, 정부관료제의 나쁜 이미지에 대한 국민감정은 공무원의 신분보장과 같은 특혜에 비판적이다. 옛날의 억압적·착취적 관료제, 개발독재시대의 군림적 관료제, 그리고 정당성 없는 정권의 도구였던 관료제가 국민의 뇌리에 각인시킨 부정적 이미지는 뿌리 깊다.

다섯째, 공직과 비교되는 민간부문이 겪는 어려움은 공직의 특혜축소를 압박한다. 민간부문의 구조조정으로 인한 직업불안정성이 높아지고, 비정규직이 늘어나고, 실업률이 높아지면 정부도 '고통분담'에 참여해야 한다는 목소리가 높아진다. 고통분담의 내용에는 신분보장특혜의 축소가 포함된다. 민간부문에서보다 강한 공직의 신분보장이 늘 시빗거리가 된다.

여섯째, 공무원 신분보장제도의 탈법적·자의적 운용이 점차 어려워지기 때문에 과거의 초법적 융통성을 양성화·공식화할 필요가 커졌다. 신분보장 완화를 법제화해야 할 필요에 쫓기게 된 것이다.

일곱째, 정치권이나 여론주도층의 간섭 또는 비판도 신분보장제도에 개편요구의 압박을 가하고 있다.

정치권이나 언론은 한편으로 정실인사나 공무원 신분보장 침해를 나무라면서도 다른 한편으로는 신분보장에 안주하는 공무원들을 나무라고 신분보장을 흔드는 행동을 한다. 공무원들의 신분보장을 교란하려는 정치권의 모티브는 여러 가지로 표출된다. 집권정당은 공직의 엽관임용에 대한 유혹에 넘어가기 쉽다. 정권교체기에 엽관임용에 대한 유혹은 특히 더 커진다. 국정책임자들은 정책실패의 희생양이 필요할 때마다 그 대상을 행정공무원들에게서 찾으려 한다. 정치적 과오로 인한 민심악화를 공무원의 숙정이나 물갈이와 같은 카드로 수습해 보려한다. 야당은 집권당의 편을 든다고 생각하는 행정을 공격하는 일에 몰두하고 공무원들에 대한 인책론을 끊임없이 제기한다.

대중매체들은 정부를 비판하고 공직의 특혜를 비난한다. 신분보장제도의 보호막이 빚어낸 무사안일주의를 맹공한다. 비위공무원들에 대한 솜방망이 처벌을 비난한다. '철밥통', 신(神)도 부러워하는 직장, 제 식구 감싸기, 동종번식 등 공무원의 신분보장을 빗댄 냉소적 언어들이 양산되어 있다.

학계 사람들도 탈전통적 행정개혁이론을 배경으로 신분보장제도의 경직성을 비판하고 있다.

신분보장의 수준과 내용을 결정할 때는 신분보장 강화와 신분보장 완화를 각각 촉구하는 상충적 요청의 절충점을 찾아야 한다. 공무원 신분의 절대보장이나 신분보장의 완전철폐와 같은 극단적 선택은 바람직하지도 않고 실천이 가능하지도 않다. 신분보장은 절대적인 것이 아니라 상대적인 것일 수밖에 없다.

공무원 신분의 절대보장과 신분보장의 완전철폐라는 두 극점을 잇는 연속선상에서 선택되는 조화점은 인사행정의 이념과 상황적 조건에 적합한 것이라야 한다. 여건변동에 연동시킬 필요가 큰 조화점은 연속선의 정중앙에 중립적으로 설정될 수도 있고 어느 한 쪽으로 치우칠 수도 있다.

오늘날의 시대적 상황과 사조는 공무원 신분보장을 완화하는 쪽으로 치우쳐 있다. 신분보장 강화를 주장하는 목소리보다 완화를 주장하는 목소리가 더 크다. 집권정치세력이나 인사정책담당자들은 신분보장 완화론 친화적인 것으로 보인다. 관련학계의 처방적 이론들은 신분보장 완화론 편향으로 조금씩 돌아서고 있다.

신분보장 강화론의 정당화근거들은 대개 전통관료제의 구성원리와 직업공무원제의 요건에 일관되는 것들이다. 신분보장 강화론의 정당화근거들은 직업공무원제 확립과 반엽관주의 구현이 우선적인 국책과제일 때 가장 소중히 여겨졌다. 신분보장 강화론의 정당화근거들이 지금 그 유용성을 모두 잃은 것은 아니다. 그러나 그에 대한 중요도의 평가는 낮아지고 있다.

여기서 직업공무원제의 의미에 대해 잠깐 첨언하고 지나가려고 한다. 상식인들은 직업공무원제를 전문성이 높은, 바람직한 공무원제도라고 막연히 생각하는 경향이 있다. 그러나 인사행정학에서 말하는 직업공무원제는 특정한 요건을 갖춘 전통적 인사행정모형을 지칭한다. 직업공무원제(career civil service system)는 정부조직에 종사하는 것이 공무원들의 전 생애(全生涯)에 걸친 직업으로 될 수 있도록 구성되고 운영되는 인사제도이다. 직업공무원제는 계급제, 폐쇄형 임용체제, 일반능력자주의, 그리고 종신고용제에 입각한 제도이다. 공무원의 신분과 지위를 중요시하는 직업공무원제는 변화보다는 안정을 지향하는 전통적 관료제의 구성원리와 필요에 부합하는 모형이다.

신분보장 강화론의 지지적 조건들은 대개 지난 시대의 유물로 간주되거나 그 영향력이 예전만 못한 것으로 되어가고 있다. 반면 신분보장 완화론의 지지배경은 점점 더 뚜렷해지고 영향력을 키워가고 있다.

공무원 신분보장의 일반적인 또는 전반적인 수준을 가지고 논의한다면 적정한 수준에 이르기까지 신분보장을 완화하는 방향으로 개혁정책의 역점을 이동시켜야 한다는 말을 하지 않을 수 없다. 신분보장 완화를 추진할 때는 그것이 적정 수준을 유지하도록 각별한 주의를 기울여야 하며 부작용을 최소화해야 한다. 신분보장 완화 때문에 보호되어야 할 공무원들이 괴로움을 겪게 하면 안 된다.

신분보장의 분야별로 또는 국면별로 신분보장 완화의 폭과 방법은 달라져야 한다는 점을 또한 유념해야 한다. 의사에 반하여 불이익처분을 받지 않는 것을 신분보장이라 하는데 불이익처분에는 여러 가지가 있다. 그것이 신분보장제도의 분야를 가른다. 신분보장 완화의 목적별로도 방침을 달리 해야 한다.

공무원 신분보장 완화와 같은 개혁을 추진하는 사람들은 상충되는 요청과 개혁의 대립적·모순적 효과를 깊이 성찰하고 이를 조정하거나 극복하는 데 탁월한 정치력을 발휘할 수 있어야 한다. 신분보장문제만큼 인사행정의 정치를 표출시키는 문제는 드물 것이다.

앞에서 공무원 임용체제의 개방화가 신분보장제도에 제약을 가할 수 있다고 언급하였다. 개방화가 신분보장에 미치는 영향을 획일적으로 단정하기는 어렵다. 그러나 개방화가 전통적인 경력발전계통을 변형시킬 가능성이 있고 그것이 신분보장을 흔들어놓을 수 있다는 점은 지적할 수 있다. 여기서 덤으로 공무원 임용체제 개방화에 대해 조금 설명해두려 한다.

지금 우리의 형편은 폐쇄와 개방을 잇는 연속선상에서 임용체제를 개방 쪽으로 밀고 나가자는 갈망 또는 요청을 외면하기 어렵게 되어 있다. 신분보장 완화론에 힘을 실어주는 조건들은 대개 임용체제 개방화를 촉구하고 지지한다. 그런 조건들은 개방형 임용체제의 이점 내지 효용을 증대시킨다. 개방형 임용체제의 효용이란 보다 폭 넓은 노동시장에서 사람을 선택할 수 있다는 것, 공직의 침체를 방지한다는 것, 공직의 전문성 향상과 업무수행의 질을 높이는 데 기여한다는 것, 성과주의적 관리의 발전을 촉진한다는 것, 신분보장에 안주하여 복지부동하거나 무사안일주의에 빠지는 관료행태를 시정하는데 기여한다는 것, 정치적 리더십의 조직장악력을 높이는 데 기여한다는 것 등이다.

앞서 공무원의 신분안정이 행정가로서의 전문성을 향상시킬 수 있다고 말했는데, 여기서는 임용체제 개방화가 공직의 전문성을 향상시킬 수 있다고 말했다. 전자는 공직에 안정적으로 근무함으로써 경험을 축적하고 업무에 숙달될 수 있는 가능성을 지적하는 것이고, 후자는 외부에서 고도로 훈련받은 전문인력을 영입할 수 있는 가능성을 지적하는 것이다.

임용체제의 개방화에 따를 수 있는 문제들도 많다. 개방화조치가 공무원들의 개인적 이익을 해치고 재직자들의 사기를 저하시킬 위험이 있다. 공직의 중간계층이 외부임용에 개방되면 그것은 하급직의 모집활동에 악영향을 미칠 수 있다. 잠재적 지원자들이 임용 후 승진기회의 축소를 예상하기 때문이다. 공무원 집단의 단체정신에 손상을 줄 수 있다. 공직의 안정성·계속성을 저해할 수 있다. 승진, 전직, 전보 등 내부임용의 경우보다 외부로부터의 임용에는 임용비용이 더 많이 든다. 임용결정에서 실책을 범할 위험도 크다. 승진적체문제를 더욱 악화시킬 수 있다. 공무원들의 소신 있는 임무수행이 좌절 또는 교란될 위험도 있다. 가장 큰 위험은 자의적 인사·정실인사의 가능성 증대이다. 그것이 현실화되거나 그러한 의혹이 커지면 공직이 동요하고 정부의 이미지에 대한 국민의 인식도 나빠질 것이다.

임용체제의 개방화를 연착륙시키고 그 효용성을 높이려면 여러 가지 준비작업과 후속조치들을 치밀하게 해내야 한다. 무엇보다도 과학적인 선발도구와 타당성 있는 실적평정방법을 발전시켜야 한다. 경쟁후보자들의 자격요건을 타당하게 설정해야 한다. 모집망을 넓혀 유능한 인재들이 공직을 지망하고 공평하게 경쟁할 수 있는 기회를 제공해야 한다. 외부로부터 임용된 사람들의 직장적응을 돕는 방안도 마련해야 한다. 잠정적 임용관계가 수용되고 업무추진력을 잃지 않게 하는 조직문화개혁도 촉진해야 한다. 임용체제의 개방화와 더불어 교류형화(交流型化)의 수준도 높여나가야 한다. 교류형 인사체제는 공무원이 담당하는 업무의 성격이 같은 범위 내에서 기관 간의 인사이동이 자유로운 제도이다. 관리체제 전반의 연성화도 촉진해야 한다. 임용체제 개방화의 약점이나 실책의 위험을 줄이는 노력도 게을리하면 안 된다.

15
공직의 부패

국정관리의 현안들을 이야기하면서 부패문제를 비껴갈 수는 없다. 우리에게 공직의 부패문제, 부패를 통제하는 문제는 끝이 없는 국정현안이다. 일 년 열두 달 공직의 부패에 관한 뉴스가 없는 날을 찾기 어렵다.

공직의 부패(腐敗: corruption)란 공무원이 그의 직무에 관련하여 부당한 이익을 취하거나 취하려고 기도하는 행동이다. 부패는 공무원이 청렴의무를 위반함으로써 국민의 신뢰를 배신하는 행동이다. 부패는 부당한 이익을 취하려는 동기를 가진 의식적 행동이다. 부패는 알고 일부러 저지르는 행동인 것이다.

만연된 부패를 '제도화된 부패' 또는 '체제화된 부패'(systemic corruption)라 한다. 부패가 만연되면 부패는 예외가 아니라 원칙처럼 된다. 체제화된 부패라는 상황에서는 대외적으로 표방된 윤리규범이 조직 내에서 지켜지지 않으며 규범위반이 오히려 조장·방조·은폐된다. 부패를 저지르는 사람은 보호를 받고 윤리규범을 준수하려는 사람들은 따돌

림을 당하거나 사실상 불이익을 받는다. 부패에 저항할 가능성이 있는 사람은 갖가지 위협을 가하여 침묵시킨다. 부패에 젖은 조직 내의 전반적 관행을 정당화함으로써 집단적으로 죄책감을 해소하며, 강력한 외재적 압력이 없는 한 부패를 중단하려 하지 않는다.

개발도상국들에서, 그 발전행정과정에서, 만연된 부패를 관찰한 부패연구자들 가운데 수정주의자로 불리는 일부 연구인들은 부패를 오래된 관행 또는 문화라고 설명하기도 하고, 심지어는 부패가 국가발전을 촉진하고 그에 윤활유가 된다고까지 설명하기도 했다. 정치·행정의 전통적 관행에 서구적 윤리규범의 잣대를 대니 부패가 되었다고 말하는 것이다. 부패가 자본형성의 촉진, 관료적 번문욕례 회피, 기업인들의 사업의욕 자극, 정당의 육성에 대한 기여, 공직의 대응성 향상, 정책결정의 불확실성 감소 등을 통해 국가발전을 돕는다고 말하는 것이다. 압도적인 부패를 보고 오죽했으면 그런 주장까지 했겠는가. 그러나 수정주의자들은 부패의 비도덕성이나 그 해독을 과소평가하고 있다. 오늘날 수정주의자들의 의견은 이론적으로나 법제도적으로나 받아들여 지지 않는다.

여하간 체제화된 부패의 개념과 그에 대한 여러 설명은 우리의 공직부패사를 이해하는 데 중요한 시사를 준다. 만연된 공직부패는 우리의 부끄러운 과거이며 그 유산은 오늘날까지도 개혁의 현안이다.

우리나라는 오랜 세월에 걸쳐 부패의 체제화가 누진되는 궤도를 밟아 왔다. 우리나라에서 부패를 만연시켰던 원인이 무엇이며 부패억제의 대책은 무엇인지 알아보기로 한다. 그동안에 추진한 부패저항적 노력, 반부패운동은 다소간의 성과를 거두어왔다. 과거에 비하면 공직이 많이 맑아졌다고 말할 수도 있을 것이다. 그러나 부패의 물결을 근본적으로 거스르기에는 역부족이었다고 말들 한다.

우리나라에서 부패를 조장해 온 조건들을 간추려 보면 다음과 같다.

첫째, 현대적·합리적 생활질서의 요청에 부응하지 못하는 전통적·비생산적 가치관과 관습, 미분화된 역할관계, 강한 1차집단적 유대가 부패풍토를 조성하였다.

둘째, 우리에게는 오랜 전제군주제의 부정적 유산이 있다. 부정적 유산이란 부패의 해독에 대한 감수성을 감퇴시킨 관행 내지 관청문화를 말한다. 일제강점기의 폭압통치는 사회적 윤리체계에 깊은 상처를 남겼다. 6·25전쟁의 상처도 크다. 전쟁과 전쟁 후의 혼란과 궁핍은 사회기강을 병들게 했다. 그 뒤에 진행된 급격한 경제적·사회적 변동도 부패의 여건이 되었다. 경제발전에 따른 생산구조의 고도성장과 경제력의 유동적 재배분, 경제력집중, 물질숭상적 가치의 팽배는 부패를 조장하였다. 고도성장기에 진행된 사회구조와 가치관의 변동 등 과도사회적 특징은 부패유발의 기회를 키웠다. 특히 공직윤리의 기초인 가치관의 혼란과 '졸부심리'(猝富心理)가 문제였다. 가치체계가 혼란스러우면 부패한 공무원이 받는 사회적 불명예와 제재가 유야무야되기 쉽다.

셋째, 정당성을 결여한 정권들의 문제가 있었다. 군사쿠데타 등의 방법으로 만들어진 부당한 정권은 부패로 유지될 수밖에 없었다. 통치주도세력의 쿠데타적 사고방식과 사회지도층의 '피난민심리'가 문제였다. 부당한 정권은 부패와 결탁했다. 쿠데타로 정권을 찬탈한 경험이 있는 통치자들은 대기업에 압력을 가해 돈을 긁어모으는 일쯤은 아무렇지도 않게 생각했을 것이다. 사회지도층의 피난민심리란 이웃과 나라 그리고 장래의 문제를 생각하지 못하고 목전의 자기보신, 자기이익 챙기기에 급급한 심리를 지칭하는 것이다.

넷째, 발전행정(개발행정)의 여파가 크다. 지난날 발전행정의 특징이 었던 집권주의와 권위주의, 행정간여와 행정재량의 팽창, 경제의 정부 의존적 성장, 경제의 불균형 성장과 개발이익의 불공정한 배분 등은 모 두 부패조장의 온상이 되었다.

발전행정을 하려면 정부가 사회의 많은 이익중추들과 긴밀한 교섭을 벌여야 하며, 끊임없이 변천·생성하는 경제적 이익의 분배에 깊이 간여 하게 된다. 여기에 공직의 정직성이 위협받을 수 있는 기회의 확대가 있 는 것이다.

그리고 발전행정은 고도의 적응성과 융통성을 요구하는 것인데, 이 것이 잘못 이해될 때에는 관기의 문란을 가져온다. 긴급한 과업수행의 필요에 모든 수단을 동원하다 보면 자칫 부당한 수단에까지 의지할 수 도 있고 공무원의 부패를 유발할 수도 있다.

다섯째, 국가관리체제와 사회생활관계에 나타난 고도의 형식주의와 이원화구조는 부패의 결과이며 동시에 부패의 원인이다. 여기서 이원화 구조란 대외적으로 표방한 공식적 기준과 실천의 내용이 심히 괴리되어 있는 구조를 말한다. 이원화구조의 문제는 조세행정, 규제행정의 영역 에서 특히 심각하다. 누구도 지키기 어려운 공식적·법적 규범을 양산해 놓은 제도는 부패를 유혹한다.

여섯째, 공직자들의 능력부족과 윤리의 타락이 문제다. 능력이 모자 라면 부패의 유혹에 쉽게 빠진다. 행정의 비능률과 비과학성, 공급자중 심주의, 번문욕례 등도 문제이다. 민원처리절차가 번잡하고 까다로우면 이를 피하거나 가로지르기 위해 부패라는 수단이라도 동원하려 할 것 이다.

일곱째, 부적절한 처우, 신분과 장래에 대한 불안, 사회적 평가의 손상 등으로 인해 저하된 공직자들의 사기도 문제이다. 공무원들이 최저생계비에 미달하는 보수를 받았던 과거의 역사가 길다. 다소간의 부정한 수입을 사실상 인정할 수밖에 없는 긴 세월이 있었다.

여덟째, 투철하지 못한 시민의식이 공직부패의 궁극적인 원인이라고 할 수 있다. 정치·행정의 서비스에 대한 고객의 특권의식과 이기적 편의주의가 부패를 조장할 수 있다. 오랜 세월을 부패 속에서 살아 온 국민은 부패 앞에서 무력감, 열패의식을 느끼게 되었는지도 모른다. "우리 사회에서 정직한 사람은 성공하기 힘들다"는 생각을 하는 국민이 적지 않을 것이다. 부패한 공직자들을 갖게 된 데 대한 국민의 책임이 무겁다.

아홉째, 부패한 조직분위기와 직무수행의 의미상실이 문제이다. 부패한 조직분위기와 직무수행의 의미상실은 부패의 원인인 동시에 부패의 결과이다.

열째, 공직의 내적 및 외적 통제체제가 무능하다. 처벌체제는 충분히 강력하지도 공평하지도 않았다. 통제기준의 비현실성·비일관성·차별적 적용이 문제로 되어 왔다. 과거청산과 관련하여 통제중추들은 '자기처벌'의 위험에 노출되기 때문에 문제를 얼버무림으로써 불신을 쌓기도 했다. 부패의 체제화 속에서 철저한 폭로와 척결은 저항 때문에 좌절되었다.

부패의 폐해는 무엇인가? 부패의 만연은 국가체제의 이원화구조를 초래한다. 이원화구조에 의한 형식주의의 심화는 기성질서에 대한 신뢰를 크게 손상시킨다. 불신·불화·분열을 조장한다. 정치과정을 폐쇄화하고 반대세력을 억압하여 불만이 쌓이게 하며 공평한 게임을 통한 정권교체를 어렵게 한다.

부패는 업무수행의 질을 떨어뜨리고 공공자원의 오용과 낭비를 초래하며 각종 사고의 위험을 높인다. 부패의 만연은 개혁노력을 좌절시키며 반부패운동을 형식화한다. 공평할 수도 엄정할 수도 없는 반부패운동은 위화감과 소외를 심화시킨다. 국민의식과 사기에 악영향을 미친다.

부패는 경제적·사회적 손실을 빚을 뿐만 아니라 물적·유형적 재난을 불러올 수 있다. 기술문명이 발달할수록 물적 사고와 재난의 폐해는 커진다. 원자력발전소 몇 군데가 가동중단된다는 소식에 나라가 시끄러웠던 일이 있다. 부패가 끼어들어 발전소 수리에 쓰는 부품을 불량품으로 쓴 것이 발각되어 가동을 중단하게 되었다고 한다. 불량부품으로 인해 발전소에서 대형사고가 났으면 그 피해가 얼마나 컸을까를 생각하면 두렵다.

부패문제를 둘러싼 우리의 상황은 양면성을 보이고 있다. 한편으로는 부패체제를 더 이상 지속시킬 수 없게 하는 상황적 요청 내지 조건들이 커져가고 있으며, 다른 한편으로는 부패제거를 어렵게 하는 조건들이 많기 때문에 상황이 양면적이라고 하는 것이다.

체제화된 부패의 지속을 어렵게 하는 조건이란 능률보다 정당성이 중요시되는 시대가 도래하고 있다는 것, 사회적 형평의식이 높아지고 있다는 것, 정보화가 이끄는 기술문명이 고도화되고 있다는 것, 세계화가 촉진되고 있다는 것, 경제의 민주화에 대한 갈망이 커지고 있다는 것 등이다. 기술문명이 고도화되면 생활관계의 합리화에 대한 요청도 커진다. 그리고 자연과학 공학적 사업에서 불량한 짓을 하면 사업시행을 좌절시킬 뿐만 아니라 대형 참사를 야기할 수 있다. 세계화가 촉진되면 부패가 만연된 채로 부패를 적절히 통제하고 있는 선진국들과 거래하기 힘들어진다. 부패통제에 성공한 나라들의 전시효과(demonstration effect) 때문에 부패의 폐단에 대한 사람들의 불만도 커진다.

반부패개혁을 좌절시키는 요인은 뿌리 깊은 부패 그 자체이다. 너무 오랫동안 다수가 부패되었었기 때문에 지난날 반부패운동의 믿을만한 행동주체를 찾기조차 어려웠다. 부당하고 부패한 세력을 업지 않으면 정권획득 자체가 어려웠다. 집권하려는 정치인들은 과거의 독재세력·부패세력도 끌어안으려 했다. 그러니 반부패운동의 진정한 추동력이 나오기 어려웠다.

체제적 부패의 궁극적인 책임은 국민에게 있다는 점을 다시 한 번 명료화할 필요가 있다. 지난 날 군사쿠데타를 투표로 정당화시켜 준 사람들이 누구였으며 부패한 대통령을 뽑은 사람들이 누구였는가에 대해 깊이 자성하고 마음을 바꾸어야 한다.

민심이 변해야, 국민의 정신이 반부패로 향해야, 공직부패로부터의 근본적인 탈출이 가능할 것이다. 국정관리의 주도세력이 또한 자기희생적 용단을 내려 부패청산에 앞장서야 할 것이다. 국민과 위정자들이 함께 마음을 다잡고 반부패의 명예혁명을 이끌어나가야 한다.

그런 조건이 형성되어야만 기술적이라거나 제도적이라거나 하는 방안들, 시책들이 효험을 발휘할 수 있다. 정부가 추진할 수 있는 반부패 대책이라고 하는 것들을 몇 가지 예시하려 한다.

형식주의를 타파하고 준수가능한 규범체제를 발전시켜야 한다. 정권의 정당성을 높이고 국정의 독단과 관료적 병폐를 청산해야 한다. 공직이 추구해야 할 가치를 명료화하고 윤리성제고사업을 통해 부패문화를 개조해야 한다. 국정의 공개성을 높이고 비판에 대한 감수성을 높여야 한다.

부패억제를 위한 제도의 운영을 실질화하고, 공평하고 엄정한 처벌체제를 발전시켜야 한다. 불가피한 처벌은 충분히 강력하게 시행해야 한다. '넓은 파장을 고려한 덮어두기'라든지 '나쁜 여론만 진정되면 흐지부지하기'라든지 하는 것은 없어져야 한다. 정치권력의 강압에 의한 '관제부패'(官製腐敗)도 없애야 한다. 기업인들에게 기부금품 등을 강요하거나 공무원들에게 부당한 지시를 해서 발생하게 되는 부패가 관제부패의 예이다.

공직자들에 대한 처우를 개선하고 발전기회를 확대시켜주어야 한다. 직무수행의 정당성의식과 보람을 키워주어야 한다. 급속한 여건변화에 따른 역할변화에 부응할 수 있도록 능력발전을 촉진해야 한다.

국민과 정부의 거래에서 입증책임을 고객인 국민에게 전가하는 원칙을 고쳐나가야 한다. 정부의 입증책임을 늘려야 한다는 말이다. 그리고 공공서비스의 소비자중심주의·고객중심주의를 발전시켜 나가야 한다. 권위주의적이고 할거주의적인 정부운영의 폐단을 시정하고 행정절차의 합리성과 효율성을 높여야 한다.

부패 이야기를 하는 김에 반부패운동에 대한 사람들의 반응행태에 관한 두어 가지 장면 또는 에피소드를 부록처럼 달아두려 한다. 부패문제 논의에 참고가 될 듯싶어 그런다. 만연되었던 부패, 철저하지 못하고 공평하지 못한 부패통제활동에 대한 불신, 부패통제의 어려움 등등의 경험이 키워놓은 부정적 민심을 읽을 수 있으리라 기대한다.

먼저 정부가 부패의 색출과 형사소추에 강력하게 나설 때 그 배경,

숨겨진 의도를 의심하는 풍조를 보기로 한다.

정부가 부패척결을 선언하고 고강도의 수사를 시작할 때마다 사람들은 무엇을 잡느냐보다 왜 잡느냐에 더 많은 관심을 갖는다. 각종 언론은 사정한파의 배경을 해설하느라 분주하다. 왜 이시기에 부패척결을 선언하고 나섰을까? 왜 하필 그 사람을 수사대상으로 골랐을까? 어떤 사람의 측근이기 때문에 수사대상으로 된 것 아닌가? 무슨 파 또는 계열이라 표적이 된 것 아닌가? 전 정권에 대한 보복이 아닌가? 표적수사의 배경은 이렇다, 기획수사의 이유는 저렇다, 아는 척하는 사람들의 말이 무성하다.

사람들이 사정한파(司正寒波)를 일으키는 이유를 궁금해 하는 이유는 무엇일까? 그 이유야 많겠지만 주된 이유는 우선 체제화된 부패에 대한 국민의 인식에서 찾을 수 있다. 국민 대다수가 부패는 체제화되어 있거나 적어도 체제화되어 있었다고 생각하기 때문에, 왜 이 시점에서, 왜 특정인만 골라 부패혐의로 잡아들이느냐는 질문을 하게 된다. 그리고 또 하나의 중요한 이유는 국가권력에 대한 불신에서 찾을 수 있다. 정부가 천명한 부패척결의지의 진정성을 의심하고 사정권력(司正權力)의 공평하고 공정한 행사를 의심하기 때문에 사정한파의 숨겨진 배경을 궁금해 한다. 이런 대중의 의심을 기화로 사정한파의 숨겨진 의도에 대한 추측이 난무한다. 사정한파의 숨겨진 의도와 동기로 추정되는 것들은 대부분 부패척결의 명분과 어울리지 않는다.

정부가 부패척결행동의 강도를 높일 때마다 그 배경에 대한 의혹과 추측이 난무하는 세태는 매우 해롭다. 만연된 부패의 그림자가 사라지고 부패행위 처벌이 예외가 아니라 원칙인 세상이 되어야 한다. 그래야만 부패척결운동의 숨은 동기에 대한 궁금증이 사라질 것이다.

다음에는 부패추방사업에 대한 NIMBY현상을 보기로 한다.

NIMBY는 우리말이나 진배없이 잘 알려져 있지만 노파심에서 뜻풀이를 해두려 한다. 혐오시설이나 위험시설이 내가 사는 고장에 들어오는 것을 막으려는 행동을 NIMBY(not in my backyard)라 약칭한다. 부패범죄 처벌대상에서 나는 빼달라는 주장을 부패추방의 NIMBY라 부르려 한다. '김영란법'이라고 더 많이 불리는 「부정청탁 및 금품 등 수수의 금지에 관한 법률」을 제정하려 할 때 이를 둘러싼 NIMBY로 세상이 시끄러웠다. 법이 제정되자마자, 시행도 되기 전에 법이 위헌이라고 헌법소원을 제기한 사람들의 동정이 연일 보도되었다. 법의 적용범위를 민간의 일부 조직에 확대한 것이 NIMBY 파문을 일으켰다. "저 사람만 잡고 나는 잡지 마라"는 주장 그리고 "왜 나만 잡고 저 사람은 잡지 않느냐?"는 항의가 요란했다. 저 사람은 공직자니까 적용하는 것이 당연하지만 나는 민간인이니까 적용하면 안 된다는 주장이었다. 그리고 많은 민간영역들 가운데서 왜 하필 우리만 골라 적용하느냐는 항의였다. 적용대상에 언론기관 종사자들도 포함시켰으니 세상이 더 시끄러울 수밖에 없었다.

그들이 들고 나온 핵심적 논거는 정부부문과 민간부문은 서로 다르다는 것, 그리고 민간의 일은 민간의 자율에 맡겨야 한다는 것이었다. 정부와 민간이 같지 않다는 말은 맞다. 그러나 서로 닮은 점이 전혀 없는 것은 아니다. 사회가 발전할수록, 민간에 거대조직들이 많이 생기고 그 영향력이 커질수록 정부와 민간의 유사성은 높아진다. 민간부문의 거대조직들은 정부의 정책을 압도할 수도 있다. 그만큼 민간부문 조직의 공공성은 짙어지고 공적 책임, 사회적·윤리적 책임은 커진다.

민간과 정부는 다르다는 점을 강조하는 주장이 민간에는 부패방지법을 적용하지 말아야 한다는 결정적 논거가 되기는 어렵다. 민간의 자율이 중요하기는 하다. 그러나 그 자율이 무한정의 자율을 의미하는 것은 아니다. 범죄적인 뒷돈 거래를 민간이 자체정화하지 못하면 형사법이 동원될 수도 있다.

'김영란법사태'는 부패의 처벌에 관한 NIMBY 현상의 단적인 예이다. 이를 타산지석으로 삼아 앞으로 남에게 적용될 부패처벌조항을 제안하고 주장할 사람들은 역지사지의 배려심을 가져야 할 것이다. 입법하는 사람들은 지나치게 엄격해서 부작용이 커질 수 있는 처벌기준의 제정은 삼가야 할 것이다. 엄격한 처벌조항의 관대한 적용보다는 관대한 처벌조항의 엄격한 적용이 낫다.

16
공무원의 애로와 불만

　사람들이 부러워하면서도 비난하는 직업과 직업인들이 있다. 그중 대표적인 예가 우리 사회의 공무원이라는 직업군이다. 공무원들은 늘 예사로이 비난과 공격의 대상이 된다. 흔히 동네북이라 한다. 이 책의 곳곳에도 공무원에 대한 비판이 깔려 있다. 공무원들의 애로와 비애를 들어주는 데 사람들은 인색하다. 공무원들을 변호하는 것은 인기 있는 일이 아니다. 잠깐 비인기를 무릅쓰고 공무원들의 입장에 서서 그들의 애로와 비애를 생각해보기로 한다.

　여기서 내가 쓰는 공무원이라는 말은 약간 어수룩한 비전문적 개념이다. 보통의 생활인들이 관청에서 일하는 사람들을 지칭할 때 쓰는 말이다. 굳이 법적인 용어를 빌린다면 여러 종류의 국가공무원과 지방공무원 가운데서 경력직 공무원 특히 일반직 공무원을 주된 준거로 삼아 이야기를 진행해 보려고 한다.

　공무원들에 대한 불평과 비난의 역사는 오래다. 관료나 관료주의라는 말은 그 원래의 뜻에 불구하고 나쁜 공직자, 나쁜 관청을 지칭하거나 수식하는 말로 더 많이 쓰여 왔다. 국가의 관료는 으레 나쁜 사람들이라고 생각해 왔기 때문에 관료라는 말에 나쁘다는 뜻이 덧씌워진 것이다. 탐관오리, 가렴주구, 관존민비, 민폐 등등 관청과 관료의 타락을 비난하는 데 쓰여 온 말들의 유래는 아득하게 오래되었다.

지금도 여전히 사람들은 공무원이라는 말에서 부패를 연상한다. 월권과 군림적 자세와 불친절을 생각한다. 무사안일주의적 행태를 생각하고 복지부동을 생각한다. 엎드려 윗선의 눈치만 살핀다 하여 복지안동이라는 표현도 쓴다. 공무원의 직업을 철밥통이라 이름 짓고 신의 직장이니 신도 부러워하는 직장이니 하는 말로 비아냥거린다. 끼리끼리 해먹는다 하여 무슨 마피아라고도 부른다. 공무원이 받는 보상과 혜택은 자주 시빗거리가 된다.

공무원이라는 직업에 대한 전통적 신망(信望: prestige)은 급속도로 줄어들었다. 전통적인 또는 옛날의 신망이란 백성 위에 군림하는 높은 신분과 지위, 입신출세의 보장 등에 기초한 신망이었다. 그런 전제국가적 신망은 사라져가고 민주국가의 봉사하는 공무원에게 따라가는 신망은 아직 자리를 잡지 못하고 있다. 과거의 나쁜 정권에 종사했다는 이유로 뒤집어 쓴 누명도 많다. 체제화되었던 부패의 유산 때문에 뒤집어쓴 오명도 크다. 공무원에 대한 국민의 신뢰는 크게 허물어졌다. 전직 대통령들이 줄줄이 형사처벌의 대상으로 될 때마다 공직 전체의 신망도 함께 상처를 받는다. 안정적 직업이라는 인식 때문에 공무원이 되려는 사람들은 지나치게 넘쳐나지만 공무원이라는 직업의 국민적 신망이 높은 것은 아니다. 직업적 신망의 저하는 공무원들을 주눅 들게 한다. 공무원들이 손쉬운 비난대상으로 되고 제복 입은 공무원들의 잦은 봉변이 사회

풍조처럼 되어 있는 것도 공직의 낮은 신망과 무관하지 않다.

우리 사회에서 종(노비)이라는 제도가 없어진 지 오래지만 유일하게 남아있는 종이 공무원이다. 그들의 직함은 공복(公僕: public servant)이다. 그들은 당위적으로 만인의 종이라야 한다. 국민을 섬기는 종이라야 한다. 관리(官吏)가 되는 것은 입신영달의 통로였으며 그 위세는 국민 위에 군림하던 오랜 유산을 물려받은 우리의 정부관료제이지만 그 안에서 일하는 오늘날의 공무원들은 국민을 주인으로 섬기는 종으로서 그에 합당한 규범을 지켜야 한다. 그런 규범을 잘 지키는지에 대한 감시와 통제는 날이 갈수록 많아진다. 공무원에게 적용되는 윤리규범은 사회적 윤리규범보다 더 엄격하다. 공무원들은 다른 직업인들에 비해 일을 더 잘해야 하며, 더 양심적이고, 더 청렴해야 한다. 그러니 직업인으로서는 고달픈 일이다.

행정은 공적 상황 또는 정치적 상황에서 작동한다. 행정의 환경노출도는 민간부문에 비해 월등히 높다. 공무원들을 둘러싸고 있는 관계들은 많고 복잡하다. 공무원들은 다양한 통제중추로부터 간섭을 많이 받는다. 행정부 안에서도 일반행정기관의 명령계통을 가로지르는 인사, 예산, 감사 등 관리기관들의 지시와 감시가 많다. 공무원들은 그런 지시와 감시가 짐스럽거나 부당하다고 느낀다. 입법적·사법적 견제와 간섭은 도를 넘고 있다. 삼권분립체제하의 입법부가 균형에는 무능하고 견제만을 밝히는 정치풍토에서 공무원들이 겪는 애로는 크다. 대중통제는 매우 분산적이다. 분산되고 흔히 갈등을 일으키고 있는 주인(고객)들의 요구에 모두 부응하는 서비스는 힘든 일이다.

관련된 통제중추가 많은 만큼 공무원이 따라가야 할 행정절차는 길고 복잡하다. 행정적 결정의 사이클은 사기업의 그것에 비해 훨씬 길다.

행정절차들을 통과하는 데는 시간이 많이 걸린다. 절차진행의 지연은 공무원들의 책임으로 추궁된다. 절차나 방법의 법정주의(法定主義)는 행정의 경직성을 높인다. 공무원들이 잘못된 제도를 알더라도 이를 고치는 데는 시간이 많이 걸린다. 잘못된 절차를 알면서도 지켜야 하기 때문에 좌절을 경험할 때도 많다.

공무원의 청렴성을 확보하기 위한 각종 부패방지제도는 공무원들을 옥죄고 있다. 그들은 자기의 재산을 등록하고 공개해야 한다. 이런 재산공개제도의 시행은 고통스러운 것이다. 공무원이 앞으로 부패할 수도 있으니 사전에 처벌해놓고 보는 것과 같은 제도가 재산공개제이다. 공무원에게 잘못이 없어도 재산공개라는 고통을 주니 사전적 처벌이라 하는 것이다. 공무원은 직무와 관련 있는 사람으로부터는 아무리 사소한 것이라도 선물을 받을 수 없다. 직무와 상관없는 사람으로부터 음식대접을 받거나 선물을 받는 것도 엄격한 액수제한을 받는다. 공무원은 주식을 보유하는 데도 제한을 받는다. 그 밖에도 이해충돌을 피해야 한다는 여러 가지 제한이 있다.

부패통제장치는 공무원의 퇴직 후까지 연장되기도 한다. 퇴직할 때 재산을 등록·공개해야 한다. 유관업체취업금지조항 때문에 퇴직 후 재취업에도 제약을 받는다. 재직 중의 업무와 같거나 연관된 업무에 재취업해야 자기 기능을 발휘할 수 있으련만 그런 직장에는 상당기간 취업을 못하게 한다. 재취업금지영역은 자꾸 늘어나고 있다. 공무원들의 업무는 대개 일반행정업무이며, 정부에만 있는 업무가 많기 때문에 공무원들의 재취업기회는 아주 좁다. 그나마 자기의 기능을 발휘할 수 있는 업무에 재취업하는 것을 법으로 금하기 때문에 퇴직공무원들은 이중고를 겪게 된다. 퇴직공무원들에게 산하기관의 일자리를 주는 이른바 낙하산인사가 비난여론의 대상이 되고 있으나 낙하산인사의 혜택을 보는 사람은 극소수이다. 그것도 눈치 빠르게 줄을 잘 서야 한다.

공무원들에게는 내부고발이 독려된다. 공무원은 타인의 위법·부당한 행위를 고발해야 하는 의무를 진다. 그러나 내부고발은 쉬운 일이 아니다. 내부고발자는 대개 심한 불이익을 받고 사회적으로 매장될 수 있다. 공무원들에게는 상관의 위법·부당한 명령을 거부하도록 요구한다. 그러나 명령복종의 의무에 길들여진 조직문화 속에서 명령불복은 쉬운 일이 아니다. 명령불복으로 겪는 조직 내의 불이익이 매우 크기 때문에 대개는 어물어물 넘어가게 된다. 그러다가 문제가 노출되고 잘못이 적발되면 시켜서 한 일이라고 변명해 보았자 처벌을 면할 수 없다.

공무원이 명령복종에 따라 저지른 잘못에 대한 수사와 소추는 가혹할수록 여론의 지지를 받는다. 통치지도층이 여론의 저주를 받는 경우 명령에 따른 공무원들은 비난 받는 명령자와 함께 공범으로 엮일 가능성이 훨씬 높다. 통상적으로는 명령복종행위라 하여 면책 받을 만한 행위인데도 말이다. 명령불복이 요구되는 상황에 직면한 공무원에게 그것은 진퇴양난의 딜레마이다. 그런 딜레마는 실로 참혹한 것이다.

공무원이 일을 열심히 하도록 압박하기 위한 여러 제도들이 작동한다. 성과관리가 강화되고 있다. 성과를 보수에 연계시키는 성과급제가 확대되고 있다. 근로자들에게 성과급제는 괴로운 것이다. 공직의 목표 특정성은 낮고 목표성취도를 계량화할 수 없거나 어려운 업무들이 많다. 봉사해야 할 고객집단의 특정성도 낮다. 이와 같이 성과측정이 어려운 조건 하에서 무리하게 성과평가를 하면 불공평한 결과를 빚을 수 있다. 업무수행에 대한 평가에는 과잉평가의 오류가 따른다. 과잉평가는 공무원들의 직무수행을 왜곡시킨다. 전통적인 감독자평정 이외에 다면 평가가 확대되고 있다. 그 위에 여러 가지 중복적 감사들이 있다. 감사 받는 일만으로도 공무원들의 어깨는 무겁다. 감사자료를 만드는 일만으로도 공무원들은 허리가 휠 지경이다.

공무원들은 만성적인 업무과다에 시달린다. 바빠서 정신이 없다는 공무원들을 자주 본다. 일의 절대량이 많아 바쁠 수도 있지만 업무계획의 잘못이나 대중없는 업무지시 때문에 빚어지는 업무과다도 많다. 외부의 업무간섭도 많다. 외부기관의 업무간섭을 어찌 받아들여야 탈이 없을 것인지를 판단하는 데도 많은 시간을 할애해야 한다. 민간참여 증대 역시 공무원들의 에너지를 소모시킨다. 관리체제의 집권화와 어설피 진행된 분권화의 와중에서 형식주의적 분권화, 책임과 권한의 괴리 때문에 시달릴 수 있다. 분권화한다면서 일은 시키되 힘은 실어주지 않을 때 느끼는 좌절감은 클 것이다. 권한은 없고 책임만 있다고 푸념하고 한숨 쉬는 공무원들이 많다.

공무원들의 보수에 대한 불만은 오래된 것이며 부분적으로는 습성화되어 있다. 근래 보수의 절대액은 많이 인상되었지만 경제발전에 따르는 민간부문의 성장은 공무원들로 하여금 상대적인 빈곤감 때문에 괴로워하게 만들었다. 공무원은 후한 연금혜택을 받는다고 하지만 제대로 된 혜택을 받으려면 장기근속을 해야 한다. 공무원연금에 대한 국민의 따가운 시선은 괴로움이 될 수 있다. 연금기금의 어마어마한 적자를 메우기 위해 국민세금을, 그야말로 국민의 '혈세'를 써야 한다고 언론은 늘 선정적으로 보도하고 고발한다. 사람들은 공무원연금이 생산적 지출이라고 생각하지 않는다. 불필요한 소비지출이며 국고손실이라는 이미지를 키울 수 있다. 연금은 유예된(미루었다가 받는) 보수라는 말을, 그것이 통설이라는 말을 해주는 사람은 아무도 없다. 공무원들은 그들의 연금이 맞이할 장래에 대해 불안하다.

공무원들의 신분안정도 소문난 만큼 그렇게 든든한 것은 아니다. 고위직으로 갈수록 신분불안은 가중된다. 고급공무원들이 연령정년을 채우지 못하는 경우가 많다. 공무원들의 인사이동이라고 하는 배치전환은 비교적 잦은 편이다. 일에 익숙해질 틈을 주지 않는 이동은 공무원들을 힘들게 한다. 이동이 있을 때마다 나쁜 자리로 밀리지 않으려면 여러 눈치를 보아야 한다. 공무원들이 생각하는 승진적체는 심하다. 공직의 개방화가 촉진되면서 승진적체는 더 심해지고 있다. 공무원들은 치열한 승진경쟁에 내몰린다. 게다가 승진결정이 불공정하다는 생각(의심)은 공무원들의 불만을 키우고 있다.

정권이 바뀔 때마다 혹은 더 자주 대대적인 조직개편과 감원이 일어난다. 그럴 때마다 공무원들의 신분보장은 크게 흔들린다. 대통령이 바뀌거나 지방자치단체장이 바뀔 때마다 많은 공무원들이 동요하고 불안해할 수밖에 없다. 여기저기 줄을 대느라고 일에는 건성이라는 비난을 받는다. 정부의 상전(리더십)들은 민간조직의 상전들보다 훨씬 더 자주 바뀐다. 자주 바뀌는 상전들의 안목은 단기적일 수밖에 없다. 오래 공직에 머물러야 하는 공무원들이 단기적 승부를 노리는 상전들을 모시기는 피곤한 일이다. 인사권을 가진 상전의 잦은 유동은 공무원들을 괴롭히는 심각한 요인이다. 정치적 혼란기에는 상전 그룹이 더 많이 요동치고 그 아래 공무원들도 따라서 불안을 겪는다.

통상의 감원을 크게 넘어선 일제숙정(一齊肅正)은 공무원들에게 비상사태이며 악몽이다. 공직사회는 국면전환 등 정치적 동기에서 몰아친 일제숙정의 회오리에 희생양이 되는 일을 여러 번 겪어 왔다. 비난대상, 응징대상으로 몰려 있는 공무원들을 숙정함으로써 정치의 인기를 높이는 방법에 대한 유혹은 크다. 지금은 일제숙정이 잠잠해졌지만 다시 고개를 들지 않을 거라 장담하기 어렵다. 무지막지한, 초법적 숙정이 자취를 감추고 있다고 하지만 밉보인 공무원을 찍어내는 '합법적' 기법은 날로 발달하고 있다. 옳은 규범과 원칙을 지키려다 찍어내기에 걸린 공무원들의 심리적 상처는 클 것이며, 이를 지켜보는 공무원들의 심정은 착잡할 것이다.

지금 우리나라에서는 중앙정부조직을 지리적으로 분할해놓고 있다. 정부의 수뇌부와 입법부, 사법부는 서울에 있고 예하 행정조직의 다수가 지방에 분산되어 있다. 지방도시 중에서 정부조직을 가장 많이 담고 있는 곳은 행정도시라고도 불리는 세종시이다. 정부기관들의 지역적 분산은 교통통신비용을 엄청나게 증대시킬 뿐만 아니라 공무원들에게 막대한 경제적·사회적 부담을 안겨주고 있다. 지방과 서울을 오가는 '길 위의 공무원'을 양산하는 기이한 현상이 빚어지고 있다. 길 위의 공무원으로 살아가는 사람들의 고달픔은 형언하기 어렵다. 정치적 지형이 바뀌고 지역이기주의의 세력이 바뀌는 데 따라 언제 또 정부조직의 지역적 분할이 바뀔지 모른다. 근무장소의 지역적 배치에 관한 결정이 행정의 효율성을 기준으로 이루어지는 것이 아니라 정치적인 '표계산'에 따라 이루어지는 것을 바라보는 공무원들의 무력감은 크리라.

공무원들은 정부시책을 집행하고 행정서비스를 직접 전달하는 집행통로·전달통로이다. 정책집행의 현장에 있는 것은 공무원들이다. 그들은 정책집행현장에서 증폭되는 갈등과 저항에 직면한다. 그들은 멱살잡이의 봉변을 당할 수도 있다. 무엇인가 정부에 불만이 있는 사람들이 쉽게 행패부릴 수 있는 대상은 일선공무원들이다. 해결의 길이 막막한 고질적 민원이나 현장의 필요와 괴리된 정책에 대한 저항, 민원인집단 간의 양보 없는 대립이 빚는 딜레마에 직면한 공무원들의 고충은 크다. 정부에서 문제를 해결하라는 요구는 도처에서 쉴 새 없이 쏟아진다. 그런 요구에 직접 맞닥뜨리는 것은 공무원들이다. 그들은 각종 진정과 음해의 손쉬운 대상이 될 수 있다. 음해를 일삼는 투서꾼들은 관청 주변에 널려 있다.

민주화·자치화가 촉진되고 정부에 대한 국민의 목소리는 날로 커지고 있다. 늘어나는 '촛불집회'는 정부뿐만 아니라 나라 전체를 흔들어 놓을 수도 있다. 이런 판국에서 공무원들의 사소한 잘못도 입줄에 오르면 큰 봉변으로 이어질 수 있다. 국회에 불려나간 공무원들의 표정은 죄 없는 죄인들 같이 보인다. 국회에 불려간 공무원들은 일이 없어도 장시간 대기하는 경우가 흔히 있다고 한다. '민의의 전당'에서 빗발치는 호통에 주눅이 들었다 할까.

어느 직업분야에서와 마찬가지로 공무원들도 급속한 변동 때문에 많은 스트레스를 받고 있다. 공무원들은 가치혼란을 겪는다. 옳고 그름에 대한 판정이 바뀌는 데 따른 희생은 크다. 종래의 관행이 위법으로 되기도 하고 비윤리적 행동으로 되기도 한다. 하급기관의 기밀비 일부를 상급기관에서 가져다 썼는데, 그것이 관행이었는데, 기밀비를 내준 하급기관 공무원들을 뒤에 뇌물죄라는 중죄로 소추한 것은 극적인 예이다. 행정수요와 직무의 변동으로 인한 부적응과 기술변동은 공무원들의 노폐화(老廢化)를 빠르게 한다. 늘어나는 재학습의 부담은 공무원들에게 큰 스트레스가 된다.

공무원의 능력부족이나 가치관혼란뿐만 아니라 공무원의 사기저하도 국정관리의 중요한 현안이다. 공무원들의 불만은 그들의 사기를 좀먹는다. 정부의 인적자원을 관리하는 사람들은 공무원들의 애로와 불만을 수시로 진단하고 원인을 분석해 개선책을 만들어야 한다.

17
공직의 기강해이

　세인의 이목이 집중되기 쉬운 청와대 직원들의 기강해이 사례들이 연달아 발생한다든가, 대형 참사에 관련된 공직자들의 기강해이가 밝혀지는 것과 같은 어떤 자극적·선정적 이슈가 생기면 공직의 기강해이에 대한 국민의 관심이 고조되고 논란이 크게 벌어진다. 그러나 우리나라에서 공직기강의 해이라는 문제는 어느 시기에 국한되거나 공직의 어느 분야에 국한된 현상이 아니다. 공직의 기강해이는 오래되고 널리 퍼져있는 문제이고 쉽사리 치유될 문제는 아니다. 우리나라뿐만 아니라 그어느 나라도 공직기강해이문제로부터 자유로울 수는 없다. 그러나 때와 장소에 따라 기강해이의 정도는 다를 수 있다. 우리나라에서 공직의 기강이 많이 흐트러져 걱정이라는 사람들이 많다. 공직의 기강해이를 개탄하고 나무라는 소리는 우리의 일상처럼 되어 왔다. 공직기강해이의 방지는 위정자들이 직면하고 있는 국책현안임이 분명하다. 공직기강해이의 의미와 행위양태, 기강해이를 유발하는 원인, 그리고 개선대책을 알아보려 한다.

넓은 뜻으로 공직이라는 말을 쓸 때는 공공부문 전체를 지칭한다. 그러나 여기서는 보통사람들이 정부라고 흔히 부르는 조직체와 그 종사자에 주의를 한정하려 한다. 그리고 정부의 한 하위체제인 행정체제 또는 정부관료제를 주된 준거대상으로 삼으려 한다.

보통사람들의 대화에서 공직의 기강해이가 무슨 뜻인가를 묻는 일은 드물다. 기강해이 사례를 대서특필하는 언론에서도 기강해이를 정의하는 일은 거의 없다. 기강해이라는 말을 누구나 알고 누구나 하는 듯 하지만 화자(話者)에 따라 이해하고 연상하는 바는 구구하게 다를 수 있다. 기강해이라는 말의 의미를 보다 엄밀히 따져야 할 때 그 일은 결코 쉽지 않다. 기강해이행태를 모두 포괄하려고 애쓰다보면 개념의 외연이 너무 넓어져 기강해이와 기강해이 아닌 것을 구별하기 어려워진다. 시야를 좁혀 구체적인 정의를 하다보면 포함되어야 할 것들을 빠뜨리기 쉽다. 양쪽에 모두 애로가 있음을 유념하고 여기서는 가능한 한 포괄의 범위를 넓혀 총체적·통합적 개념정의를 하고 그에 의거해 기강해이문제를 논의해가기로 한다.

공직의 기강해이(紀綱解弛)는 공직자들이 공직의 행동규범을 어기는 현상이다. 이것은 공직의 복무질서가 흐트러지는 현상이다. 이것은 공직자들이 직무수행을 그르치고, 일탈행동을 하는 현상이다. 이것은 공직자들의 복무자세가 흐트러져 잘못된 행동을 저지르는 현상이다.

이와 같은 광의의 개념규정은 일반 상식인들이 기강해이 문제에 대해 스스로 생각하게 하는 계기를 만들어줄 수 있다. 정부당국이 기강확립을 위한 장기적이고 기본적인 마스터플랜을 수립할 때 가이드라인을 제공할 수 있다. 기강해이를 포괄적으로 정의한 일종의 거대개념(grand concept)은 경험적 연구를 위한 조작적 정의의 출발점이 되는 준거틀을

통치하기 어려운 나라 – 국정관리의 현안과 쟁점

제공할 수 있을 것이다. 여러 가지 분류이론(유형론)의 기초를 제공할 수 있다.

우리가 정의한 기강해이라는 개념의 포괄범위는 넓고 그 내용은 복잡하다. 따라서 기강해이개념을 체계적으로 이해하고 활용하려면 그에 포함되는 행위유형들을 분류하는 유형론이 필요하다. 유형화는 포괄적인 개념정의를 구체화하고 명료화하는 가장 유용한 수단이기도 하다. 공직의 기강해이에 포함되는 행위유형들을 분류해 범주화하는 데는 다양한 분류기준들이 쓰일 수 있다. 적극적·능동적 행위와 소극적·부작위적인 행위를 나누는 기준이 있다. 형사처벌, 조직 내의 징계, 정치적·사회적·도덕적 비난 등 제재의 종류를 기준으로 삼을 수도 있다. 불법적인가 또는 부도덕한가를 기준으로 쓸 수도 있다. 직무수행에 직접적인 연관성이 있느냐를 기준으로 삼을 수도 있다. 누구의 어떤 이익을 침해하느냐를 기준으로 삼을 수도 있다. Herman Finer가 말한 불이행(non-feasance), 부적합이행(mal-feasance), 그리고 과잉이행(over-feasance)을 기준으로 분류할 수도 있다. 실제적인 행위의 내용을 기준으로 분류할 수도 있다. 이러한 분류기준들도 물론 예시적인 것이다.

여기서는 보통사람들에게 가장 친숙하고, 정부에서도 많이 쓰고 있는 행위내용기준을 써서 중요한 행위유형의 범주들을 예시하려 한다. 정부간행의 문서 등을 참고하고, 정부에서 관용화되어 있는 이른바 '관청용어'를 많이 쓰게 될 것이다.

기강해이의 행위유형으로 우선 들 수 있는 것은 부패이다. 부패행위의 범위는 아주 넓다. 부패의 전형적 행위수단은 직접적인 금품수수이지만, 그 밖에 부당한 이곳을 취하는 행위의 여러 변형들도 부패에 포함시킨다. 인사부정, 공금유용, 공물(公物)의 부당사용, 개인적 편의를 위한 직권의 사용, 부패행위의 조직 내 묵인 등도 모두 부패행위로 파악된다.

공직자들의 월권행위도 자주 말썽이 된다. 부당한 청탁, 다른 공무원 또는 기관의 업무에 부당하게 관여하는 행위, 법령을 편파적으로 해석하여 다른 사람들의 권리와 자유를 침해하는 행위, 우월한 지위를 이용해 관폐나 민폐를 끼치는 행위 등이 월권행위의 흔한 예로 들어진다. 관폐(官弊)는 관리(공무원)가 다른 관료들에게 끼치는 폐해이며 민폐(民弊)는 관리가 국민(백성)에게 끼치는 폐해를 말한다. 월권행위 가운데서 고문 등 폭력의 사용으로 신체적 위해를 가하는 것, 협박으로 심리적 위해를 가하는 것, 모욕하거나 명예를 훼손하는 것과 같이 그 정도가 심각한 행위들은 따로 인권침해행위라 부르기도 한다.

근무태만, 직무불이행, 잘못된 직무수행, 민원업무 처리지연 등 불성실하고 나태한 행위, 그리고 불친절한 행위도 많이 거론된다. 관청의 편의를 우선하는 관편의위주(官便宜爲主)의 업무처리, 고객과의 약속을 어기는 행위, 능력이나 필요 이상으로 실속 없는 일을 해서 부작용과 불신을 초래하는 행위, 예산낭비, 업무수행의 시행착오를 되풀이하는 행위 또는 같은 실책을 되풀이하는 행위 등도 기강해이의 행위유형에 포함된다.

공직 내부에서 '공직질서 훼손행위'라고 부르는 부정적 행위들도 많다. 상관의 눈치만 살피고 아부·맹종하는 행위, 상관의 명령에 불복하거나 이를 회피하는 행위, 기밀누설행위, 유언비어를 퍼뜨리거나 동료를 모함해서 불신을 조장하는 행위, 공직의 품위를 실추시키는 행위 등이 그 예이다.

무사안일주의적 행위는 근래 정부 내외에서 아주 많은 사람들의 입에 오르내리는 기강해이의 행위유형이다. 공직자들의 보신주의(保身主

義)나 복지부동(伏地不動)은 무사안일주의에 관련된 말들이다.

무사안일주의(無事安逸主義)는 창의적·능동적으로 업무를 수행하지 않고 피동적·소극적으로 현상을 유지하면서 안전하고 편한 길을 가려는 사고방식 또는 행동성향이다. 별 탈 없이 편안하게 직업생활을 유지하려는 행동성향이다. 공공봉사정신보다는 이기주의에 빠져 자기에게 이익이 되는 일은 챙기지만 어렵고 힘든 일, 말썽이 날 소지가 있는 일은 피하려는 행동성향이다. 지시가 없거나 감독의 눈이 미치지 않는 곳에서는 업무를 부실하게 처리하기도 하고 임시방편적으로 처리하기도 하는 행동성향이다. 무사안일주의적 행동성향의 한 표출양태인 복지부동은 엎드려 눈치만 살피고 임무수행을 위해 움직일 생각을 하지 않는다는 말이다.

무사안일주의적 행위의 방편과 핑계는 여러 가지이다. 상황과 고객의 필요가 달라졌음에도 불구하고 지난날의 방법을 답습해 일을 대강 처리하는 선례답습적 행위가 있다. 근본적인 대책을 강구하지 않고 임시방편으로 일을 처리하거나, 원칙대로 일을 처리하지 않고 적당히 타협해서 일을 얼버무리는 이른바 적당주의적 행위가 있다. 입법취지에 맞게 법령을 해석하지 않고 일이 안 되는 방향으로 법령을 해석한다든지, 절차상의 사소한 흠절을 트집 잡아 기본적인 행정행위를 거부하기도 한다. 이것은 법령빙자행위이다. 책임을 전가하기 위해 소관업무를 다른 사람 또는 다른 부서에 미루기도 하고, 필요 없는 상급자의 결재나 자문을 받기도 하는 책임전가적 행위가 있다. 일은 하지 않고 그럭저럭 시간을 끌기도 하고, 힘들지만 공로는 인정받기 어려운 일은 회피하는 행위가 있다.

위에서 본 행위유형들 이외에 직장 밖에서 공직자들이 저지르는 범죄행위와 부도덕한 사생활도 대개 기강해이의 문제로 간주 된다. 그들이 공직자의 신분을 가졌기 때문이다.

공직의 기강해이를 유발하거나 묵과하게 할 수 있는 제도적·행태적 조건들에 대해서는 이 책의 여러 곳에서 다른 논제에 관련하여 부분적으로 언급해 왔다. 여기서는 다소간의 중복을 무릅쓰고 기강해이라는 논제에 맞게 유발요인들을 다시 간추려보기로 한다. 공직기강해이의 원인이 되는 조건들은 공직 내외의 허다한 악조건들이 얽혀 자아낸다. 그 안에는 행위자의 개인적 요인도 있고, 공직 내부의 체제적 요인도 있고, 환경적 요인도 있다. 그러한 구분을 염두에 두고 중요하다고 생각되는 조건들을 설명하려고 한다.

노파심으로 미리 말해두려고 하는 것은 모든 공직자들이 기강해이자는 아니라는 사실, 기강해이의 모든 조건들이 언제나, 강하게 나타나는 것은 아니라는 사실, 기강해이 유발조건이 있다고 해서 반드시 기강해이의 결과가 나타나는 것은 아니라는 사실에 대한 주의환기이다. 이러이러한 조건이 있으면 기강해이를 유발할 가능성이 있다는 말을 하려는 것뿐이다.

기강해이의 핵심적이고 보다 직접적인 원인은 공직자들의 공직윤리 타락과 사명감 결여라고 할 수 있다. 공직자들의 사명감이 투철하고 그들 각자가 임무수행과 조직시민행동에 대해 책임 있는 능동성을 발휘하려는 의욕을 갖는다면 온갖 악조건에도 불구하고 기강해이를 막거나 줄일 수 있을 것이다. 외재적 유혹을 받더라도 공직의 행동규범을 어기는 사람들은 많지 않을 것이다. 그러나 우리 공직사회는 사명감에 관련하여 큰소리 칠 처지가 못 된다. 조직시민행동이란 조직구성원의 공식적 직무요건은 아니지만 조직의 효용성 증진에 기여하려는 자발적 행동을 지칭한다. 그것은 공식적 의무와 기대 이상의 바람직한 행동이다.

공직자들의 사명감은 복합적 개념이다. 사명감은 담당하는 직무의 수행, 그리고 조직목표와 국가목표의 구현에 헌신하려는 충성심이다. 공공가치 구현에 앞장서려는 열정이다. 이것은 직무수행에 대한 열의이며 조직몰입(조직에 대한 일체화)이다. 직업인으로서의 단체정신이다. 사명감이라는 마음가짐을 결정하거나 그에 영향을 미치는 요인은 다양하고 복잡하다. 개인의 능력, 성격, 가치관, 동기, 경험, 그리고 환경적 영향요인 등이 어우러져 사명감이라는 정신상태의 형성에 영향을 미친다.

능력이 모자란 사람은 능력결손 그 자체 때문에, 무력감이나 일탈심리 때문에 기강을 흐트러뜨릴 가능성이 높다. 기강일탈의 유혹을 방어하는 문턱이 낮은 성격, 조직 내의 출세영달에만 집착하는 성격, 조직이 요구하는 직무수행에는 뜻이 없고 그럭저럭 시간을 때우면서 직장 외부에서 쾌락을 찾으려는 성격을 가진 사람들이 공직의 행동규범을 어길 확률은 높다. 공직자들의 사기(직무수행동기)가 떨어지면 복무규범을 준수하려는 의욕도 떨어지고, 직업인으로서의 단체정신도 떨어진다. 조직 내의 기강해이를 오래 경험하고 기강이 바로 서지 않은 조직의 관행과 분위기에 익숙한 사람들은 기강해이를 죄책감 없이 저지를 수 있다. 잘못을 저지른 사람들이 관행을 핑계로 대는 일이 얼마나 많은가.

문화의 구성요소인 가치관은 공직자들의 마음가짐과 행동에 지대한 영향을 미친다. 공직자들의 가치관이 공직의 기강확립 또는 기강해이를 판가름하는 데 결정적인 작용을 할 수 있다. 그런 가치관에 문제가 많다면, 그것은 바로 공직의 기강해이를 불러올 수 있다. 전통적 문화유산의 부정적 측면이라고 평가되는 가치들에 젖어 있는 공직자들이 많으면 공직의 기강확립은 어려워질 것이다. 공·사무분별과 사익우선주의, 배금주의(拜金主義), 형식주의와 과시주의, 권위주의, 연고주의, 일탈적 행동을 관용하는 역기능적 온정주의, 모난 돌이 정 맞는다고 생각하는 보신주의 등이 문제로 지적되고 있다.

사익우선주의나 배금주의에 결부된 쾌락추구심리는 공직자에게 필요한 내핍정신을 갉아먹는다. 졸부심리를 부추긴다. 졸부심리란 부의 획득과 사용에서 지켜야 할 사회상규와 윤리적 범절을 외면하는 심리이다. 졸부심리에 사로잡힌 사람들은 부의 축적에서 수단과 방법을 안 가리고, 턱 없이 부유층의 소비행동을 흉내 내려 한다. 부패에 취약한 심리이다.

권위주의는 공직자의 특권의식을 낳고 그것은 직권남용 등 일탈적 행동을 부른다. 권위주의는 군림의식, 관존민비적 사고, 공급자중심주의에도 연결된다. 관존민비적 사고는 관청은 높고 국민은 낮다는 생각이며, 공급자중심주의는 공공서비스의 소비자인 국민의 생각보다 공급자인 공무원의 생각을 앞세우는 행동원리이다. 형식주의와 과시주의는 수단중시·절차중시의 행동성향을 조장해 목표대치나 목표왜곡을 저지르게 한다. 목표대치는 원래 추구하도록 되어 있는 목표를 부당하게 다른 목표로 바꾸는 것이다. 목표보다는 수단인 절차를 더 중시해 목표와 수단을 뒤바꾸는 것은 목표대치의 전형적인 예이다. 형식주의는 눈가림으로 형식 갖추기에 급급하게 만든다. 이런 현상을 관청용어로는 '한탕주의' 또는 '한건주의'라 부르기도 한다. 연고주의와 온정주의의 역기능은 조직 내의 기강해이에 대한 억제력을 약화시킨다. 일에 대한 임무중심주의적 충성심보다 인적 충성심을 강화해 상관에 대한 의존심을 지나치게 키울 수 있다. 직장의 분위기를 폐쇄화하고, 정실인사 등 불공정한 일들을 조장할 수 있다.

전통적 행정문화의 부정적 요소들은 그 뿌리가 깊다. 그런 까닭으로 바람직하지 않은 과거의 사고방식에서 헤어나지 못하는 문화지체자들이 좀처럼 줄어들지 않는다. 예전 버릇을 못 고치고 성희롱을 하다가 덜미가 잡혀 패가망신하게 된 사람들에게서 문화지체의 예를 여실히 보게 된다.

그런가 하면 어느 한편에서는 행정문화가 빠르게 변하고 있다. 문화의 변동은 전통적인 행정문화를 약화시키기도 하고 혼란을 조성하기도 한다. 환경변화의 영향, 외래문화의 전파 등을 통해 일어나는 문화변동이 긍정적 요소만 담고 있는 것은 아니다. 부정적 요인들도 많다. 새로이 조장되거나 악화된 부정적 특성의 예로는 배금주의, 이기주의, 쾌락주의(향락주의), 근시안적 사고방식 등을 들 수 있다. 이러한 사고의 성향은 공직의 기강해이를 부를 수 있다.

사회문화·행정문화의 변동은 과도기적 혼란을 조성한다. 그 와중에서 문화변동에 적응하지 못하는 문화지체, 가치혼란, 무규범적(無規範的) 행동 등이 늘어난다. 행정문화가 정부조직의 필요와 개혁행동에 배치되는 사례가 늘어난다. 문화의 구성요소 또는 차원들이 서로 어긋나서 문화의 내재적 혼란이 빚어지기도 한다. 문화의 차원이란 법률이나 제도와 같은 인위구조, 가치관, 그리고 근원적 전제를 말한다. 사람들의 가치관과 복무규정 등 문화의 인위구조가 서로 어긋나기도 하고, 문화의 근원적 전제(잠재의식화된 심층적 전제 또는 믿음)와는 다른 가치가 천명되기도 한다. 선언된 가치와 실천행동이 서로 어긋나는 일이 많아진다. 그렇게 되면 선언된 가치는 실속 없는 구두선(口頭禪)으로 전락한다. 예컨대 입으로는 부패척결이라는 가치를 선언하면서, 실제로는 숨기고 있는 생각에 따라 부패를 저지른다면 반부패의 선언은 한낱 립 서비스에 불과한 것이다. 이런 여러 가지 문화혼란의 증상들은 공직기강에 해를 끼칠 수 있다.

정부관료제의 구조와 과정에 깃든 여러 문제들이 시스템의 해이를 부르고 그것은 공무원들의 기강해이로 연결될 수 있다. 우리 정부관료제의 특성, 그 안에서 이루어지는 조직관리와 인사관리의 문제들이 많다. 개발연대를 거치면서 팽창을 거듭해온 정부관료제는 국민생활에 대한 행정간여의 범위를 확대시키고, 군림적 특성을 키우고, 부패와 같은 관료적 일탈의 기회를 늘렸다. 행정의 과부하를 초래했고, 그것은 적당주의적·책임회피적 관료행태를 조장하였다.

우리 정부관료제의 구조는 전통관료제의 구조적 특성과 병폐를 많이 답습하고 있다. 전통관료제적 구조란 집권화된 고층의 계층적 구조를 말한다. 지난날의 행정팽창과정에서 계층제가 고층구조화되고, 관리계층이 과도히 팽창되었다. 그에 따르는 폐단은 집권화 조장, 조직구성원들의 피동화, 번문욕례, 업무지연과 낭비 등이다. 구조설계상의 집권주의와 결합된 기능분립주의는 할거주의적·부처이기주의적 관료행태를 부추기고 공직자들의 협동능력·조정능력을 약화시켰다. 그로 인한 정책혼선과 낭비가 큰데, 이 또한 기강해이로 지목된다.

정부관료제의 관리작용은 권위주의적 성향을 짙게 깔고 있다. 임무중심적이라기 보다는 지위중심적이고 권한중심적이다. 통합형의 특성보다는 교환형의 특성을 더 많이 지니고 있다. 통합형이란 조직의 목표와 구성원 개인의 목표를 접근·융화시킴으로써 관리의 목표를 성취하려는 체제이다. 교환형은 이해의 교환을 수단으로 하는 관리체제이다. 교환형 관리체제는 조직구성원들의 자율능력을 기르려는 방책과는 어울리지 않는다. 정부관료제 내의 구조적·관리적 집권주의와 권위주의는 국민과의 관계에도 투사되어 군림적 행태를 조장하였다.

정부관료제의 기계적 경직성에서 벗어나려는 연성화·탈관료화 지향의 개혁노력이 되풀이되어 온 것은 사실이다. 그러나 그 성취수준은 만족스럽지 않고, 정착실패·일관성결여와 같은 실책이 잦았다. 어설피 덧칠된 개혁조치들의 부작용이 오히려 혼란을 조성하고 기강해이에 대한 대응능력을 약화시키기도 했다. 서투르거나 형식적인 분권화조치들이 각급 리더십의 역량을 약화시킨 부작용을 예로 들 수 있다. 분권화한다면서 책임만 주고, 일할 수 있는 힘은 실어주지 않는 경우 그것은 무사안일 등 기강해이의 단초가 될 수 있다.

집권적 통제의 완화과정에서 빚어지는 부작용은 간단한 문제가 아니다. 민주화·자율화·규제완화에 대한 요구는 오늘날의 시대정신이며 그것은 국가관리 전반의 개혁처방에 질게 나타나 있다. 국민생활에 대한 국가개입을 줄이기 위해 민간화를 촉진하고 경제활동에 대한 규제를 완화하자는 주장들이 넘쳐난다. 지방자치 활성화를 요구한다. 정부관료제 내부관리의 분권화를 요구한다. 이런 이상적 처방들과 현실 사이의 괴리는 물론 크다. 그러나 자율화 요청이 현실세계에 영향을 미치고 있음을 부인할 수는 없다.

명령형에 입각한 정부관료제의 집권성이 아직도 문제이지만, 공식적 차원에 불과한 것이더라도 분권화가 촉구되고 있으며 규제완화도 진행되고 있다. 분권화과정에서 형식과 실질의 괴리 등 여러 혼란이 빚어지기도 한다. 그런 틈을 타서 공직기강을 저해하고 탈선하는 사람들이 늘어난다. 자율화의 목적은 공직자들의 자율규제를 전제로 그들의 창의성 발휘와 능동적 임무수행을 촉진하려는 것이다. 자율화가 그러한 효과를 실제로 가져오는 경우도 있지만 공직을 타락시킬 수도 있다. 인간을 피동화시키는 관리체제에 묶여 있다가 풀려난 공직자들은 기대와는 달리 탈선 쪽으로 빠질 위험이 크다.

행정절차의 오래된 폐단은 불필요한 규제와 번문욕례이다. '정당한 절차'의 발전이 부진한 것도 문제이다. 행정절차의 공급자중심적·관편의위주적 특성도 문제이다. 민과 관의 거래에서 사실관계의 입증책임이 너무 많이 국민에게 전가되어 있는 것은 관편의주의적 제도의 전형적인 예이다. 이런 절차상의 문제들은 적시성 있는 행정대응을 어렵게 할 뿐만 아니라 부패 등 여러 가지 일탈적 행위를 유발할 수 있다.

정책과정의 결함과 실책들은 공직자들의 정책에 대한 충성심을 약화시켜 기강해이와 정책실패를 초래할 수 있다. 공직자들이 정책을 심리적으로 수용하지 못하고 정책의 일관성에 대한 신뢰를 잃으면 복지부동과 같은 기강해이의 길로 빠지기 쉽다. 해결해야 할 정책문제가 너무 복잡하고 방대해서 주어진 방법과 자원공급으로는 해결의 실마리를 찾을 수 없다고 생각할 때 외적 통제까지 약화되면 일손을 놓는다. 집행되기 어렵거나 소기의 성과를 거둘 수 없다고 생각하는 사람들은 회피적 행동을 하게 된다. 정책결정과정상의 문제와 정책내용상의 실패요인은 정책집행자들을 소외시키고 피동화해서 정책집행의 해이를 부른다.

조직 내 리더십이 제 구실을 다하지 못하고 조직의 분위기가 타락하면 기강해이를 유발하고 악화시킬 수 있다. 기강확립에 솔선수범하지 못하고, 감독기능을 해이하게 하는 관리자·감독자들의 행태는 공직의 기강해이를 조장하거나 그에 대한 조직의 면역력을 떨어뜨린다. 윗물이 맑지 못하면 아랫물이 맑기를 기대할 수 없다. 잡음이 일고 시끄러워지는 것을 두려워해서 조직 내의 일탈적 행위를 덮고 넘어가려는 감독자들의 무사주의적 대응태도는 상하좌우로 전이된다. 집단적 침묵효과를 초래하게 된다. 집단적 침묵효과란 집단구성원들이 비리를 보더라도 서로가 서로를 침묵시키는 압력을 만든다는 말이다. 그것은 기강해이의 온상이 된다.

조직 내의 여러 악조건들이 공직자들의 사기를 떨어뜨리면 직무수행의 효율이 떨어지고 기강이 해이해지기 쉽다. 사기저해요인들은 많고 복잡하다. 공직의 전반적인 신망이 하락하고 공직에 대한 국민의 신뢰가 무너지는 것, 비현실적 법령과 탁상공론식의 지시에 시달리는 것, 조직 내외의 부당한 업무간섭이 심한 것, 인사행정의 공정성을 의심하는 것, 신분불안을 느끼는 것, 금전적·비금전적 보상이 불만스러운 것, 업적이나 성과보다 투입을 기준으로 보상을 결정하는 것, 업무과다로 시달리는 것, 만성적이고 갈등적인 민원, 특히 집단민원에 시달리는 것 등이 흔히 지적되고 있는 사기저해요인의 예이다. 이런 불만요인들에 대해서는 앞에서 '공무원의 애로와 불만'을 논의할 때 설명하였다.

공직자의 부패, 부패한 조직의 분위기 또한 성실한 공직자들의 사기를 저상시키고 기강해이를 조장한다. 앞서 기강해이의 한 양태로 부패를 열거하였다. 부패는 물론 기강해이의 증상이며 결과이지만 부패는 다른 여러 유형의 기강해이를 유발하기도 한다. 청렴의무의 위반은 다른 행동규범의 위반을 동반하는 것이 예사이다.

지난 정권들의 부패했던 권력상층부가 관재유착의 고리를 안고 입으로만 외친 부패척결과 기강확립의 표어는 허망한 것이었다. 부패한 권력자들이 다른 사람들(하급자들)의 공직기강확립을 기도한다고 해도 그 효과가 실질적이고 지속적일 수는 없다. 부패를 척결한다고 벌이는 일제숙정은 지나가는 소나기로 여겨졌다.

보상체제 또는 유인기제(誘因機制: incentive system)의 관리, 그리고 그와 겹치는 임용관리의 부정적 요인들에 대해서는 조금 더 부연해 둘 필요가 있다. 인사행정의 이 두 가지 국면에 드리운 어두운, 혼란스러운 그림자는 공직자들이 가장 심각하게 느끼는 문제이다.

인사행정상의 유인기제는 낙후되고 교란되어 있다. 우리 공직사회에 적용되고 있는 유인배분의 실제적인 기준은 아직도 투입기준에 많이 기울어져 있다. 투입기준이란 공직자가 어떤 지위에 얼마나 있었으며, 예산을 얼마나 쓰고, 어떤 일을 할 것이 기대되어 있는가(담당직무)에 따라 유인을 배분하는 기준이다. 투입은 일에 대한 요구, 일 하는 데 쓸 수 있는 수단 또는 자원이다. 공식적으로는 산출기준·성과기준의 도입이 근래 강조되고 있으나 중요한 상벌결정, 임용결정에 미치는 그 영향은 충분하지 않다.

투입기준에 따르는 유인기제는 복지부동을 조장한다. 일을 게을리 하더라도 말썽만 일으키지 않으면 규정된 보상은 받고 제재는 피할 수 있기 때문이다. 유인기제를 지배하는 형식주의는 설상가상이라 할 수 있다. 공식적으로 표방한 보상배분의 기준과 실제로 적용되는 기준이 많이 다르다는 것이다. 비공식적 요인 특히 정실의 고려에 의해 공식적 기준적용이 교란된다는 데 대한 공직자들의 의심과 불만은 중요한 사기 저해요인이다.

성과주의적 유인기제는 적용받는 사람들에게 고통을 줄 수 있다. 일한 결과를 평가 받아야 하고 성과수준에 따라 달라지는 보상을 받아야 하기 때문이다. 연거푸 나쁜 평가를 받는 사람은 직장에서 도태될 수도 있기 때문이다. 그뿐만 아니라 서투른 성과관리는 여러 가지 폐단을 빚기 때문이다. 우리 정부의 공무원노조는 성과연봉제나 직무급제를 반대하는 투쟁을 벌이고 있다. 폐단을 최소화한 '건강한' 성과급제를 발전시키고 정착시키지 못하면 성과급제 자체가 기강해이의 빌미를 만들 것이다. 예컨대 눈에 잘 띄는, 평가대상이 되는, 일만 하고 다른 임무는 소홀히 할 수 있다.

임용의 기회 특히 임용에서의 우대는 우리 공직사회에서 아주 큰 유인이다. 흔히 '인사'라고 불리고 있는 임용과정의 정실개입에 대한 의혹은 기강해이의 원인이기도 하고 결과이기도 하다. 정실인사, 집단이기주의적 인사에 대한 풍문이 잦아들지 않는다. 임용상의 각종 연고주의는 엽관인사가 합법적으로 허용되는 부문에 국한되는 것이 아니라고 한다. 엽관과 정실이 배제되어야 할 직역(職域)에서 그리고 미관말직에 이르기까지 연고주의가 영향을 미쳐 왔다고 한다. 그렇게 믿는 사람들이 많다는 것이 문제이다.

합법적 엽관인사의 경우에도 적재적소라는 기준은 존중되어야 한다. 그러나 실제로는 그러한 배려가 너무 모자란다. '이념적 색채', 연줄 또는 사적 연고관계라는 기준이 지나친 비중을 차지하는 것 같다. 선거기간의 공로 때문에 그 부적격성에도 불구하고 관직을 차지하는 일이 비일비재하다. 정치판의 이념대립, 진영대립(陣營對立)이 가열되면서 편가르기식 인사는 더욱 심해지는 것 같다.

대통령이 고위공직자의 정치적 임용에서 지난날의 정치적 동지나 개인적으로 신뢰할 수 있는 사람들을 기용하는 것은 민주국가에서 원칙적으로 용인되는 일이다. 그것을 모두 나무랄 수는 없다. 그러나 엽관인사가 정상의 궤도를 벗어나 탈선하면 큰 문제를 야기한다. 대통령선거에서 특정인의 선거운동을 '물밑에서' 주도했거나 은밀히 지원했던 사조직 또는 비선조직(秘線組織)이 선거승리 후의 국정운영에서도 때로는 내놓고, 때로는 암암리에 막강한 힘을 과시하는 일이 되풀이 되었다. 그들은 정부요직의 인선에서도 물론 발언권을 행사하며 그 구성원들이 직접 요직을 차지하는 경우가 많다. 그들은 요직인선의 주요 모집통로가 된다. 그들에게 인맥으로 연결된 사람들이 주로 모집망(募集網)에 들어가는 행운을 누린다. 그러하니 고위공직에 대한 모집체제의 폐쇄성은 높아질 수밖에 없다. 하위공직의 승진, 배치전환 등 내부임용도 연고주의의 희생이 될 수 있다. 공정성을 외면한 지나친 동종번식, 유유상종은 기강해이의 길을 넓게 된다.

가신(家臣), 사조직, 선거 때 도움을 준 선거꾼들이나 이념적 편향이 지나친 사람들끼리만 폐쇄적인 내집단(內集團: 지배적인 집단)을 형성해서 공식적 국가관리체제를 멋대로 주무르게 하는 것은 전근대적인 작태이다. 고도산업화시대에는 그것이 문제를 야기한다. 권력최상층에서 조성한 편 가르기, 연줄행정, 연줄정치의 분위기는 "일 잘하는 것보다 줄을 잘 서야 출세한다"는 생각이 공직사회에 퍼지게 한다.

이러한 터에 집권자와 추종세력의 교체는 인맥과 연줄을 뒤흔드는 강풍을 몰고 온다. 임기제 공직자들도 새 정권으로부터 퇴출압력을 받는다. 교체대상으로 찍히면 결국 쫓겨나는 신세가 된다. 공직자들은 모진 정치적 풍상을 겪어왔고, 전직대통령들의 참담한 몰락을 보아왔기 때문에 지난 정권의 연줄로부터 벗어나야 한다는 강박관념을 갖는다. 미구에 정권교체가 예정되어 있으면 공직자들은 실세(失勢)하게 될 연줄과의 관계를 청산하고 새로이 등장할 실세(實勢)의 인맥을 잡기 위해 눈치를 살피느라 여념이 없게 된다. 거기에 기강확립을 위한 노력이 설 자리가 어디 있겠는가.

민주적 제도의 형식화라는 과거의 유산은 공직의 기강확립을 어렵게 하는 큰 틀의 제약이었다. 민주적 정치·행정제도가 잘 정착되지 않은

통치하기 어려운 나라—국정관리의 현안과 쟁점

데서 비롯되는 문제들이 공직의 기강해이를 제도화하는 데 큰 작용을 했다. 우리는 민주주의를 국시로 표방하고 민주정체(民主政體)를 공식적으로 채택해 왔지만 과거 꽤 긴 세월을 '민주정치체제와 유사한 체제' 속에서 살았다. 서구선진민주국가들의 민주정치체제를 본뜨기는 했지만 그 실질은 민주주의에 어긋나는 많은 요소를 지녔기 때문에 민주정체와 '유사한' 체제라고 부르는 것이다. 민주정체의 외형조차 일그러졌던 기간도 길다. 지금은 절차적 민주주의를 성취했다고 말들 하지만 민주제도가 형식화되었던 시절의 행태적 유산과 악몽이 남아있다. 민주적 절차를 통한 민주주의 손상이라는 현상에 대한 우려도 커지고 있다.

민주주의를 표방한 제도가 민주주의적인 조건을 실질적으로 갖추지 못할 때 혼란의 빌미가 만들어진다. 민주주의적 정치제도는 주기적인 정권교체를 전제한다. 그것이 혼란을 일으키면 문제이다. 행정체제가 정권교체에 불구하고 정부조직의 항상성을 유지해 주지 못하면 민주정체는 혼란에 빠진다. 민주정치는 정당활동을 통해 지탱되지만 정당활동에 결부된 정파적 이익추구가 행정체제의 질서를 뒤흔들어 놓으면 민주적 정치체제가 제대로 작동할 수 없다.

그런데 우리가 정당한 민주적 절차에 따라 이루어지는 정권교체를 경험한 것은 비교적 근래의 일이다. 따라서 우리 국민 그리고 공직자들에게 정권교체는 아직도 덜 익숙한 일이라고 할 수 있다. 정권교체에 옳은 방법으로 능숙하게 대응하는 공직자들의 준비는 아직도 부족해 보인다. 사람들은 정권교체기의 혼란과 공직의 기강해이를 사실상 기대하는 형편이다.

공직은 국민의 거울이며 사회의 거울이다. 사회의 기강이 바로 서지 않고 국민의 시민의식이 발전하지 않으면 공직 내부의 노력만으로 공직의 기강을 확립하기는 어렵다. 그런데 우리의 사회적 환경과 공공가치에 대한 국민의 의식수준은 여러 우려를 안고 있다. 공직의 기강해이를 유발·조장·용인할 수 있는 국민의식과 사회적 분위기가 문제라는 뜻이다.

공직기강해이를 조장할 수 있는 전통적 유산이 있다. 우리 사회는 고속의 변동을 겪고 있기 때문에 연속적인 과도기를 살아가는 사회라 부를 수 있다. 그런 과도기적 사회의 사회구조와 가치관이 급변하는 과정에서 가치관의 혼란, 사회기강의 혼란이 야기될 수 있다. 사회생활관계에서, 그리고 국가관리체제에서 조성되고 악화된 형식주의 때문에 공식적 규범이나 선언과 실천행동의 괴리가 크다. 그것은 사회전체의, 그리고 공직의 기강을 어지럽힌다. 정치권과 정부의 그 흔한 공약불이행도 정치판에 범람하는 형식주의·포퓰리즘과 무관하지 않다.

공직의 기강해이에 대한 궁극적 책임은 주권자인 국민 개개인에게 있다고 해도 과언은 아니다. 국민의 시민의식이 낮고, 국민이 타락하면 공직도 타락한다. 정치적 서비스나 행정적 서비스를 이용하는 고객의 불량한 마음뿐만 아니라 그들의 특권의식과 이기적 편의주의는 공직의 부패와 같은 일탈행위를 유발할 수 있다. 공직자들의 부패행위에는 능동적·적극적인 것보다 피동적인 것이 더 많을 것이다. 뇌물공여자가 공직자에게 먼저 접근해 뇌물을 주는 경우가 더 많을 것이라는 말이다. 여론은 뇌물 준 사람의 잘못보다 뇌물 받은 사람의 죄를 더 많이 추궁한다. 법도 마찬가지이다. 그러나 공직의 기강해이를 유발한 국민의 무거운 책임을 잊지 말아야 한다.

근래 급속히 확장된 군중의 정치과정 참여는 점차 편이 갈리고 편향적인 군중 간 대립으로 나아가고 있다. 위정자들도 그에 따라 편이 갈리고 어느 편의 지지를 얻고 유지하기 위해 군중의 눈치를 보게 된다. 그

과정에서 옳고 그름에 대한 인식의 왜곡이 일어난다. 자기편의 비행은 보려하지 않거나 비행을 덮으려고 무리한 행동을 한다. 그 정도가 인지 상정의 수준을 훨씬 넘어 극단화될 때 공직기강에 미치는 악영향은 아주 클 것이다. 예컨대 죄인을 처벌하지 말라는 군중(시위대)의 압력을 받는 사법기관의 곤핍한 처지를 생각해보라. 범죄혐의자의 처벌을 저지하려는 대규모 군중시위가 사법기관 앞에서 연일 벌어질 때 사법기관이 받게 될 기강해이의 유혹은 클 수밖에 없다.

공직의 기강해이를 막고, 기강해이를 징치하고, 기강해이를 바로잡는 보다 직접적인 도구는 공직 내외의 통제체제이다. 그런데 우리 공직 사회에 대한 통제체제에는 부족한 점이 많다. 공직기강해이를 다스릴 수 있는 능력이 취약하다. 통제체제의 짐은 너무 무겁다. 그리고 통제체제는 그 자체의 약점들을 안고 있으며 여러 가지 실책을 저지르고 있다.

행정국가화가 빠르게 진행되고 정부는 거대화되었다. 우리에게는 절대국가의 역사가 있고, 우리는 상당히 긴 세월을 개발독재 하에서 살았다. 권위주의적 국가개입의 전통적·발전행정적(개발행정적) 유산은 아직도 많이 남아 있다. 만연되었던 공직의 부패 등 일탈행위의 유산도 무겁다. 이런 요인들이 엉켜 증대시킨 통제수요는 통제체제에 과부하를 안겨주었다. 정부관료제의 규모가 방대해지고 그 활동이 복잡해지고 권력이 비대해짐에 따라 그에 대한 통제가 힘들어졌다. 관우위(官優位)의 문화, 정부주도의 국가발전관리, 정치체제 내의 불균형성장 등 일련의 유산은 통제를 더욱 어렵게 만들었다. 힘이 센 거대관료제는 그에 대한 통제자들을 포획하기(사로잡기)도 쉽다. 정부관료제의 규모가 커지고 기능이 복잡해지면 구조적 분산화와 관할중첩이 심화되고 그것은 책임소재를 밝히기 어렵게 한다. 이것 또한 통제체제에 큰 부담을 안겨준다.

공직기강해이가 많아지면 그만큼 통제체제는 더 힘들어진다. 공직윤리가 타락할수록 통제체제의 과부하, 통제효과의 감퇴와 같은 문제들이 더 악화된다. 통제에 대한 관료적 저항도 통제를 어렵게 한다. 외재적 통제를 강화할 때마다 나타나는 회피적·대항적 행태를 역통제(逆統制)라 부른다. 역통제적 행태의 예로 소극적인 업무처리, 실질보다 외형 갖추기에 주력하는 형식주의적 업무처리, 무사안일, 불친절, 보신주의적 행위 등을 들 수 있다. 역통제는 통제를 어렵게 할 뿐만 아니라 기강해이의 또 다른 문제를 만든다. 기강해이를 다잡기 위한 통제가 기강해이를 부추기는 역효과를 낸다면 난감한 일이다. 적폐청산과 같은 숙정운동에 나서는 사람들은 스스로 기강해이를 부추기고 있지 않은가 깊이 반성해야 한다. 역통제 없는 통제의 실행은 통제의 이상이지만 그것을 구현하는 과제는 어렵다는 것을 명심해야 한다.

통제의 임무를 수행해야 하는 통제체제 자체의 취약성도 문제이다. 통제중추들은 전반적으로 자원부족·시간부족·동기결여 등의 어려움을 겪어 왔다. 통제중추들의 능력이 모자라는 것이다. 통제체제가 저질렀던 과거의 실책들에 대한 비난은 가열되어 왔다. 이를 바로잡겠다는 근래의 이른바 개혁들은 대개 통제체제의 능력을 더욱 위축시키는 부작용을 피하지 못한다.

통제활동의 실책들도 문제이다. 통제작용의 소극성, 통제우선순위 결정의 부적절성과 통제중추 간의 조정실패, 협착하고 단기적인 관점에 의한 통제, 측정이 용이한 것에 치중한 통제, 책임이행의 실질보다 외형에 치중한 통제, 절차준수에 치중한 통제, 통제의 일관성·지속성 결여, 정파적 고려와 같은 통제외적 목적의 우선적 고려, 통제작용상의 부패 등이 통제체제의 실책 내지 결함으로 지적되어 왔다. 통제작용에 삼투

통치하기 어려운 나라 – 국정관리의 현안과 쟁점

된 온정주의 또는 정실주의는 '제 식구 감싸기', '솜방망이 처벌'과 같은 말들을 만들어냈다.

자의적이거나 편파적인, 또는 정략적 고려에 따른 통제지점선택은 통제의 효율성과 공정성을 떨어뜨린다. 통제체제의 게으름과 사정한파(司正寒波)와 같은 태풍의 교차적인 반복은 통제의 부작용을 키우고 공무원들의 역통제를 부추긴다. 통제의 일관성 결여가 법규 등 통제기준의 자의적 적용으로 나타날 때 그 해독은 가장 심각하다. 법집행의 이현령비현령은 정치적 농간 때문에도 빚어진다. 사법농단이라는 말도 생겨났다. 정치적 보복으로서의 또는 정치적 쟁투수단으로서의 법집행과 '표적수사'를 의심하는 소리를 많이 듣고 있다.

정치권력의 암묵적인 반대가 있을 때는 숨을 죽이고 있던 법이 정치권력의 승인을 받거나 부추김을 받으면 추상같은 집행에 나선다. '살아있는' 권력의 승인을 받은 법은 칼바람을 일으키고 '지나간', '죽은' 권력에 대해 가혹한 처분을 서슴지 않는다. 관행처럼 방치되어온 탈법행위들도 들춰내 엄벌한다. 업무방해, 권리행사방해, 직권남용, 포괄적 뇌물수수, 판공비남용 등등 모호한 죄목들의 적용이 흔해진다. 그런 죄목들을 가혹하게 적용하려고 나설 때 무사할 수 있는 공직자가 과연 몇이나 될지. 한 정권의 충신이 다음 정권의 역신(逆臣) 또는 적폐의 부역자로 낙인찍혀 처벌받는 것을 우리 모두 보아왔고 지금도 보고 있다. 공직자들은 더 뼈저리게 보고 있을 것이다. 이런 사태 또는 적어도 그에 대한 의심은 통제의 신용을 갉아먹는다. 공직자들의 사기를 떨어뜨리고 복지부동을 조장한다. 역설적으로 법이 공직의 기강해이를 만들어내는 셈이다.

기강해이의 원인이 복잡한 만큼 그 해결책도 복잡한 것일 수밖에 없다. 그러나 지나친 단순화의 위험을 무릅쓰고, 문제의 원인을 선택해 요약했던 것처럼 중요하다고 생각하는 개선방안 탐색의 방향을 몇 가지로 간추려 예시하려 한다. 여기서 제안하는 해결방향은 문제의 원인설명에 이미 함축되어 있는 것이기도 하다. 독자들에게 함께 생각해 보자는 제안이기도 하다.

민주주의적 제도의 원리를 정치·행정체제에 내재화시켜야 한다. 그것을 감싸고 있던 형식주의를 걷어내야 한다. 정치와 행정의 공식적인 구조를 교란하는 음성적 요소 또는 '암시장적 요소'를 정리해야 한다. 없앨 것은 없애고 양성화할 것은 양성화해야 한다. 병폐로서의 비밀주의는 걷어내야 한다. 정치적·행정적 통신과정에 거짓말이 끼어들면 안 된다. 정치권은 정권교체기마다 공직사회를 흔들어 혼란에 빠지게 하지 않는다는 것을 행동으로 보여주어야 한다.

정부관료제의 전통적 병폐들을 시정하기 위해 끊임없이 노력해야 한다. 특히 계층제의 집권적·명령적 구조에서 비롯되는 폐단들을 시정해야 한다. 지금도, 예측할 수 있는 장래에도 계층제적 조직구성은 필요하다. 그것을 없앨 수는 없다. 그러나 계층제에 과도하게 의존해서는 안 된다. 거대한 정부체제를 하나의 계층제가 단선적으로 일사불란하게 통솔하는 것은 어차피 불가능한 세상이 되었다. 많은 사람이 참여하는 협동적 과정에 점점 더 많이 의존하지 않을 수 없을 것이다.

정부관료제의 집권성을 완화하고 참여적·조정적 기제를 강화해야 하는데, 분권화만으로 일이 끝나는 것은 아니다. 전통관료제의 기능분립주의·할거주의를 방치한 채 분권화만 추진하면 정책혼선 등 혼란과 낭비를 초래한다. 분권화를 감당할 수 있도록 참여적·협동적·조정적 구조를 발전시켜야 한다.

인사행정의 공정성과 형평성을 높여야 한다. 공정하려면 정실인사가 없어져야 한다. 형평성은 배분적 정의에 충실한 인사행정원리를 잘 적용할 때 확보될 수 있다. 인사행정에 적용하는 형평성의 원칙적인 기준은 직무기준과 성과기준이라야 한다. 그것이 현시대의 정의감각에 맞기 때문이다.

신규채용에서뿐만 아니라 공직의 내부임용에서도 정실의 개입을 막아야 한다. 연고주의와 집단이기주의를 배척해야 한다. 줄을 잘 잡아야 성공한다는 풍조를 시정해야 한다. 국민과 국가, 그리고 정책에 대한 충성심을 좀먹는 사적 연고관계에 대한 충성을 약화시켜야 한다.

임용작용의 모집망을 확충해야 한다. 좁아진 인재등용문을 활짝 열어야 한다. 특히 고위공직자의 임용을 위한 모집망을 확충하고 공명정대하게 운영해야 한다. 그리고 공직 전체에 우수한 인력을 확보하기 위해 모집을 적극화하고 타당한 선발기준을 발전시켜야 한다.

공직에 대한 통제체제를 발전시켜야 한다. 통제능력을 향상시켜야 한다. 통제작용의 왜곡을 막고 통제의 엄정성을 확보해야 한다.

분권화·자율화에 대한 공직자들의 적응능력을 향상시켜야 한다. 자율화의 취지에 잘 부응하는 공직자들에게는 충분한 힘을 실어주어야 한다. 그러나 자율화의 분위기에 편승하여 일탈적 행동을 일삼는 사람들에게는 강력한 제재를 확실하게 시행해야 한다. 공직자들이 분권화·자율화·힘 실어주기를 누리고 선용할 수 있는 태도와 역량을 기르는 종합적 대책을 세워야 한다.

공직자들의 사기를 높이고 정권교체나 리더십의 유동이 기강해이를 악화시키지 않게 하는 방책들을 강구해야 한다. 공직자들의 능력개발기회를 확대하고, 근무조건을 개선하여 공직자들의 불만을 줄여야 한다.

그리고 직무수행의 보람을 키워주어야 한다. 정실인사의 배척과 사명감의 고취, 관료제의 병폐제거 등도 모두 사기제고에 연관된 것이다.

사기진작을 위한 유인기제를 시대변화에 맞게 발전시켜 나가야 한다. 조직과 개인의 이해를 교환함으로써 조직의 목표를 성취하려는 관리전략에 따른 전통적 유인기제도 필요한 것이 사실이다. 다만 그 틀 안에서도 투입기준 보다는 산출기준의 적용을 늘려가도록 개선해 나가야 한다. 앞으로 통합형 관리전략을 발전시켜야 한다. 직무수행의 의미와 보람을 키워 직무만족도를 향상시키도록 노력해야 한다. 전통적인 교환형·권위주의형 전략은 날이 갈수록 보다 많은 한계를 노정할 것이므로 통합형 유인기제의 개발에 박차를 가해야 한다.

부패추방운동을 강력하게 추진해야 한다. 공직의 부패는 공직 내부의 문제이기만 한 것이 아니다. 따라서 공직 내부의 노력만으로는 해결하기 어렵다. 위정자와 공직자뿐만 아니라 국민 전체의 정신혁명이 있어야 할 것 같다. 민간경제도 부패의 관행에서 벗어나야 한다.

공직자들의 사명감을 고취해야 한다. 공직자들이 공공서비스에 대한 확고한 가치관을 바탕으로 국민에 대한 충성심 그리고 국민을 위한 정책에 대한 충성심을 발휘할 수 있도록 사명감을 계발해야 한다. 이를 위해서는 가치관훈련을 강화해야 한다. 공직의 존재이유, 공직의 직업윤리, 국가권력의 출처와 용도 등을 깊이 성찰하고 임무에 대한 감수성을 기르도록 교육해야 한다.

공직자들의 사명감을 고취하는 데 전제가 되는 것은 정권, 위정자, 정책의 정당성이다. 그러한 정당성은 민주적 절차를 밟아 얻어지는 것이다. 그리고 도덕적 흠절이 없을 때 유지될 수 있는 것이다.

위에서 열거한 개혁과제들 가운데서 사람의 변화, 문화의 변화, 정치적 사회적 여건의 변화 등을 추구하는 방책들이 근본적인 것이기는 하다. 그러나 시간이 많이 걸리고 정부의 노력만으로 가시적인 성과를 쉽게 거둘 수 있는 것들이 아니다. 당장의 대책을 내놓으라는 압력을 받는 정부기관들이 할 수 있는 일은 제재(처벌)를 엄정하고 강력하게 하는 소극적 방책을 제시하는 것, 그리고 좋은 행동을 강화하기 위한 적극적 유인을 개선하는 것이다. 정부는 기강확립 또는 사기진작책을 내놓을 때마다 이 두 가지 방향의 대책을 열거해 왔다. 앞으로도 그럴 것이지만 시대의 변화에 뒤처지지 않게 그 내용을 새롭게 해 나가야 할 것이다.

공직의 기강해이에 관한 이 글의 논의는 비교적 포괄적인 것이다. 논의의 범위는 넓고 그 내용은 복잡하다. 개혁문제의 포괄적 연관성에 대해 주의를 환기하기 위해 일부러 그리하였다. 기강이라는 개념의 인도를 받아 공직과 그 환경을 포괄적으로 바라보아야 공직의 기강해이에 대한 개혁의 마스터플랜을 제대로 세울 수 있다.

18
바람직한 공무원상

　정부를 구성하고 정부에서 일하는 공무원들의 흠절, 바람직하지 않은 모습에 대해 자주 언급해 왔다. 여기서는 우리가 사는 시대의 바람직한 공무원상(公務員像)을 그려보기로 한다. 대개 어떤 이상형을 말하면 현실과 너무 동떨어진 이야기라느니, 너무 이상에 치우쳤다느니 하는 비판을 받는 것이 예사이다. 그러나 발전노력의 목표상태, 추구해야 할 미래의 영상을 설정하지 않고 살 수는 없는 노릇이다. 지나치게 이상적이라는 평가를 각오하고라도 공직에서 목표상태로 삼아야 할 바람직한 공무원상을 모색해보려 한다.

　지금은 대전환이 거듭되는 격변의 시대이다. 이러한 시대를 살아가는 우리 모두는 거대하게 휘몰아치는 역사의 물결에 재적응하는 좌표를 설정해야 한다. 특히 격변하는 물결의 한가운데 서있는 공무원들은 지금까지 어떻게 살아 왔는지를 깊이 반성하고 앞으로 어떻게 살아가야 할 것인지에 대한 비전을 설정해야 한다. 미래생활에 대한 비전을 설정하고 직업생활의 행동원리를 시대의 변천에 맞게 재설정하는 것은 정부조직과 국가를 위해서 뿐만 아니라 공무원 개개인의 행복을 위해서도 절실하게 필요한 것이다. 새로운 시대의 공무원들이 수용하고 체현해야할 직업생활의 덕목들을 생각해 보기로 한다.

첫째, 모든 공무원들은 인간주의를 신봉하는 자유인이 되도록 노력해야 한다. 인간주의는 개인의 존엄성을 옹호하고 개인의 가치와 창의력을 존중하는 원리이다. 인간주의는 인간의 고급속성을 존중하고 이를 보호·육성해야 한다는 원리이다. 인간주의는 인간의 내면적 가치를 중시한다. 인간주의를 구현하려면 공무원들 자신이 먼저 진정한 자유인의 품성을 함양해야 한다. 내가 말하는 진정한 자유인은 권한과 책임을 함께 내재화해 균형 짓고 자율규제를 할 수 있는 사람이다. 자유인은 다스리고 강압해야 움직이는 피동인(被動人)이 아니라 스스로 동기를 유발하여 움직일 수 있는 사람이다. 자유인은 성취지향적이며 책임을 확실히 지려는 사람이다.

자유인은 자기실현적 인간이다. 보람 있는 일에서 만족과 행복을 찾는 사람이다. 직무수행을 통해 자아를 실현하고 성장·성숙해 가려는 사람이다. 자유인은 조직의 목표와 개인의 목표를 대립적·갈등적인 것으로 보지 않는다. 양자는 조화되거나 통합될 수 있는 것으로 본다.

자유인은 임무중심주의자이다. 임무중심주의는 지위나 권한관계보다 임무수행과 문제해결을 중시하는 사고방식이다. 임무중심주의는 실천행동을 중요시하는 행동지향성과 일의 성취를 강조하는 성과주의를 포괄한다. 임무중심주의자는 절차 때문에 목표를 희생시키는 어리석음을 범하지 않는다.

새로운 시대에도 공무원들이 피동적 인간으로 남아서 핑계 있을 때

통치하기 어려운 나라 – 국정관리의 현안과 쟁점

마다 복지부동을 일삼는다면 불행한 일이다. 공무원들이 일의 보람이나 인간적 성장에는 무관심하고 돈과 승진과 처벌이라는 외적 조종에만 반응한다면 그 또한 불행한 일이다.

둘째, 공무원들은 '우리들의 문제'를 해결할 수 있는 직무수행능력을 함양해야 한다. 일을 하는 데 유능해야 한다. 특히 훌륭한 지식인이 되어야 한다. 기술문명시대·정보화시대의 공무원들은 정보처리능력이 탁월해야 하며 직업생활 내외에 걸쳐 지적 창조생활을 영위할 수 있어야 한다. 공무원들은 끊임없는 학습을 통해 직무수행에 필요한 지식을 갖추어야 한다. 아는 것이 힘이라고 하는 경구는 유례없이 절실한 생활원리로 되어가고 있음을 바로 보아야 한다. 우리 시대의 핵심적 자원은 사람의 지식이라는 사실에 대해 다시 한 번 각성할 필요가 있다.

새 시대의 공무원들은 업무에 관한 관념적 혼란을 해소하고 정확한 의사전달을 할 수 있어야 한다. 그러려면 의미가 분명하고 이해하기 쉬운 언어를 구사해야 한다. 모호한, 혼란스러운, 언어사용은 행동을 혼란에 빠뜨릴 수 있다. 문제해결을 위한 지식적용에서 완벽주의를 지향해야 한다. 무결점주의적 직무수행을 지향해야 한다. 문제의 사전적·예방적 통제를 지향해야 한다.

셋째, 공무원들은 고도의 적응성과 장기적 안목을 갖추어야 한다. 너무나 빨리 변하는 세상에서 우물 안 개구리가 되어서는 안 된다. 새로운 제도를 따라가지 못하는 문화지체에 빠지면 안 된다. 세계화의 물결을 이해하지 못하면 안 된다. 보다 가까이는 거시적 행정개혁의 추세가 개인의 운명에 어떤 영향을 미칠 것이며 개인에게 무엇을 요구할 것인가에 대한 감각이 없으면 안 된다. 점차 높아질 직업적 유동성에 대해서도 분별력 있게 적응해야 한다. 높아지는 직업적 유동성은 전통적인 직업적 안정성을 약화시킬 수 있다. 그런 추세에 대응하려면 인적 전문화의 수준과 개인의 직업적 가치를 향상시키기 위해 많은 노력을 해야 한다. 그래야 개인의 생존능력도 향상된다.

격동하는 시대의 공무원들은 탁월한 적응능력을 발휘해야 한다. 그러나 피동적 적응에만 안주해서는 안 된다. 진취성과 개척성이 강한 적응적 극복으로 나아가야 한다. 외재적 개혁에 저항을 일삼지 말고 능동적 변신으로 외적 압력을 앞질러야 한다. 공무원들의 적응적 행동은 폭넓고 장기적인 틀 속에서 이루어져야 한다. 이를 뒷받침할 수 있도록 장기적인 시간관에 입각한 예견력을 강조하는 행정문화를 발전시켜 나가야 한다.

넷째, 공무원들은 정치적·정책적 안목을 길러야 한다. 새 시대의 공무원은 정치·행정이원론에 안주할 수 없다. 앞으로 정치와 행정의 연관성은 더욱 높아지고 행정의 정치적 역할도 커질 것이다.

민주화는 정치화라는 측면을 지닌다고 할 수 있다. 주권재민의 원리를 실질화하고 나라의 안정된 발전을 이끌어가려면 국민과 일체가 되는 정치를 발전시켜 나가야 한다. 정치체제의 균형성장을 도모하려면 행정적 독단을 제어해야 한다. 행정국가화의 폐단을 시정하려면 행정에 대한 정치적 통제를 강화해야 할 것이다. 공무원들은 정치적 중립을 방패로 정치적 책임을 외면하면 안 된다. 공무원들은 정치적 책임이행에 더 민감해져야 한다. 공무원의 정치적 중립은 정파적 투쟁이나 정치적 부패에 말려들지 않도록 하기 위해 필요한 것일 뿐이다. 정치적·정책적 무관심이나 무책임을 조장하려는 것은 결코 아니다. 그리고 여기서 말하는 정치화는 파당성 강화를 의미하는 것이 아니라는 점을 다시 한 번 강조해둔다.

공무원들은 정치로부터 많은 것을 배워야 한다. 과거 정치와 행정은 정파적·정략적 유착관계를 맺어 많은 폐단을 빚었다. 새 시대를 위해 처방하는 정치·행정의 관계는 그런 것이 아니다. 정치로부터 배우라는 말의 뜻은 다른 곳에 있다. 공무원들이 정치로부터 배워야 하는 것은 국민대표적 기능, 정책적 기능, 그리고 이해충돌과 갈등의 조정에 관한 기능이다. 이런 기능들을 정치에만 미루는 소극적 자세에서 벗어나 국민대표·정책개발·갈등조정 등의 역할 수행에 공무원들도 동참해야 한다.

다섯째, 공무원들은 보편주의적 사고방식을 길러야 한다. 보편주의는 특수주의 또는 할거주의에 대조되는 개념이다. 보편주의는 특수이익보다 전체이익을 존중하는 신념이며 부당한 차별을 반대하는 신념이다. 이것은 개방적 사고방식을 요구한다. 개방적 사고방식은 문제해결을 위한 개방적이고 통합적인 접근을 강조한다. 개방적 사고방식은 다양성을 인정하고 다양성 속에서 형평성을 존중한다. 공무원들은 모든 영역에서 할거주의의 폐단을 제거하는 데 앞장서야 한다. 개인이 이룩한 실적에 상응하지 않는 구시대적 특권집단과 오만집단(傲慢集團)의 횡포를 막는 데 앞장서야 한다. 차별철폐에 앞장서려면 필요할 때 약자의 편에 설 수 있는 용기를 지녀야 한다.

여섯째, 공무원들은 협동주의자라야 한다. 새 시대에는 공무원들뿐만 아니라 모든 사람들이 보다 높은 수준의 자율성과 독자성을 원할 것이다. 그러나 모든 사람이 독자적이고 자율적이기 위해서는 서로 협동해야 한다. 각자가 독자적일 수 있기 위해 공동체의 구성원들은 서로 협력해야만 한다.

협동주의의 필요성이 커지는 이유는 여러 가지이다. 우선 체제의 복잡성과 문제의 복잡성이 그 한 이유이다. 사회체제와 공직사회의 분화가 심해지고 복잡해지면 그 안의 개체들이 누리는 자족성(自足性)은 떨어진다. 개체들 사이의 연관성과 상호의존성은 높아진다. 따라서 협동의 필요성이 더욱 커지는 것이다.

또 한 가지 중요한 이유는 민주화의 촉진이다. 가부장적 권위주의에 입각한 집권적 체제에서는 명령형 관리전략이 통용되었다. 상명하복의 명령계통에 따라 기능분립적 공직구조를 관리하는 데 큰 어려움이 없었다. 공무원들은 명령을 받아 그것을 이행하기만 하면 책임을 면할 수 있었다. 그러나 앞으로는 철권적인 집권주의에 의지할 수 없다. 조직 내의 민주화·분권화·자율화가 촉진되면 주로 의지해야 할 곳은 여러 방향에 걸친 협동과 조정이다.

참여와 협동의 전제조건은 공개주의이다. 공무원들은 행정의 지나친 밀실화를 기도하는 비밀주의적 행정문화를 불식하는 데 앞장서야 한다. 시끄러워지면 되는 일이 없다고 고집하는 고정관념을 하루빨리 떨쳐버려야 한다. 민주주의는 원래 조금은 시끄러운 것이다. 공개해야 뒤탈이 없다.

일곱째, 공무원은 정직하고 청렴해야 한다. 공직부패문제를 오랫동안 해결하지 못한 우리의 처지를 안타깝게 생각한다. 반부패운동의 처방을 앞으로도 되풀이해야 하는 형편에 대해서도 아쉽게 생각한다. 그러나 달리 도리가 없는 일이다. 우리사회가 겪고 있는 조건변화는 반부패운동의 필요를 더욱 절박한 것으로 만들고 있다.

반부패의 과제는 어려운 것이다. 공무원들이 부패의 수렁에서 빠져나오는 것도 힘든 일이다. 그러나 부패체제를 방치한 채 새 시대를 편안히 맞이할 수는 없다. 정직하고 부패 없는 행정을 실현하는 것은 장차 행정의 정당성과 신뢰성을 확립하고 행정발전을 추구하는데 가장 기초적인 필요조건이 될 것이다.

여덟째, 공무원들은 정부나 행정이 국민을 위해 있는 것이며, 국민을 위한 봉사에서 정당화근거를 찾아야 한다는 이치를 확실히 인식하여야 한다. 행정의 국민중심주의는 새 시대의 공무원들이 내재화하고 추구해야 할 궁극적 덕목이다. 이러한 덕목을 다시 한 번 명료화하고 실천을 독려해야 할 것이다.

산업화시대의 공급자중심사회는 소비자중심사회로 변화되어야 하며 실제의 변동추세도 그런 방향으로 나가고 있다. 그것은 피할 수 없는 과제이며 역사적 추세이다. 국민중심주의를 소비자시대의 요청에 맞게 더욱 실질화해 나가야 한다.

공무원들의 소비자중심주의적 행동을 강화하기 위해 정부 등 행정개혁중추들은 여러 전략을 동원해야 한다. 공무원들의 행정수요에 대한 대응성을 높이고 고객의 선택과 선호를 존중하도록 하려면 고객에 대한 의존도를 높여야 한다. 행정서비스의 공급결정에 가능한 한 시장논리를 도입하고 경쟁을 촉진해야 한다. 고객위주의 봉사를 직접적으로 강화할 수 있는 여러 가지 유인을 도입해야 한다. 고객입증책임주의를 정부입증책임주의로 바꿔 나가야 한다. 공적 생활의 권리의무관계에 대한 입증책임을 국민이 원칙적으로 지게 하는 제도는 고쳐야 한다. 정부가 더 많은 입증책임을 지게 해야 한다. 소비자중심주의적 서비스를 촉진하려면 공무원들이 책임지고 능동적으로 일할 수 있게 여건을 만들어 지지해 주어야 한다.

공무원들이 참으로 국민위주의 봉사를 할 수 있으려면 국민과 정부 사이에 설정했던 관념적 경계를 허물어야 한다. 국민과 정부 사이의 경계관념이란 공무원들의 마음속에 있는 생각을 말한다. 공무원들은 마음속에 있는 전통적 경계관념을 털어 내야 한다.

공무원들은 전통적인 경계관념이 행정에 어떤 폐단을 빚었었는지에 대해 깊이 반성해야 한다. 높은 경계관념은 공무원들이 정치와 행정 사이의 경계를 내세워 기본적인 가치와 정책문제를 소홀히 다루게 했었다. 경계관념 때문에 행정은 국민의 신뢰를 상실하였다. 할거주의 또는 자기조직중심주의를 조장하였다. 정부조직과 고객 사이의 권력균형화를 방해하였다. 이러한 폐단에도 불구하고 공무원들이 정부의 높은 담장 안에 안주하려는 자세를 바꾸지 않는다면 새 시대를 열어가기 어려울 것이다.

공무원들은 탈국가화와 작은 정부구현의 요청과 추세에도 적응하고 협력해야 한다. 앞으로도 상당한 기간 행정국가의 폐단이 문제를 일으킬 것이다. 거대정부와 행정국가적 현상은 지금도 국민의 자유와 창의를 억압한다는 비난을 받고 있다. 행정은 과부하되어 있고 행정의 비용은 과다해졌다. 행정의 책임성확보가 아주 어렵게 되어 있다. 이런 폐단들을 방치할 수는 없다. 행정국가의 폐단을 시정하려면 아무래도 정부부문을 축소하지 않을 수 없을 것이다. 공무원들은 감축관리적 상황에서도 직무의욕을 잃지 않고 무결점주의를 추구할 수 있어야 한다.

위에 제시한 덕목들의 추구는 어려운 일이다. 그러나 공무원들이 새 시대에 더 큰 행복과 영광을 누리려면 그러한 어려움은 극복해야 한다. 그래야 공평한 것이다. 공무원상의 변화는 행정문화 개혁의 일환이다. 광범한 행정문화 개혁운동을 추진해야 한다.

19
행정개혁의 진로

지금 우리가 살고 있는 시대는 '개혁의 시대'라고 부를 수 있다. 거대한 변동의 물결이 연달아 밀려오는 격동적 상황에서 안정보다는 변동이 선호되고 개혁갈망이 고조되어 있다. 개혁의 실천행동 역시 증폭되고 있다. 인간생활의 도처에서 살아남기 위해, 목전의 애로를 타개하기 위해, 보다 나은 앞날을 위해, 개혁을 호소하고 개혁을 추진하고 있다. 그러기는 정부도 마찬가지이다. 정권마다 출범 초에 국정지표니 국정목표니 하는 것들을 발표하는데 거기에는 개혁목표·개혁과제들이 그득하다. 정부 내부의 문제, 행정체제의 문제도 물론 개혁과제에 포함된다.

무릇 어떤 영역에서나 개혁에 성공하려면 기본에서부터 잘 정돈된 출발을 해야 한다. 분명한 원리에 입각해서 질서 있는 개혁을 추진해야 한다. 개혁원리들을 구현하기 위한 추진전략도 적절하고 효율적이라야 한다. 다음에 정부 행정체제의 개혁, 즉 행정개혁에 주의를 한정하여 개혁의 원리와 추진전략을 논의해보려 한다. 앞에서 국가행정의 인적 차원에 초점을 맞추어 바람직한 공무원상을 논의하였다. 여기서는 행정의 체제적 차원에 주의를 기울여 바람직한 목표상태를 논의하려 한다. 체제적 차원에서 논의한다고 하지만 그 구성요소의 하나인 사람의 행태에 대한 언급도 포함될 것이다. 나는 행정개혁의 목표상태에 관한 처방을 말과 글로 누누이 되풀이해 왔다. 기왕에 해오던 이야기들을 새로이 가다듬어 여기에 싣는다.

　행정개혁의 목표상태를 구상해 처방하려면 우리가 처한 여건과 여건 변동의 추세, 그리고 우리 행정체제가 안고 있는 결함과 능력부족에 대해 먼저 성찰해야 한다. 나는 사회체제의 복잡성과 변동의 격동성, 탈국가화의 갈망, 탈관료화의 갈망을 전제하고 개혁원리들을 구상하려 한다. 그리고 고도산업화와 정보화, 참여민주주의의 발전과 지방자치의 발전, 행정수요의 분화·유동화·고급화, 가속되는 세계화와 국제경쟁의 격화 등 여건변화의 추세를 또한 감안할 것이다. 여기서 말하는 탈국가화는 국민생활에 대한 국가주도주의적 개입의 완화 내지 축소를 의미한다. 탈관료화란 전통적인 관료제적 조직의 특징적 구성원리들을 수정하거나 그로부터 벗어난다는 뜻이다.

　내가 우리나라 행정체제의 흠절로 생각하고 있는 것들은 행정의 과잉팽창, 공직자의 부패와 부정적 행태, 전통관료제적 구조의 폐단, 비통합적이고 권위주의적인 관리작용, 공급자중심적인 행정절차, 정책기능의 역량 부족, 취약한 변동대응성 등이다. 공급자중심적인 행정절차란 관편의위주(官便宜爲主)로 꾸며진 절차를 말한다.

　우리나라 행정개혁이 현재 그리고 머지않은 장래에 추구해야 할 목표상태의 기조인 원리들을 다음과 같이 처방한다.

　첫째, 행정민주화를 촉진해야 한다. 행정체제가 스스로 민주적 역량을 키우고 국민생활의 민주화에 기여할 수 있도록 개혁해야 한다. 행정체제가 민주적 방법으로 역량을 강화해야 국민중심주의적 행정서비스를 충실화할 수 있다. 다원화되어가는 권력중추들과 행정체제의 파트너십 발전도 민주화의 과정을 통해야 한다. 정부가 수평적 권력관계의 확대에 대비하려면 그렇게 할 필요가 크다.

민주행정은 국민의 자유·평등과 존엄성 보호, 국민의사 존중, 공익추구, 국민에 대한 책임, 민주적 절차의 존중, 그리고 민주적 내부운영이라는 요건을 갖춘 행정이다. 민주행정은 국민의 자유·평등 그리고 존엄성과 잠재력을 존중하고 이를 신장하는 데 헌신해야 한다. 공익을 추구해야 한다는 말은 국민 전체의 이익과 보다 많은 국민이 선호하는 선(善)을 추구해야 한다는 뜻이다. 개별적인 이해의 대립과 갈등은 민주적인 방법으로 조정해야 한다. 모든 국민에게 평등한 봉사를 해야 한다. 정책결정에서뿐만 아니라 집행에서도 국민의 의사를 존중해야 한다. 의사결정의 방법과 목표추구의 방법은 민주적이라야 한다. 정부의 행동에 대해서는 국민이 책임을 물을 수 있어야 한다. 국민의 권리와 자유를 보장하기 위해 만든 민주적 절차와 상징을 존중해야 한다. 행정체제의 대내적 관리가 위의 가치추구와 일관성을 유지해야 한다.

행정체제 자체의 구성과 운영도 민주화의 요청에 일관되게 개혁해야 하는 것은 중요한 과제이지만 여러 가지 조건들이 거기에 한계를 설정한다. 행정의 대내적 민주화를 구현하려는 전략이나 도구는 정치과정을 민주화하는 경우와는 다를 수밖에 없다. 그것이 현실이다.

민주적 원리와 행정적 계서주의(principle of hierarchy)의 관계를 어찌 이해할 것이며 양자를 어찌 조화시킬 것인지에 대한 사람들의 생각은 변천해 왔다. 고전적인 정치·행정 이원론이 널리 수용되던 시대에는 주권재민의 원리가 실현되는 곳은 정치부문이라는 생각들을 했다. 나라의 주인인 국민이 정치과정을 통해 국책에 관한 의사결정을 해주면 그것을 집행하는 도구인 행정은 법령과 정책의 지시하는 바에 복종하고 능률적으로 행동하기만 하면 된다고 하였다. 행정과정에서는 행정(정책집행)의 대상인 국민은 행정산출을 받아들이는 객체(客體)로 간주되었다. 정치과정에서 능동적인 주권자이던 국민은 행정과 마주설 때는 피동적인 객체가 된다. 이런 논조는 상명하복형·관리자중심형 행정체제모형을 처방하게 되었다. 그러하니 정치적 민주주의와 행정적 독재주의를 병치시켜 설명하기도 했다.

오늘날 행정의 형편이나 행정에 기대하는 이상적 영상은 그리 간단하지 않다. 계서제(階序制)의 철권적 지배를 용인하거나 그것에만 의존할 수도 없고 그렇게 하라고 요구할 수도 없다. 그러나 행정의 현실에서 자유·평등의 완전한 구조를 당장 실현할 수는 없다. 절충주의적 민주화를 추진할 수 있을 따름이다. 계서제의 기본골격은 유지하면서 공개와 참여, 협동적 노력, 파트너십, 분권화, 민주적 리더십, 시민통제 등등 새 시대에 중시되고 있는 민주화의 도구들을 상황에 맞게 활용해야 한다. 행정의 구조와 과정에 도입되는 민주적 요소는 행정의 기본체질이 감당할 수 있는 수준의 것이라야 한다.

둘째, 행정체제의 통합성을 향상시켜야 한다. 통합화는 행정조직의 모든 활동이 궁극적으로 조직의 목표와 국가의 목표에 귀일되게 하는 것을 말한다.

통합(integration)은 분화(differentiation)를 전제하는 개념이다. 분화와 통합은 체제설계의 두 가지 축이다. 분업과 조정의 예를 들어 설명하면 분화와 통합의 의미를 쉽게 이해할 수 있을 것이다. 조직에서는 사람들이 일을 나누어할 수밖에 없다. 그것이 분화의 한 국면이다. 여러 사람이 분담한 일이 뿔뿔이 흩어지지 않고 공동의 목표에 기여할 수 있도록 서로 조정해야 한다. 이것이 통합의 한 국면이다.

어떤 행정체제에서나 분화와 통합은 찾아 볼 수 있다. 다만 때와 장소에 따라 어느 한 쪽으로의 치우침, 치우침의 필요성, 그리고 양자의 조화점은 달라질 수 있다.

전통적인 의미의 산업화와 관료화는 강한 분화지향성을 지녔다. 통합보다는 분화를 강조한다. 오늘날 사회적 복잡성이 높아지고 자율화의 물결 또한 높아지고 있기 때문에 분화의 추세는 더욱 강하게 나타나고 있다. 사회와 행정의 분화 또는 분립화가 심화되어가는 추세에 대응하여 통합화의 노력을 배가하여야 한다. 자율이 좋지만 자율만 있고 조정과 협동이 없으면 체제는 위기를 맞는다. 협력과정을 통해 통합조정능력을 향상시키고, 구조적·행태적 경계 또는 경계관념 때문에 일의 흐름이 방해받지 않도록 해야 한다. 할거주의·기능분립주의 때문에 빚어지는 폐단을 막고 국민에게 이음매 없는 서비스를 할 수 있게 해야 한다. 행정체제와 국민 사이에 높아진 경계의식을 타파하여 통합을 이루는 과제가 사실은 가장 중요하다. 행정체제는 경제성장을 관리하는 능력뿐만 아니라 국민의 통합을 지원·촉진할 수 있는 관리능력도 획기적으로 강화해야 한다.

통합성 제고의 노력은 조직 내의 인간관리에서부터 시작해야 한다. 통합형 인간관리의 핵심은 조직의 목표와 개인의 목표를 접근시키고 융화시키는 데 있다. 이러한 관리모형을 추구해 나가려면 인간의 자기실현적·성장지향적 측면을 중요시하고 인간의 내재적·능동적 동기를 유발할 수 있는 유인(incentive)을 보다 많이 제공해야 한다. 그러한 동기유발요인에 의해 공무원 개개인의 직무관여도(직무열중도)와 조직몰입도를 높여야 한다.

개별적인 직무의 설계에서는 직무의 완결도(온전성: wholeness)를 높이고 다기술화(多技術化)를 촉진해야 한다. 다기술화는 완결도 높은 업무의 수행에 필요한 여러 기술들의 종합적 활용능력을 향상시키는 것이다. 조직단위 간 또는 부처 간의 업무분화에서는 일의 흐름을 중시해야 한다. 고객에 대한 한 단위의 서비스는 같은 부서에서 완결될 수 있도록 일의 흐름을 기준으로 업무집단화를 해야 한다.

정부에서는 '기능중심'의 조직개편이라는 용어를 흔히 사용하는데 그 의미가 불분명하다. 동질적인 기능들끼리 묶어 조직단위를 형성해야 한다는 고전적 원리를 말하는 것이라면 잘못 생각한 것이다. 동질성의 원리에 따라 기능분립적·조직분열적 구조(fragmented structure)를 설계하는 전통적 방식은 시정해야 한다. 기능중심의 조직개편이라는 말을 사업 또는 서비스중심의 조직개편이라는 말로 바꿔야 한다.

조직 내의 그리고 조직 간의 통합장치 개편에서는 협동적 조정체제의 역할을 강화해야 한다. 협동적 조정체제의 발전은 계급과 명령권을 강조하는 계서주의가 아니라 일을 중심으로 생각하는 임무중심주의의 뒷받침을 받아야 한다. 통합형 관리의 발전에서 중요한 역할을 맡아야 하는 것은 리더십과 집단적 노력이다.

셋째, 성과주의적 제도와 행동을 발전시키는 것은 우리 시대 행정개혁에서 빼놓을 수 없는 과제이다. 행정개혁에서 구현해야 할 성과주의는 건강한 것이라야 한다. '건강한 성과주의'는 다른 개혁원리들과 조화를 이루고 실천상의 실책과 폐해를 최소화한 성과주의이다. 건강한 성과주의를 실질적으로 구현하려면 형식주의를 배격해야 한다. 선언보다

통치하기 어려운 나라 – 국정관리의 현안과 쟁점

는 실천에 역점을 두고, 절차와 수단보다는 목표를 중시해야 한다. 그리고 번문욕례, 과잉측정과 그로 인한 업무수행의 목표왜곡, 업무성과의 수량화과정에서 저지르는 오류, 업무성과측정이 사기저하를 부르는 '측정피로' 등 서투른 성과주의의 폐해를 막아야 한다. 그런 폐해를 방치한 성과주의는 '건강하지 않은', '병든' 성과주의라고 평할 수 있다.

오늘날 성과주의는 형평성 구현의 궁극적 기준으로 널리 받아들여지고 있다. 성과주의를 지지하는 것은 현시대의 대세라고 여겨진다. 우리 생활의 모든 영역에서 그러하지만 행정개혁에서 성과주의는 한 층 더 계획적으로 강조되고 있다. 행정은 성과주의적이라야 하며 그에 대한 개혁도 성과주의적이라야 한다는 것은 처방적 원리의 주류이다. 행정의 각 분야에서 이를 실현하려는 노력에도 가속도가 붙고 있다.

행정개혁에서는 행정활동의 산출과 성과를 중요시하는 성과관리를 지속적으로 발전시켜야 한다. 행정조직이나 사업의 건강도 또는 성공도를 평가할 때는 투입보다 산출과 성과를 중시해야 한다. 투입기준의 예로 얼마나 많은 재정과 인력을 동원했는가에 대한 기준을 들 수 있다. 업무수행 촉진을 위한 유인구조(보상체제: incentive system)의 설계에서도 성과기준·실적기준의 적용을 강화해야 한다. 보상을 업무성과에 연계시켜야 한다는 말이다. 행정체제 내에서 직접적으로 생산적인 활동에 종사하는 하위체제와 국민에게 행정산출을 직접 전달하는 하위체제의 개혁에 보다 많은 투자를 해야 한다. 행정활동의 성과를 실현하는 데 필요한 제도와 자원의 뒷받침이 적절하도록 하는 '힘 실어주기'의 발전도 꾸준히 추진해야 한다.

넷째, 행정개혁은 정보화를 촉진하는 개혁이라야 한다. 행정은 스스로 그리고 국민이 정보기술발전의 혜택을 누릴 수 있도록 정보화에 앞장서야 한다. 행정개혁에서 추구하는 정보화는 인간적 정보화라야 한다. 인간적 정보화란 인간의 필요를 우선시하고 그에 부합되게 실현하는 정보화이다.

행정체제는 제4차 산업혁명의 전개 등 정보화사회의 발전과정에 적응해야 한다. 내부관리의 효율성과 국민에 대한 봉사의 효율성을 높이기 위해 행정체제의 정보화를 촉진해야 한다. 급속히 발전하는 인공지능기술과 전기통신기술을 활용하는 역량을 향상시켜야 한다.

행정체제는 민간부문의 정보화를 촉진하고 이를 바람직한 방향으로 유도해야 한다. 국민생활의 질과 복지를 향상시키고 지적 창조생활을 윤택하게 하기 위해 사회 전체의 정보화를 도와야 한다. 정부는 정보산업의 발전을 지원하고 정보의 유통과 활용을 촉진하는 역할을 수행해야 한다. 정보 유통과 활용에 장애만 되는 행정규제를 철폐해야 한다. 행정체제는 정보화의 부작용과 폐단을 막는 데 조력해야 한다. 정보화의 밝은 면을 확장하고, 어두운 그늘·위험·폐단을 줄이기 위해 노력해야 한다.

다섯째, 행정개혁에서 부패통제는 빼놓을 수 없는 기초적 과제이다. 부패 없는 행정을 실현하는 것은 행정의 정당성과 신뢰성을 확립하고 행정발전을 추구하는 데 가장 기초적인 필요조건이다. 이 조건을 갖추지 않고 다른 가치들을 왜곡 없이 실현하는 것은 불가능하다. 광범한 반부패운동을 지속적으로 전개해 나가야 한다. 반부패사업과 더불어 부정적 관료행태의 전반적 개혁을 겨냥한 행정문화 개혁사업을 추진해야 한다.

부패추방을 위한 행정개혁은 장기적인 과제이며 어려운 과제이다. 우리는 정치·행정과 국민생활에 체제화되었던 부패를 유산으로 물려받았기 때문이다. 부패에 물들었던 사람은 다수이고 부패문화의 뿌리는 깊다. 단기적이고 대증적인 부패척결조치들도 필요하지만 그것만으로 부패체제를 무너뜨릴 수는 없다. 정권변동에 구애받지 않는 장기적이고 지속적인 반부패운동이 전개되어야 한다. 거기에는 많은 투자가 필요하다.

공직종사자들의 윤리에 대해서는 이중적 기준, 즉 보다 엄격한 기준이 적용된다. 그들이 반부패조치로 인한 부담과 희생을 일반시민의 경우보다 더 많이 감내하게 할 수 있다. 그러나 그것이 지나친 수준에 이르러서는 안 된다. 반부패조치로 인한 희생의 요구와 공무원 인권보호의 요청은 적정한 조화점을 찾아야 한다. 그리고 과격한 대중적 반부패 행동에 수반될 수 있는 부작용, 후유증 등 폐해에 대한 경각심을 가져야한다.

'공직의 부패'에 대해서는 이 책의 다른 글에서 자세히 논의했다.

여섯째, 행정체제의 경성체질(硬性體質)을 연성체질(軟性體質)로 바꿔나가야 한다. 기계적 경직성을 완화하고 유기체적 유연성을 높여야 한다. 우리 사회의 격동성이 높아지고 그에 따라 행정수요의 유동성이 높아질 것이며 신속하고 계속적인 행정개혁의 필요는 커질 것이다. 이러한 여건에 대응할 수 있게 하려면 행정체제의 연성화를 촉진해야 한다. 행정의 연성체제는 적응성·대응성이 높은 체제이며 변동에 능한 창의적 체제이다.

행정체제의 유연성을 높이려면 번문욕례, 지나친 규제, 계서적 구조의 획일화·기계화, 공무원들의 변동저항적 행태를 극복해야 한다. 행정구조설계의 상황적 필요에 따른 다원화, 복수기준(예: 기능의 동질성이라는 기준과 공동적 산출에 기여하는 사업이라는 기준의 복합)에 따라 설계되는 복합구조(matrix structure)의 운영, 환경적 정보투입에 대한 경계관리구조(boundary-spanning unit)의 민감성 제고, 행정조직에 내장된 문제인지장치와 개혁추진장치의 강화 등 일련의 개혁을 추진해야 한다.

일곱째, 작은 정부 구현을 위한 노력을 계속해야 한다. 행정개혁은 작고 유능한 소수정예적 행정의 구현에 주력하여야 한다. 작은 기구와 적은 인적자원을 가지고 예산을 절감하면서 변전하고 고급화되어 가는 행정수요에 효율적으로 대응할 수 있게 하는 개혁을 해 나가야 한다.

행정의 과잉팽창, 국민생활에 대한 과잉규제, 얇고 넓게 퍼진 행정력으로 인한 집중력 결여, 공무원의 과부하(업무과다)와 같은 폐단을 시정하기 위해 행정의 범위를 축소조정해야 한다. 절약이 가능한 인적·물적 자원을 감축해 나가야 한다. 임무를 다한 기구, 낭비적인 기구, 관료적 제국건설로 인해 비만해진 기구의 폐지 또는 감축을 과감하게 추진해야 한다.

작은 정부를 구상하는 정책결정자들은 정부능력의 제약 그리고 국민생활에 대한 개입의 한계를 확실하게 인식해야 한다. 어느 시대 어느 나라의 정부도 국민의 모든 문제를 해결해 줄 수는 없다. 민주국가의 정부는 더욱 그러하다. 민주국가에서 정부능력의 한계와 정부개입의 한계는 더 크다. 정책결정자들은 정부의 힘만으로 근본적인 해결이 어려운 문제를 가려내는 밝은 눈을 가져야 한다. 포퓰리즘의 유혹 때문에 그런 안목이 흐려지면 정부의 위기를 부를 수 있다. 우리 문화의 뿌리 깊은 근원적 전제에 묶여있는 문제나 이 시대의 거의 불가항력적인 문제에 대한 섣부른 또는 과시주의적 대응은 자제해야 한다. 문화의 근원적 전제는 사람들이 당연시하는 잠재의식적 가치이며 문화적 공리(文化的 公理)이다.

행정수요의 변화에 따라 강화하거나 확대해야 할 행정부문도 생길수 있다. 좌파의 집권으로 국가개입정책이 변하면 그에 따라 정부활동이 늘어날 수도 있다. 그러나 새로운 행정수요에 대응하기 위해서 정부

통치하기 어려운 나라 – 국정관리의 현안과 쟁점

기능을 확대하는 경우에도 낭비배제, 생산성 향상 등 작은 정부 추진원리는 준수해야 한다. 정부규모의 어느 한 지표에 관한 규모가 커지더라도 다른 지표들에 관한 규모의 확대는 막을 수 있다. 예컨대 정부개입활동은 늘어나더라도 인력규모와 예산규모는 긴축할 수 있다.

작은 정부에 대해서는 이 책의 다른 글에서 자세히 논의하였다.

여덟째, 정치의 중요성 확대와 거버넌스의 발전에 발맞추어 정치친화적(政治親和的)인, 정치와 협동하는, 행정을 발전시켜야 한다. 거버넌스(governance)는 공공목표의 추구에 관련된 정부부문과 민간부문의 행동주체들이 형성하는 네트워크 내지 결합체를 포괄하는 개념이다. 거버넌스는 정부나 행정과 같은 개념보다 관심의 범위가 넓은 개념이라고 이해된다. 거버넌스를 설명하는 사람들은 정부(국가)·시민사회·시장의 파트너십을 전제하고 이를 중요시한다.

주권재민의 원리를 실현하는 주된 통로는 정치이다. 따라서 민주화의 촉진은 정치화의 촉진이라고 할 수 있다. 정치화란 정치의 역할이 커지고 발전하는 현상을 지칭한다. 정치화의 시대를 열어가면서 행정개혁과 맞물려 있는 정치개혁에도 많은 투자를 해야 한다. 정치체제의 능력을 향상시켜 정치가 행정적 독단을 제어하고 행정국가화의 폐단, 개발독재의 잔재를 시정할 수 있게 해야 한다.

정치친화적 행정이란 확대된 정치의 역할에 적응하고 스스로의 정치적 역량 또한 발전시킨 행정을 지칭한다. 정치친화적 행정의 발전을 위해서는 정부 내외에서 정치와 행정이 일탈했던 시대, 정치·행정 냉전시대의 정치혐오감을 청산해야 한다. 행정국가시대에 행정이 점령했던 정치영역에 속해야 할 결정권은 정치에 넘겨주어야 한다. 정치와 행정의 협동체제를 강화해야 한다. 거버넌스의 한 축으로서 행정부가 정당하게 맡아야 할 정치적 역할을 발전시켜야 한다. 행정은 정치로부터 정책기능과 국민대표기능 수행의 다이너믹스(dynamics)를 배워 민주행정의 역량을 향상시켜야 할 것이다. 행정이 정치적(당파적) 농단에 오염되어서는 안 된다. 그러나 행정이 정치를 병균처럼 여겨 피하기만 해서도 안 되며 그럴 수도 없다.

아홉째, 지방화에 대한 시대적 요청을 전제하고 행정개혁을 구상해야 한다. 지방화시대를 열어가면서 전통적으로 국가행정이 차지했던 많은 부분을 지방에 내주어야 하며 행정의 지방부문에 힘을 실어주어야 한다. 그리고 지방자치행정의 원리로부터 중앙행정은 여러 가지를 배워야 한다. 행정의 인간화, 현지화, 시민결정주의 등이 지방자치로부터 배울 만한 주요 덕목이다.

행정의 지방화 촉진이 행정체제의 분열을 조장해서는 안 된다. 행정의 지방부문이 확대되면 중앙과 지방의 파트너십은 더욱 강화해야 한다. 지방정부들의 일탈과 방종을 견제할 견실한 장치를 발전시켜야 한다.

열째, 날로 심화되는 세계화추세에 따라 행정체제의 세계화 대응능력을 강화해야 한다.

세계화는 국제적인 교류 내지 교호작용이 보다 빈번해지고 심화되는 현상을 지칭한다. 세계화가 촉진되면 국가들 사이의 상호 영향관계가 많아지고 상호의존도가 높아진다. 국가의 전통적인 경계는 느슨해진다. 세계화가 촉진되면 국가행정이 세계를 향해 내놓아야 할 것도 늘어날 것이다. 외국정부의 결정, 국가 간의 결정, 국제기구의 결정을 받아들여야 할 영역이 늘어난다는 것은 개별국가의 독자적인 결정영역이 줄어든다는 것을 뜻한다.

행정의 세계화 대응능력을 키우려면 국제적인 협력관계를 넓히고, 국익을 보호하며, 국가경쟁력의 향상을 지원하는 행정능력을 발전시켜 나가야 한다. 행정관리의 안목을 세계화해야 하며, 행정체제의 국제적 연계부문을 강화하고, 선진행정의 문물을 신속히 응용할 수 있는 적응력을 향상시켜야 한다. 선진행정으로부터의 학습을 게을리 하지 말아야 한다. 그러나 선진문물도입은 물론 우리의 상황에 적합해야 한다. 그리고 개혁이전(改革移轉)만큼이나 또는 그 이상으로 내생적 개혁창출도 중요하다는 사실을 잊지 말아야 한다.

우리나라 행정개혁의 전체적인 목표상태를 디자인해 줄 원리(가치기준)들을 열 가지 범주로 나누어 정리하였다. 이런 범주화는 아슬아슬하고 자칫 관념적 모호성의 늪에 빠질 위험이 큰 작업이다. 무엇보다도 가치기준들이 지시하는 대상을 상호배타적으로 또는 고립적으로 구분하는 일이 어렵기 때문이다. 가치기준들의 외연은 대개 서로 겹치며, 하나의 가치기준이 다른 가치기준에 포함되는 것으로 볼 수 있는 경우도 있다. 심지어는 행정민주화라는 가치범주에 다른 모든 가치기준들이 포함된다고 말할 수도 있을 것이다. 그에 대한 판단은 물론 사람에 따라 달라질 수 있다.

행정개혁의 가치기준들을 만들고 선별하는 과정에서 나에게 영향을 미친 아이디어들의 지적 출처에 대해 언급해두려 한다. 나의 창안보다는 지식이전이 훨씬 더 큰 영향을 미쳤을 것이다. 그러한 지식이전의 출처는 세계화된 것이다. 선진제국의 행정개혁이론과 실천적 개혁정책으로부터 학습한 것들의 무거운 비중을 소홀히 여기면 안 된다. 정부내외의 많은 논객들이 나와 같은 경험을 하고 있을 것이다.

지식출처의 세계화는 행정 또는 행정개혁의 보편성(공통성)과 고유성

(상이성)에 관한 문제를 다시 한 번 상기시킨다. 세계화는 행정현상의 보편성을 크게 확장하고 있다. 오늘날 앞서가는 나라들에서 바람직한 행정에 대한 사람들의 사고방식은 비슷하게 수렴되어가는 경향을 보이고 있다. 이런 추세를 고려하면 행정개혁원리의 세계적 공통화는 크게 탓할 일이 아니라고 말할 수 있다. 그러나 일반적인 또는 추상적인 기준이나 원리를 구현하는 수단적 가치와 정책대안들을 설정할 때는 나라마다의 고유성에 대해 많은 주의를 기울여야 한다. 정착가능성을 깊이 검토하지 않고 구체적인 정책도구부터 선진국 것을 베끼는 데 열중하는 예를 보면 걱정스럽다. 외국에서 예전에 실패했거나 지금은 버리려 하는 제도들을 모방해 개혁쓰레기로 만드는 실책들이 적지 않다.

분명한 원리들의 인도를 받아 행정개혁을 추진하는 사람들은 장기적 안목과 개혁동기의 진정성을 가지고 행동에 임해야 한다. 개혁의 목표상태나 추진방법을 논의할 때 개념적 혼란이 없도록 정확한 언어를 사용해야 한다. 무슨 뜻인지 알기 어려운 말을 쓰거나 자기들끼리만 아는 관청용어를 설명 없이 쓰는 것은 곤란하다. 개혁추진의 공개성을 높이도록 노력해야 한다. 행정개혁의 한계를 바로 인식하고, 해결할 수 없는 문제에 적응하는 방안도 탐색해야 한다. 비일관적이거나 자가당착적인 개혁, 조령모개적 변동을 저지르지 않도록 주의해야 한다. 개혁의 정착과정에 충분한 주의를 기울여 개혁의 효과를 뒤집는 '관료적 환원'을 방지해야 한다. 개혁에 따르는 이익과 비용 배분의 적정화를 도모해야 한다.

그리고 과시주의적 개혁, 아무 대책도 세우지 않는다는 비난을 단지 피하기 위해 개혁하는 것처럼 보이려는 개혁, 다른 문제로 인한 어려움을 잊게 하려는 이른바 국면전환용 개혁, 긁어 부스럼을 만드는 개혁은 하지 말아야 한다. 그런 사이비 개혁은 낭비와 불신을 초래하고 개혁쓰레기를 만들 뿐이다.

개혁에 대한 접근방법들의 조화를 도모하고 개혁과정에서 일어나는 가치갈등·이해충돌을 적정하게 조정해야 한다. 각축하는 접근방법들의 선택과 배합에서 균형감각을 잃지 말아야 한다. 지나친 편향(가치선호와 우선순위의 치우침)을 경계해야 한다. 어느 시대의 개혁이나 그 시대의 사조와 필요에 따른 편향을 지닐 수 있다. 그러나 편향이 지나치면 실패를 자초한다. 개혁추진체제는 균형감각을 가지고 지나친 치우침을 완충 또는 조정할 수 있는 역량을 발휘해야 한다.

행정개혁에는 으레 저항이 따른다. 저항을 진솔하게 직면하고 현명하게 대처해야 한다. 회피적 행동만 일삼는다든지, 억압을 능사로 여긴다든지 해서는 안 된다. 저항극복활동은 개혁의 정착을 위한 노력에 연계되어야 한다. 우리는 행정개혁이 행동지향적이며 성과지향적이라야 한다고 말한다. 실현되지 않은 변동의 구상은 개혁이 아니다. 정착되지 못한 개혁에는 실효성이 없다. 개혁의 입안단계에서부터 개혁을 지지해 줄 개혁 인프라를 확보하도록 노력하여야 한다. 그리고 개혁의 정착에 필요한 후속조치와 추적조사 등 사후관리를 확실하게 해야 한다.

행정개혁을 추진하는 사람들은 정확한 언어를 사용하고 개념적 혼란을 피해야 한다고 위에서 말했다. 여기서 잠깐 행정개혁의 의미에 대한 내 생각을 말해 두려 한다.

행정개혁(administrative reform)은 행정체제를 하나의 상태에서 그보다 나은 다른 하나의 상태로 변동시키는 것을 말한다. 개혁은 계획적으로 설정된 목표에 따라 추구되는 바람직한 변동이다. 학계와 개혁의 현장에서는 개혁과 같거나 유사한 뜻으로, 또는 개혁의 한 종류를 지칭하기 위해서, 여러 가지 개념들을 사용하기도 한다. 변동, 발전, 개선, 성장, 쇄신, 개편, 재개발, 부흥, 재창조, 변혁, 혁신 등이 그 예이다. 이런 단어들을 혼용하는 사람들도 있다.

우리 정부는 개혁이라는 말을 쓰기도 했고, 개혁을 다른 말로 바꿔 부르기도 했다. 개혁을 쇄신이라고도 하고 혁신이라고도 한다. 근자에는 혁신이라는 말을 주로 쓴다. 보다 근본적이고 광범한 개혁을 그리 부르는 것 같기도 하고, 혁신이라는 말이 보다 자극적이고 강력한 메시지를 전달할 수 있다는 단순한 생각에서 그리 하는지도 모르겠다. 앞 정권에서 개혁이라 했으니 우리는 쇄신이라 하자, 앞 정권에서 쇄신이라 했으니 우리는 혁신이라 하자는 마음에서 그리 했을 수도 있다. 새로워졌다는 것을 과시하기 위해 개혁이라는 이름부터 개혁해볼 심산이었을 수도 있다. 정부차원에서 쇄신이니 혁신이니 하는 말이 무슨 뜻인지, 서로 어떻게 다른지를 명확히 설명하고 정의하는 데는 게으르다.

민중서림에서 편집한 국어사전에서는 개혁(改革)을 "제도나 체제 따위를 새롭게 뜯어고침"이라고 정의한다. 혁신(革新)은 "묵은 조직·풍습·습관 따위를 바꾸거나 버리고 새롭게 함"이라고 정의한다. 쇄신(刷新)은 "나쁜 폐단이나 묵은 것을 없애고 새롭게 함"이라고 정의한다. 이 세 가지 개념정의를 서로 구별해줄 결정적인 표현을 찾기는 어렵다. 독자들이 참고할 수 있도록 국어학자들의 의견을 소개하였다. 사회과학자들은 물론 그와 다른 정의들을 각기 할 수 있다.

나는 행정체제의 바람직한 변동을 행정개혁이라는 개념으로 설명하는 데 불편을 느끼지 않는다. 개혁이라는 이름을 자주 바꿔 독자들을 힘들게 할 생각도 없다. 개혁이 추구하는 변동양태에 따라 필요하면 개혁이라는 말 앞에 '점진적' 또는 '급진적'이라거나 '재창조적'이라거나 하는 등의 수식어를 붙인다.

통치하기 어려운 나라 – 국정관리의 현안과 쟁점

20
개혁과 정략적 행동

정치판이라는 말이 있다. 다소 격이 떨어진다는 느낌이지만 그런 계열의 이미지를 지닌 개혁판이라는 말을 만들어 써보기로 한다. 이것은 개혁의 장(場)이라는 중립적 개념에 못마땅하다는 뜻을 덧씌운 말이다. 개혁의 행동과정에는 개혁판이라고 불러야 마땅할 부정적 측면들이 있다. 이 글은 거기에 주목하는 것이다. 여기서 이야기할 개혁은 정부개혁이다.

개혁판의 정략적 행동을 문제 삼아 이 글을 쓰는 까닭은 개혁의 실천세계에서 정치 또는 정략이 저지를 수 있는 실책과 정치적 모사(謀事)의 흉한 모습에 대한 경각심을 환기하기 위해서이다. 정치는 필요하고 옳은 일을 많이 한다. 그러나 정치에는 나쁜 기능도 포함되어 있다. 정치의 바람직한 여러 기능들 사이에 끼어들거나 곁들여지는 것이 공익을 생각하지 않는 파당적·이기적 쟁투와 같은 부정적 기능이다.

보통사람들은 파당적·이기적 쟁투를 흔히 정치라고 생각한다. 전문가들도 정치의 파당적·이기적 측면에 많은 관심을 갖는다. 정치의 그런 측면이 주로 개혁판의 흙탕물을 만든다. 선해 보이는 정치의 다른 국면들도 그 저류에 그릇된 동기, 술수 또는 어리석음이 혼합되면 흙탕물을 일으키기는 마찬가지이다. 이러한 비난대상으로서의 정치는 정략이라 부르는 것이 우리말의 관행에 보다 잘 어울릴 것이다.

우리나라에서 개혁판 내부의 정치적 분위기뿐만 아니라 그 여건이 되는 정치적 조건도 개혁에 불리한 요소들을 너무 많이 가지고 있다. 나라 전체의 정치는 미숙하고 혼탁하고 적대적 대립을 되풀이 한다. 역사적인 이유 때문인지 정치는 죽기 아니면 살기의 극단적인 게임으로 되어 있다. 극한대립의 정치는 정치의 본산인 국회의 여러 별명을 만들고 있다. 우리 국회의 여러 별명이란 싸움 국회, 정쟁국회, 극한대립국회, 발목잡기 국회, 민생외면국회, 동물국회, 식물국회 등을 말한다. 정치의 이런 속성은 개혁을 방해하고 그 적합성을 떨어뜨린다. 정쟁의 극단화는 정략적 행동의 극단화로 이어진다.

당위적으로 말한다면 개혁은 바람직한 것이며 개혁의 장은 밝고 정직하고 희망찬 것이라야 한다. 그러나 실제의 개혁판은 그런 규범적 면모만 지닌 것이 아니다. 개혁판은 겉과 속이 다른 허위와 가식으로 가득찰 수 있고, 살벌할 수도 있으며, 눈뜨고 있어도 코를 베이는 곳이 될 수 있다.

정부개혁에 개입하는 정치의 나쁜 측면인 정략적 행동과 그로 인한 그릇된 귀결의 예는 허다하다. 몇 가지 예를 보기로 한다.

정부개혁의 표방된 명분과는 다른 숨겨진 목적 때문에 개혁판이 벌어지는 경우가 많다. 경색정국을 타개하기 위해 또는 성난 민심을 무마하기 위해 국면전환용 개혁을 시도하는 예가 있다. 과거 정당성 없는 정권연장을 위해 정부조직을 흔들거나 일제숙정과 같이 공무원을 희생양으로 삼았던 이른바 개혁들이 그 단적인 예이다.

공직선거에서 득표전략의 미봉책으로 현실성 없는 개혁을 약속하기도 하고 시국현안에 대한 민심을 달래거나 이익집단들의 요구를 진정시키기 위해 개혁을 약속하기도 한다. 이때에 아주 많이 쓰이는 묘방이 위원회의 설치이다. 시끄러운 현안이 생길 때마다, 정책역점이 바뀔 때마다, 정부위원회를, 특히 대통령직속의 위원회를 만들어 일을 해결해 나가겠다고 얼버무린다. 그리고 위원회 운영은 유야무야하는 것이 예사이다. 위원회는 참여를 늘린다, 위원회는 공정하다 등 대중적 인식 또는 착각을 이용하기도 한다.

문제풀이를 위원회 설치로 때우려는 관행은 우리의 행정문화로 정착되어 있다. 한 정권이 지속되는 동안 위원회 설치는 민망할 정도로 누증된다. 새 정권은 지난 정부의 위원회들을 대폭 폐지·정비한다. 그리고 새로 위원회들을 만들어 간다. 되풀이되는 위원회의 남설 그리고 폐지에 드는 사람들의 시간과 국고지출은 민주주의의 체면치레를 위해 어쩔 수 없이 지출해야 하는 비용인지도 모른다. 그러나 한심한 낭비인 것은 어쩔 수 없다. 위원회 설치의 명분은 이용하면서, 실제로는 위원들에게 위촉장을 주는 행사를 열고 회식 한 번 한 다음 다시는 회의를 소집하는 일이 없이 흐지부지된 위원회들도 있었다. 이것은 아주 질 나쁜 낭비이다.

국민의 뜻 또는 공익이라는 말로 치장한 사익이나 집단이기주의가 개혁을 뒤틀리게 할 수 있다. 그것은 정파 간의 정략적 힘겨루기, 부처이기주의, 관료적 제국건설, 수구적 관료정치 등의 양태로 표출된다. 개혁게임에 참가하는 사람들은 여론을 국민의 뜻이라 주장하고 여론을 자기편으로 끌어들이려 애쓴다. 여론조작의 유혹을 뿌리치지 못할 때도 있다. 정보화시대의 여론 형성과 변동은 그 양상이 예전과 다르다. 소수의 행동가들, 특히 네티즌들이 여론을 주도할 가능성이 커져가고 있다. SNS 확산 바람을 타고 자라난 '댓글 문화'는 우리 사회의 병폐를 만들고 있다. 독버섯 같은 악성 댓글들의 범람, 댓글 조작의 횡행은 민주적 정치과정에 해독을 끼치고 개혁추진자들을 괴롭히고 있다. 가짜뉴스들은 정치판과 개혁판에 혼란을 야기하고 있다. 부실한 여론조사들을 악용하는 사례들이 늘어나고 있다. 왜곡된 여론이 국가개혁, 정부개혁을 잘못된 방향으로 몰고 갈 수도 있게 되었다. 정보데모크라시가 축복이기만한 것은 아니다.

개혁판의 정략적 행동자들은 개혁을 방해하고 좌절시키기 위해 개혁추진자들 또는 개혁추진기구들을 포획하기도 한다. 여기서 말하는 포획(사로잡음)은 개혁사업을 입안·권고하는 조직이거나 개혁정책에 따라 만들어진 규제적·통제적 조직 등 이른바 '개혁조직'에 참여하는 사람들이 개혁이나 통제의 대상인 '개혁대상조직'의 영향 하에 들어가 그 이익을 옹호하게 되는 현상이다. 포획이 일어나면 개혁조직은 개혁대상조직의 포로처럼 행동하거나, 본래적인 개혁임무는 뒷전으로 돌리고 개혁대상조직의 이익을 대변하는 들러리가 된다. 개혁조직이 그렇게까지 되지 않더라도 그럭저럭 명맥이나 유지하는 유명무실한 조직으로 전락한다. 개혁추진자와 개혁조직이 포획되면 개혁이 실패한다. 그리고 개혁실패 이상의 폐단을 빚는다. 국가자원을 낭비하고 개혁에 대한 불신풍조를 조성한다. 부패의 온상을 만들 수도 있다.

개혁판의 정치는 개혁의 이름으로 변동을 위한 변동을 조장하기도 한다. 변동을 위한 변동이 무해무득하게 끝나기만 해도 불행 중 다행이라 할 것이다. 변동을 위한 변동 가운데는 형식주의적 개혁, 유명무실한 개혁이 많다. 일을 벌여놓고 뒷감당을 못하거나 처음부터 완성할 뜻이 없어 흐지부지하는 용두사미형 개혁들이 널려 있다. 잘못된 해결책의 추진으로 긁어 부스럼을 만드는 예도 흔하다. 개혁판의 정치 때문에 시야가 흐려지면 정부능력의 한계를 제대로 보지 못하거나 정부의 한계를 알더라도 뒷일은 알바 아니라는 무모한 배짱을 부리기 쉽다. 그러한 행동성향이 용두사미형 개혁, 긁어 부스럼형 개혁을 만들어 낸다.

찬성하기 어려운 변동 가운데는 일수불퇴형(一手不退型) 개혁도 있다. 일수불퇴형 개혁이란 원상으로 되돌리거나 달리 바꾸기가 대단히 어려운 개혁이다. 매몰비용이 막대하고 원상회복에 들 예상비용이 또한 막대한 경우, 특정 연령층의 국민에게 제공한 특혜를 다시 빼앗기 어려운 경우 등을 그 예로 들 수 있다. 통일부와 같은 정부부처의 설치도 일수불퇴형 개혁의 한 예이다. 통일부를 설치하고 때때로 부총리급으로 격상하기까지 하는 실질적인 이유는 모호하다. 그런 조직이 왜 있어야 하는지 잘 모르겠으나, 우리가 통일을 너무나 간절히 바란다는 것을 과시하기 위해 만들었다면, 이제 통일부를 없애는 것은 안 되는 일이다. 통일부를 없애면 통일을 원치 않는다는 결정같이 비칠 것이기 때문이다. 1970년대에 나는 독일(서독)의 지방의회 몇 곳을 방문했었다. 어느 한 지방의원이 우리 일행에게 "자기네는 말없이 통일을 추진해가고 있는데, 한국에서는 통일 이야기를 왜 그리 많이 하느냐"고 물었다. 오랜 세월이 흘렀지만 그 말을 잊을 수가 없다. 일수불퇴형 개혁들은 개혁판의 딜레마가 되고 민심분열의 원인이 될 가능성이 높다.

회전문식 개혁의 남발도 심각한 문제이다. 회전문식 개혁은 변동과 역변동(逆變動)이 순환적으로 되풀이되는 현상이다. 폐지와 복구를 되풀이하는 개혁이다. 회전문식 개혁은 대개 외재적으로 촉발된 피동적 개혁의 처방과 관료적 선호 내지 습성이 마찰을 빚기 때문에 '관료적 환원'의 정치가 발동해 빚어진다. 개혁의 환원을 획책하는 관료정치는 명분을 축적하고 반대여론을 무마하기 위해 많은 재정투입을 서슴지 않으며 광범하게 외부전문가들을 동원하기도 한다. 대대적인 조사연구사업을 벌여 정부 전체에 걸친 개혁안을 신통치 않게 만들면서 의중에 있는 구제도(舊制度) 복원안을 슬쩍 집어넣는 끼워 넣기 전략은 고전적인 수법이다. 끼워 넣기 전략에 사람들은 알면서도 속기 십상이다. 끼워 넣기에 성공한 세력은 그 숙주(宿主)가 되었던 다른 개혁안들의 실현에는 진실한 관심을 갖지 않는다. 회전문식 개혁은 다음에 따로 논의하려 한다.

개혁판의 정치는 필요한 개혁을 좌절시킬 때가 많다. 무의사결정(無意思決定)을 강요하기도 하고 실패한 정책의 채택을 되풀이하게도 만든다. 무의사결정이란 사회의 문제에 대한 정책과정이 진행되지 못하도록 막는 행위이다.

시늉만 내는 형식주의적 개혁이 얼마나 많은지 헤아려 볼 일이다. 개혁원리가 시대사조에 맞고 이를 거스를 수 없지만 실천은 괴로운 경우 관료정치는 개혁의 외형만 꾸미고 실질에 있어서는 회피적 전략을 구사한다. 실질적으로 개혁을 무효화하는 저력을 발휘한다.

개혁판의 정치가 저지르는 실책들은 개혁쓰레기가 된다. 개혁쓰레기를 만드는 데는 많은 비용이 든다. 개혁쓰레기를 치우는 데도 많은 비용이 든다. 개혁판의 실책으로 인한 낭비는 아주 크다. 개혁판의 정략적 행동은 개혁에 대한 불신을 쌓고 부도덕한 분위기를 조성한다. 권력투쟁의 격화, 권력의 과잉추구, 권력남용, 부당한 목표추구, 책임회피 등 부정적 행태를 조장해 개혁의 장애를 만든다.

정부개혁의 이상은 바람직한 목표상태를 합리적으로 결정하고 집행하는 것이다. 그것이 가능한 영역도 있다. 그러나 인간행동의 합리성에는 한계가 있다. 합리적 접근방법만으로는 감당하기 어려운 문제영역이 더 넓다. 개혁은 불확실하고 혼돈스러운 복잡한 현상이다. 여기에 정치의 필요성과 불가피성이 있다. 좋은 정치는 합리적 접근방법의 능력부족을 메워 불확실한 미래와 혼돈을 헤쳐 나갈 수 있도록 도울 수 있다. 그런데 개혁의 정치에 나쁜 정략이 끼어들 수 있는 길이 있으며, 그 길은 의외로 넓다.

무계획적 행동들이 쌓여 문제를 해결해 줄 수도 있고 나쁜 동기에 의한 행동이 좋은 결과를 가져 올 수도 있다. 그러나 개혁판의 나쁜 정치는 십중팔구 우리 생활에 해독을 끼친다.

개혁판의 정략적 행동에 대해 우리는 경계심을 늦추지 말아야 한다. 특히 정부의 개혁문제를 전문적으로 연구하는 사람들의 현명한 판단이 절실하다. 학자나 전문가들을 포획하려는 마수가 도처에 널려 있다. 거기에 말려들지 말아야 한다. 학자들은 개혁판의 정치를 감시하고 가능하면 이를 순화해야 한다. 정치판의 겉 다르고 속 다른 행태에 대해서는 다음 항에서 '눈 가리고 아웅'이라는 제목 아래 재론하려 한다.

21
정치판의 눈 가리고 아웅

오늘의 정치와 행정을 관찰하는 연구인들에게 정치의 '눈 가리고 아웅'이라는 연구주제를 제안한다. 우리 시민들도 잠깐 멈추어 이 문제를 성찰하고 넘어갔으면 좋겠다. 정치판의 아웅은 개혁이라는 말로 분식되는 경우가 많다. 눈 가리고 아웅으로 귀착되는 개혁선언이 많다는 뜻이다. 얕은 수로 남을 속이려 하는 눈 가리고 아웅은 속과 겉이 다른 형식주의, 고식지계(姑息之計), 조삼모사(朝三暮四), 양두구육(羊頭狗肉), 꼼수, 속임수 등등의 의미를 고루 지닌 말이다. 정치판의 눈 가리고 아웅은 아득히 오래된 현상이다. 앞으로도 없어지지 않을 것이다. 그래서 눈 가리고 아웅이 정치의 본질인지 일탈인지 구분하기조차 어렵다. 요즈음의 정치판에서는 눈 가리고 아웅이 더 늘어나고, 더 교묘해지는 것처럼 보인다. 근자에 유난히 눈에 띄는 몇 가지 예를 생각해 본다.

검찰개혁추진자들의 이중성은 눈 가리고 아웅의 극적인 예이다. 한동안 검찰권의 정치적 중립과 독립이 세인의 관심을 끄는 이슈가 되었다. 작금에 들어 집권세력이 기를 쓰고 추진하고 있는 이른바 검찰개혁은 온 나라에 갈등을 불붙여 놓았다. 검찰개혁을 핵심적인 국정과제의 하나로 내세운 대통령은 직접 나서서 검찰총장에게 정치적 중립을 부탁하고, '살아있는 권력'에 대한 소추도 망설임 없이 엄정하게 시행하라고 당부했다. 그러나 그 말의 진실성을 의심케 하는 일들이 뒤따랐다. 막상 정권의 권력중추나 지지자들에 대한 검찰의 수사가 거침없어지자 사세는 딴판이 되었다. 청와대의 대리인격인 법무부장관과 검찰총장이 심히 대립해 적대행동을 하는 양상이 빚어졌다. 그 둘의 충돌은 심히 볼썽사나웠다. 때맞춰 검찰을 격렬히 비난하는 친정권적인 대규모 시위대는 연일 검찰청 앞에 진을 쳤다. 정권실세에 대한 검찰수사는 검찰개혁에 저항하는 불순세력의 준동이라고 외쳤다. 친정권적인 논객들은 일제히 나서 검찰, 특히 검찰총장을 포위공격했다. 여당도 물론 검찰을 비난하는 데 가담했다. '검찰개혁'을 신성시하는 듯, 정권에 반대하는 세력을 침묵시키는 데 그것을 마구 휘둘렀다.

법무부는 정권관련 사건 수사에 매달렸던 검찰간부들에 대해 좌천성 전보를 하고 수사담당 인원 증원을 거부하는 등의 '간여'를 하면서 인사권은 대통령과 법무부장관에게 있음을 특별히 지적하였다. 그러면서 검찰권 행사는 절제되어야 한다는 점을 누누이 강조하였다. 인사권도 절제되어야 한다는 말은 없었다. 마치 검찰권은 유한하지만 대통령과 장관의 인사권은 무한하다는 말을 하려는 듯 했다. 법무부장관으로 임명된 베테랑 정치인은 그의 정치적 편향에 따라 인사권과 수사지휘권을 발동해 검찰업무에 대한 미세관리를 서슴없이 진행하였다. 검찰총장은 법무부장관의 명령에 복종(굴복)해야 하는 하급자라는 인식을 모두에게 확실히 각인시키려는 행동을 하는 데 거침이 없었다. 정권에 빌붙어 권력을 남용해온 검찰의 버릇을 고치겠다고 법무부장관이 호언했지만 막상 한 일은 정권에 굴종하는 검찰을 만들기 위한 작전이라고 의심할만 했다. 그 의심은 매우 강력한 의심이다.

검찰총장 임기제의 도입은 그것 자체가 당초에 눈 가리고 아웅 아니었던가. 역대정권에서 집권자에게 맹종하지 않는 검찰총장을 찍어내는데 부산했던 것을 생각하면 그리 말하지 않을 수 없다. 고분고분하지 않고 법대로 하려는 반골(反骨) 총장을 퇴출시키거나 허수아비로 만드는 일에 앞장서 공적을 세운 난세의 인물을 만들어내는 연극('막장드라마')에 들어가는 국력소모가 너무 크다. 정치판의 속마음과는 달리 검찰총장 임기제 폐지를 검찰개혁의 의제에 포함시키지 않거나 못하는 것 역시 눈 가리고 아웅이다. 마음에 안 드는 검찰총장을 아무 때나 내쫓을 수 있는 것이 정치판의 이상향일 터인데 그 생각을 모두 감추고 산다. 그렇게 감추는 속내를 누가 모를까. 눈 가리고 아웅에는 단기적인 것도 있고 장기적인 것도 있는데, 검찰총장 임기제 도입은 장기적인 눈 가리고 아웅이라 해야 할 것이다. 눈 가리고 아웅이 오래 지속되고 있기 때문에 하는 말이다.

검찰개혁의 숨은 동기는 과연 무엇이었을까. 검찰개혁이라 쓰고 마음속으로는 검찰 길들이기로 읽는 것이 아닌가. 겉으로는 검찰의 정치적 중립화를 표방하고, 속으로는 검찰의 정치도구화를 구상한 것 아닌가. 언필칭 검찰개혁이라는 것은 검찰에 불려 다니다가 뒤에 권력을 잡은 사람들의 한풀이요, 검찰 힘 빼기가 아닌가 의심하는 사람들도 없지 않았을 것이다. 아닌 게 아니라 검찰의 수사를 받고 기소된 여권의 한 국회의원은 검찰총장과 그 가족이 고위공직자범죄수사처(공수처)의 첫 번째 수사대상이 될 거라고 공언하기도 했다. 살아있는 권력을 검찰이 건드리는 경우 공수처가 검찰을 혼내줄 거라는 점을 암시하거나 예고하는 듯한 뉘앙스를 풍기는 발언 같았다. 앞으로 만약에 온갖 범죄인들이 판사·검사를 공수처에 고소·고발하는 사건이 크게 늘어난다면 사법절차의 심각한 지연은 불가피할 것이다.

2019년에 여야가 대판 싸움을 하고 볼품사나운 소동을 벌이면서 여당이 군소정당들을 꼬드겨 선거법을 개정했다. 법개정으로 이른바 준연동형 비례대표제라는 것을 국회의원선거에 도입했다. 정파 간에 타협하느라 비례대표의원정수의 일부에만 득표비율을 연동시켰기 때문에 '연동형'이 못 되고 '준연동형'이 되었다고 한다. 이런 제도를 도입하려는 명분은 그럴싸했다. 유권자들이 한 투표의 가치를 제대로 살린다는 것, 비례대표의석을 거대정당들이 독식하는 것을 막고 다당제의 길을 터준다는 것, 신생정당이나 군소정당이 성장할 수 있는 발판을 마련해준다는 것 등등이 법개정의 표방된 목적이었다. 제1야당은 손해를 볼까봐 법개정에 격렬히 반대했다. 여당에도 손해가 될 수 있었지만, 이른바 '개혁법안'이라 하는 다른 법안들의 통과를 관철하기 위해 군소정당들의 협력이 필요했고, 따라서 여당은 그들에게 대가(미끼)를 던져줄 필요가 있었다. 그래서 준연동형 비례대표제와 '개혁법률안'들을 묶어 처리하는 데까지는 여당이 승리했다. 그러나 결과는 여당과 군소정당의 흔쾌한 승리라고 볼 수 없게 되었다. 여당 스스로 승리의 효과를 훼손했기 때문이다.

당초부터 의석의 손해를 보기 싫은 속마음은 여당이나 야당이나 거대정당들이 같았을 것이다. 선거법개정을 반대했던 제1야당은 기다렸다는 듯 비례대표 전용 '위성정당'을 만들었다. 이를 본 여당은 야당의 행태를 비열한 꼼수라고 맹렬히 비난했다. 그러나 여당만 의석수에서 손해를 보게 되었으니 어찌하랴. 여당도 머지않아 비례용 위성정당을 만

통치하기 어려운 나라 – 국정관리의 현안과 쟁점

들었다. 여당이 인정하려 하건 말건 여당의 위성정당으로 꼽을 수 있는 것들이 복수로 만들어 졌으니 야당보다 한 술 더 뜬 것이다. 위성정당 중 하나는 여당 편임을 크게 강조했지만 여당은 그렇지 않다고 시치미를 뗐다. 이것도 눈 가리고 아웅이 될 거라 예고하는 사람들이 많았다.

여당이 위성정당을 만드는 과정에도 꼼수가 있었다. 여당이 몇몇 군소정당과 함께 연합정당으로 비례대표용 정당을 만든다고 시작했지만 사실상 여당만의 위성정당으로 변질된 것을 만들고 말았다. 욕을 먹더라도 의석은 잃을 수 없다는 심산이요 계산이었을 것이다. 말인 즉 야당의 꼼수를 꼼수로써 응징한다고 했다. 그런 말로 무안함을 덮으려 했다. 판세가 이러하니 정치도의라는 것은 거론할 여지가 없어졌고, 나아가 선거판을 어지럽히게 되었다.

연동형 비례대표제를 추진한 선거제 개혁은 거의 도로 밑천으로 환원되거나 무효화되다시피 했고, 정당들은 배신당하고 속았다는 비방전을 펼치게 되었다. 여당의 꼬임에 넘어갔던 한 군소정당의 대표는 뒤늦은 후회와 함께 선거법의 재개정을 주장하기도 했다. 우후죽순처럼 솟아난 군소 비례대표용 정당들은 유권자들을 크게 혼란스럽게 했다. 35개의 정당 이름들이 비례대표국회의원 선거 투표용지에 적히게 되었다. 그런 정당들이 무얼 어쩌겠다는 건지 알아채기 힘든 경우도 많았다.

거대정당들에서 공천에 탈락한 사람, 범죄혐의로 수사를 받거나 소추된 사람, 부도덕한 행위 때문에 지탄을 받고 있는 사람 등이 주도해 비례용 정당을 만들기도 했다. 그런 정당은 선거공약 개발에서 검찰을 공격하는 데 열을 올렸다. 그들도 일정 부분 '자기편' 지지자들을 몰고 다니므로 비록 소수이지만 국회의원을 배출할 수 있었다. 무슨 일이 있어도 그들을 지지하는 '내편 지상주의자'들이 있기 때문이다. '집착형 팬클럽정치'가 판을 치고 있기 때문이다. 준연동형 비례대표제 도입의 명분은 화려했지만 그로 인한 결과적 행동은 추하게 되었다. 득 보다는 해독이 더 크게 된 제도라는 기록이 남게 되었다. 이런 눈 가리고 아웅이 빚은 폐단은 너무 컸다.

선거를 혼란으로 몰고 가는 판국을 더욱 어지럽힌 것은 일부 출마자들의 이상한 행동들이다. 소속했던 정당과 그 대표를 욕하고 떠나 다른 정당을 만들었던 사람들이 옛 소속정당을 지지하는 지역민심이 커지자 그에 아부하고 아유구용하는 지나친 행태를 보였다. 남의 당 당색과 같은 색의 선거용 점퍼를 입고 다니기도 하고, 남의 당 후보와 찍은 사진을 크게 만들어 옥외에 내걸기도 했다. 남의 당 소속의 대통령을 도울 수 있는 사람은 자기밖에 없다고 언론에서 떠든 후보자도 있었다. 이것은 시대상을 반영하는 변종 눈 가리고 아웅이다.

선거철마다 정당공천에서 탈락한 사람들이 탈당해 무소속으로 출마하는 사례가 많아 이야깃거리가 된다. 탈당한 무소속출마자들은 대개 당선 후 원래 소속했던 정당에 복당하겠다고 선언한다. 여야를 막론하고 당에서는 탈당출마자들의 복당은 있을 수 없다고 선언한다. 어떤 야당대표는 당헌당규를 고쳐 탈당출마자들의 복당을 영구히 막겠다고 선언하기도 했다. 탈당해 무소속으로 당선된 뒤 복당해서 당대표까지 된 여당 대표가 탈당출마는 해당행위이기 때문에 절대로 복당을 허용하지 않겠다고 강조하기도 했다. 이건 자가당착이며, 정치판의 유행어인 '내로남불'(내가 하면 로맨스, 남이 하면 불륜)에 해당하는 행태이고, 귀추(歸趨)가 뻔한 눈 가리고 아웅이다. 복당불허의 방침은 거의 지켜지지 않는다. 그것이 지난 경험이다. 그걸 알면서도 복당불허를 외치는 것은 어쩔 수 없이, 안 할 수 없어서, 해오고 있는 눈 가리고 아웅이다.

또 다른, 코믹 쇼 같은, 눈 가리고 아웅의 예가 있다. 선거철이 되면 정당마다 이른바 공천관리위원회(공관위) 같은 걸 만드는 것이 근래 정치권의 풍습처럼 되었다. 그걸 만드는 명분은 훌륭하다. 후보자공천의 객관성과 공정성을 확보한다는 것이 주된 명분이다. 거기에 정당쇄신의 목표까지 얹혀 지기도 한다. 그러나 실제 운영 내막을 보면 그야말로 눈 가리고 아웅이다. 요즈음 흔히 말하는 '막장 드라마' 같은 아웅도 흔하다.

공관위원장을 초빙할 때는 그에게 공천결정의 전권을 부여한다는 당대표의 약속과 선언을 공표한다. 공천과정의 공정성을 확실히 높이겠다는 결의를 대외적으로 선전할 필요가 있기 때문에, 그리고 공천관리라는 험난한 과제를 맡을 사람을 끌어들이기 위한 유인도 필요하기 때문에, 그리 할 것이다. 그러나 그 약속이 제대로 지켜지지 않는다. 공천작업이 시작되면 잡음이 일고, 공관위와 당대표, 최고위 등 실세그룹 사이에 대립이 현실화된다. 당대표가 공관위 결정에 대한 승인을 거부하려고 대표직인을 감추고 도주하다시피 고향으로 가버린 일도 있다. 공관위의 결정을 당의결기구에서 뒤집는 일은 빈번하다. 어느 특정한 후보를 놓고 공관위와 당최고위가 주거니 받거니 공천결정를 두 번이나 뒤집은 예도 있다. 갈등의 과정에서 대개는 공관위원장이 쫓겨난다. 쫓겨나는 사람은 그냥 물러나지 않는다. 욕설을 교환하고 당의 처사에 대해 험담을 늘어놓는다. 당을 돕기 위해 들어갔던 사람이 당을 해치고 나오게 된다.

나는 이러한 소동의 근원을 서투른 눈 가리고 아웅이라고 본다. 공관위소동에 대한 내 가설은 이러하다. 그 전에는 당의 소유주라 할 수 있는 당대표가 공천문제를 공식적으로 뿐만 아니라 실질적으로도 결단했다. 공천은 당대표의 의중에 맞게 능률적으로 결정되었다. 결정과정은 비교적 복잡하지 않았으나 독단이다, 사천(私薦)이다 하는 비난이 일고, 낙천자들의 항의를 당대표가 직접 맞닥뜨려야 했다. 그에 대해 완충장치가 필요했을 것이다. 총알받이 또는 욕받이가 필요했을 거라는 말이다. 공관위와 같은 조직의 구성은 그 용도에 안성맞춤이었을 것이다. 공관위의 설치는 공천을 공정하게 하고 있다는 이미지를 대외적으로 선전할 수 있으니 금상첨화였을 것이다. 공관위가 당을 주도하는 세력의 의중을 헤아려 그에 맞게 공천작업을 하고 그 결과에 대한 비난과 공격은 대신 막아준다면 당실세와 공관위 사이의 마찰은 없을 것이다. 그야말로 찰떡궁합이었을 것이다. 그것이 당실세가 공관위를 만들 때 가졌던 속마음이며 바람이었을 것이다.

그런데 당실세의 바람과 다른 사태가 빚어지고 파열음이 나는 이유는 뻔하다. 공식적으로, 겉으로 나타나는, 이유는 약속을 어기고, 공관위의 결정에 간섭하는 당실세의 잘못이다. 그러나 실질적인 잘못은 당이 계획한 눈 가리고 아웅에 제대로 부응하지 않은 공관위에 있는 것이다. 눈치가 없어서, 아니면 전권부여가 빈말인줄 알면서도 모르는 척 공천결정의 전권을 휘두르려다 문제를 만드는 것이다. 전권을 준다는 말을 믿었거나, 믿지 않았더라도 그 말을 방패삼아 공관위구성원들의 뜻을 펼치고 자기들과 친한 사람들을 끼워 넣기도 해야겠다는 유혹을 받았을 것이다. 기업소유주가 '바지사장'을 앉혀놓았더니 소유주행세를 해서 빚어진 문제에 견주어 그런 일을 설명하는 사람들도 있다. 바지사장이란 기업주가 이름만 빌리기 위해 고용한 실권 없는 사장을 일컫는 속어이다.

공관위소동으로 인한 당 이미지 실추를 막으려면 처음부터 전권부여라는 말을 너무 강조하지 말았어야 한다. 공관위가 형식적으로는 의결

기구인 것처럼 되어 있지만 실제로는 심의기구나 자문기구처럼 행동해야 한다는 점에 대해서 내밀히 합의를 해 두었어야 한다. 그래야 눈 가리고 아웅이 순조로웠을 것 아닌가.

정당들은 눈 가리고 아웅 꺼리를 만들지 않으면 정말 불편할 뿐만 아니라 불안한 모양이다. 자기 당 소속 선출직 공직자의 잘못 때문에 보궐건거를 하게 되는 경우 후보자를 공천하지 않는다는 조항을 당헌(黨憲)에 규정한 것은 눈 가리고 아웅의 씨앗이었다. 그 조항을 어길 게 뻔하기 때문이다. 그걸 지우고 후보를 내려면 얼마나 많은 비용을 들여 얼마나 많은 연극을 해야 할 것인가. 그런 규약 없이도 후보공천을 사양함으로써 사과하는 자세를 보일 수 있으련만, 당헌에 규정하는 과시행동을 해서 꼭 눈 가리고 아웅의 절차를 밟아야 하는가.

눈 가리고 아웅이 적어도 의심되는 사례는 도처에 널려있다. 치솟는 집값을 억제하겠다는 부동산정책이 나올 때마다 집값 상승을 오히려 부추기는 부작용이 있었다면 정책의 눈 가리고 아웅을 의심해 볼만하다. 정책결정커뮤니티의 주요구성원들 가운데 다수가 집값 비싼 동내에 살고, 다주택소유자들이라는 말을 들으면 그러한 의심이 더 커진다. 여하간 정부의 주택시장개입은 늘 '긁어 부스럼 개혁'이 되어왔다. 그걸 알면서도 자꾸 반복하는 것은 눈 가리고 아웅 아닌가.

교육기회의 평등을 도모하고, '흙수저들'(the have-nots)의 기회를 넓힌다는 목적을 표방한 교육개혁·입시개혁이 실제로는 점점 더 '금수저들'(the haves)에게 유리해지는 결과를 빚을 때 정책의 눈 가리고 아웅을 의심하게 된다. 대학입시에서 해외연수를 포함한 각종 연수기록, 인턴기록, 수상기록, 봉사활동기록 등을 반영하도록 한 개혁은 분명 금수저들에게 유리하다. 하루 세끼 밥 찾아 먹기도 힘든 흙수저들에게 그런 활동은 사치이고 그림의 떡일 수 있다. 사법시험을 폐지하고 로스쿨이라는 것을 만든 개혁도 금수저들에게 유리한 것이다.

2020년 코로나 19라는 전염병의 팬데믹이 진행되고 있을 때다. 정치인들은 이 팬데믹을 극복하기 위해 전시에 준하는 대처를 하겠다고 떠들었지만 몇 달째 공급부족으로 인한 마스크 대란을 해소하지 못했다. 마스크 사느라 줄서다가 질병을 더 퍼뜨리게 될 지경이었다. 마스크 부족사태로 인한 사람들의 스트레스는 아주 컸다. 전염병으로 인한 불황에서도 잘 팔릴 제품이 마스크와 의료용 방호복 등이다. 과잉생산으로 국내 공급이 넘치더라도 해외 수출길은 아주 넓다. 마스크에 대한 세계적인 수요는 폭발적이다. 코로나 팬데믹이 지나가더라도 지구 대기질이 날로 나빠지고 있기 때문에 마스크산업은 앞으로도 유망하다. 한국제 마스크의 품질이 가장 우수하다는 평판만 얻으면 마스크 생산은 매우 중요한 국가적 산업으로 발전할 수 있다.

마스크를 충분히 생산하지 않거나 못하는 것은 미스터리였다. 대기업은 왜 못 나섰는가. 공기업은 왜 못 나섰는가. 언제까지 영세마스크생산자들만 닦달하고 있어야 했는가. 신용을 먹고 사는 기업들은 눈 가리고 아웅에 정치만큼 자유롭지 않다. 기업이 앞장서야 했는데 누가, 무엇이 기업의 마스크 생산을 가로막았는가. 누가, 무엇이 마스크산업 발전을 가로막았던가. 그걸 왜 밝히지 못했는가. 그 안에 무서운 눈 가리고 아웅이 있지 않았나. 전시에 준하는 대처를 선언한 것은 눈 가리고 아웅이었는가.

마스크 공급이 부족할 때에는 '공적 마스크'라 하여 사실상 배급제를 실시하기도 했다. 마스크 공급이 매우 부족해서 국민들이 어려움을 겪던 시기에 일부 공공기관은 막대한 양의 마스크를 사재기 했다는 폭로도 있었다. 공적 마스크의 배급을 중단하고 민간공급에 맞기니 마스크 값이 절반 이하로 떨어졌다. 이게 또 무슨 조화속이라는 말인가. 마스크 공급부족이 풀리고 마스크 산업에 뛰어든 군소업체들이 우후죽순처럼 나온 뒤에도 수출규제는 조정하지 않아 군소업체들이 도산한다고 아우성인데 귀를 막고 있던 정부는 그리 경황이 없었는지. 정부와 시민사회가 마스크 산업에 보다 많은 관심을 기울일 수는 없었는가.

자유투사들이 남의 자유를 억압할 때, 권력에 저항하던 사람들이 더 큰 권력욕을 노출할 때, 자기 잘못을 가리기 위해 남의 잘못을 걸고 넘어가려 할 때, 사법기관들이 정치판의 문제들에 구부러진 판단을 내릴 때, 우리는 눈 가리고 아웅을 본다.

자유투사, 민주화운동가의 전력을 내세워 권력을 잡고 득세한 사람들의 권력추구지향성이 이전 사람들보다 더하고, 그들이 권력을 배경으로 더 많은 특혜를 누리고 더 많이 독단하려는 행동성향을 보일 때, 눈 가리고 아웅을 생각하게 된다. 자유투사의 이름표를 단 사람들이 자기편이 아닌 사람들의 자유를 무참히 억압하려 들 때도 그렇다. 표현의 자유와 언론의 자유를 목메어 부르짖던 '민주투사'들이 집권한 뒤에는 언론을 규제할 방법을 찾는 데 몰두하고, 자기를 공격하는 비판자들을 명예훼손으로 고소하는 일에 열을 올릴 때 실로 어안이 벙벙하다.

이전 정권의 잘못을 공격하고 그 적폐를 청소하겠다고 집권한 권력자들이 스스로 저지르는 잘못을 비난하면 이전 정권에서도 같은 잘못을 했다고 말함으로써 자신들에 대한 비난을 무력화하려 할 때, 구 적폐를 청산하겠다고 나선 사람들이 신 적폐를 저지르면서 구 적폐를 향해 "너도 그랬다"는 말을 전가의 보도처럼 쓸 때, 심한 자가당착과 눈 가리고 아웅을 본다. 너는 나쁜 짓을 했지만 나는 안 하겠다고 떠든 사람들이 자기도 잘못을 저지르고 그걸 나무라면 너도 그랬는데 뭘 비난하느냐고 덤빈다면, 도대체 그게 앞뒤가 맞는 처사냐고.

"광화문으로 대통령의 집무실을 옮겨 시위군중과 늘 대면하고 국정을 의논하겠다"고 했던 어느 대통령의 선거공약은 뒤에 온데간데없게 되었다. 당초에 실현가능성이 희박하다는 것을 알면서도 내놓은 언약이 아니었겠는가. 그리고 시위군중이 자기편일 때 흥분해 내놓은 말이었을 것이다. 시위대를 국민전체와 일체화하면서 말이지. 자기 정권에 반대하는 시위대가 광화문광장을 장악하게 될 경우에는 광화문에서 시위대와 대면할 생각이 마음속에 없었으나 그걸 표현하지는 않았겠지. 이게 눈 가리고 아웅이 아니고 무엇이었겠는가. 역대 대통령들 가운데서 시위대친화적(demonstrator-friendly) 발언을 가장 많이 했던 대통령의 지휘를 받는 치안당국자들이 광화문집회에 대해 과민반응을 보이고 철권적인 원천봉쇄의 결의와 실행을 거듭하고 있을 때 권력의 이중성을 다시 한 번 확인하게 된다.

위정자의 비리를 보고 분연히 궐기해 촛불을 들고 대규모 군중시위를 해서 통치자를 몰아냈던 바로 그 민중이 자기편 사람의 범죄혐의에 대한 소추를 막으려고 또다시 대규모 촛불시위를 할 때, 구경꾼의 위치에서 촛불을 바라보고 있던 사람들의 심정은 착잡했을 것이다. 이건 눈 가리고 아웅이었다고 의심할 만하다. 여기서 불의에 항의해 궐기했다던 군중의 인지부조화(cognitive dissonance)를 본다. 인간본성의 기막힌 부조리를 본다. 해결이 난망한 모순을 본다.

사법기관들이 정치판과 얽힌 사건에 대해 판단하면서 구부러진 논리를 내놓을 때 사람들은 눈 가리고 아웅의 협업(協業)을 짐작한다. 사법기관들의 구부러진 판단을 두고 "술을 마시고 운전은 했으나 음주운전은 아니다"고 하는 말과 다를 게 없다고 사람들이 투덜거린다면 어찌 눈 가리고 아웅을 의심하지 않을 수 있겠는가.

이쯤해서 다시 눈 가리고 아웅은 진정 정치의 본질인가, 불가결한 속성인가에 대한 질문을 반복한다. 눈 가리고 아웅은 정치의, 민주정치의 피치 못할 수단인가. 조삼모사라고 해야 할 싸구려 포퓰리즘으로 지탱되는 민주정치는 과연 우민정치(愚民政治)인가.

지나 놓고 보니 눈 가리고 아웅을 잘 하는 정치인들, 정치세력들을 유권자들은 선호하고 선택해 오지 않았나 하는 생각이 든다. 눈 가리고 아웅에 능한 정치인들은 유능하고 추진력이 있다는 평가를 받기도 한다. 그들에게 정치9단이라는 칭호를 붙여주기도 한다. 자기편이라고 보는 정치인들의 눈 가리고 아웅에는 특별히 더 관대하다. 눈 가리고 아웅에 서투르거나 눈 가리고 아웅의 전술대결에서 밀리기만 하는 정치인은 무능하다는 낙인이 찍히고 '깜'(재목)이 아니라는 평판을 받는 경우가 많다. 비교적 정직한 행적을 보인 사람이 정치에 입문하려면 눈 가리고 아웅으로 무장한 정치고수들에게서 시달림을 받고 역경에 처하게 된다. 국민대중에게서도 우군을 찾기 어렵다. 착하지만 쓸모가 없다는 비아냥거림을 받기도 한다. 눈 가리고 아웅이 기승을 부리는 마당에 순수성·정직성을 진정으로 추구하려는 정치인이나 정당은 생겨나기도 어렵고, 생겨나더라도 조만간 사람들의 관심에서 사라지고 도태될 수밖에 없다.

정치인들의 눈 가리고 아웅을 욕하던 사람들도 공직선거의 투표장에 들어가면 일관성 없는 행동을 할 수 있다. 눈 가리고 아웅 쪽에 투표하는 성향이 있다는 말이다. 눈 가리고 아웅을 간파하지 못하고 속아서 그리 하는 사람들도 있을 것이다. 그러나 알면서도 속아주는 사람들이 더 많을 것으로 생각된다. 흉보면서 닮는다더니 유권자들은 눈 가리고 아응을 욕하면서도 그 '수단과 방법을 가리지 않는' 자기목적달성의 효용성을 좋아하는 것 같다. 그걸 추진력이라고 보는 사람들이 많다. 정치인들의 눈 가리고 아옹이 유권자 개개인의 사익(私益)에 영합할 때 정치9단들에 대한 유권자들의 선호는 강화된다. 이런 유권자들의 행동은 눈 가리고 아옹에 대한 정치인들의 유혹을 강화하게 된다. 정치판에서 횡행하는 눈 가리고 아옹의 제조원(製造元)은 결국 유권자인 국민이라 해야 할 것이다.

정치판의 눈 가리고 아옹이 빚는 폐해는 크다. 정치불신과 냉소주의를 키운다. 널리 사회개혁운동, 도덕성향상운동, 약자들을 위한 봉사활동의 진정성조차도 의심하는 불신풍조를 조장하게 될 것이다. 주권재민의 원리에 따른 국민의 참된 권리행사를 방해하게 될 것이다. 위계에 의한 권리행사방해가 될 수 있다.

정치판의 눈 가리고 아옹이 다소간에 불가피한 요소라 하더라도, 때와 장소에 따라 그 정도와 수준의 차이는 있을 것이다. 눈 가리고 아옹의 수준이 높은 데서 낮은 데로 변동해 가는 것을 선진화의 방향이며 개혁의 목표상태라고 말할 수밖에 없다. 우리 정치판의 눈 가리고 아옹을 줄여나가야 한다. 눈 가리고 아옹의 제도화·체제화를 타파해야 한다.

22
회전문식 개혁

　만들고 없애기를 되풀이하는 이른바 개혁을 나는 회전문식 개혁이라 부르고 있다. 행정개혁사에서 회전문식 개혁의 폐단은 하루 이틀 된 문제가 아니지만 근자에 들어 그 빈도가 더 높아지는 것 같아 걱정이다. 개혁 또는 혁신이란 바람직한 변동이라는 뜻으로 쓰이는 말이다. 내가 못마땅하게 생각하는 회전문식 개혁은 그저 바람직하지 못한 변동일 뿐이다. 거기에 개혁이라는 말을 붙이는 것은 사실 적합하지 않다. 그러나 정부 내외에서 '개혁' 또는 '혁신'의 조치로 부르기 때문에 그냥 회전문식 개혁이라는 표현을 쓰기로 한다.

　다른 사회현상과 마찬가지로 국가의 정책과 행정은 동태적인 현상이다. 시간의 흐름에 따라 변동을 당할 수도 있고 능동적으로 변동을 야기할 수도 있다. 그리고 개혁은 적응적 극복의 과정이기 때문에 개혁의 노선은 융통성 있게 추구되어야 한다. 개혁과정의 변동과 수정의 가능성과 필요를 모두 배제할 수는 없다. 시행착오라는 실책의 가능성을 완벽하게 막을 수도 없다. 그러나 의식적·의도적으로 저지르는 과잉변동이 초래하는 폐단은 크다. 불필요하고 잘못된 변동만큼 너무 빈번한 변동도 폐단을 빚는다. 행정개혁이라는 이름으로 저지르는 조변석개(朝變夕改), 조령모개(朝令暮改)를 사람들이 꾸짖어 온 지는 오래되었다. 빈번한 변동가운데서도 변동과 복원을 되풀이하는 것은 특히 더 큰 문제이다. 변동과 복원 가운데서 바람직하지 못한 것, 그 필요성이 정당화되지 못한 것이 회전문식 개혁이다.

회전문식 개혁은 정부 안에 널려 있으나 우리들 눈에 그중 잘 띄는 사례들은 정부기구개편에서 찾을 수 있다. 자못 극적인 예로 부총리제의 명멸을 들 수 있다. 부총리제는 제3공화국 박정희 정권에서 도입하였다. 김대중 정부 출범 초에 부총리제를 폐지했다가 2년 만에 복원했으며 노무현 정부에서는 그 수를 늘렸다. 이명박 정부는 부총리제를 폐지하였다. 박근혜 정부가 출범하면서 부총리제를 다시 도입하였다. 재정·경제분야에 부총리를 신설했는데 곧 이어 부총리 자리를 하나 더 늘렸다.

부총리제의 복원과 확대는 오늘날의 세계적인 개혁사조나 우리 정부의 원칙적인 개혁노선에도 어긋나는 것이다. 정부는 집권적·일방통행적 정치·행정 관행을 비판하고 정부 내외의 칸막이 제거와 협치·협업을 강조한다. 정부 부처들의 횡적·수평적 조정과 협력을 강조한다. 아랫사람들이 서로 협력을 못하기 때문에 상위직을 증설해 윗사람들이 명령으로 아랫사람들의 행동을 조정해야 한다는 전략은 어디에도 없다. 그러나 장관 위에 부총리를 두어야 한다는 말은 그의 명령으로 각기 따로 노는 장관들의 행동을 조정해야 한다는 뜻이다. 개혁의 원대한 캐치프레이즈야 어찌 되었건, 정부정책의 자가당착이야 어찌되었건, 부총리제가 없으면 현실적으로 일이 잘 돌아가지 않는다고 생각한 모양이다.

부총리제 채택과 폐지를 거듭해 온 회전문식 개혁의 원인 또는 이유는 무엇일까? 그 이유에 대한 여러 가지 해석이 가능하다. 나는 그중한 가지 해석을 여기서 이야기해보려고 한다. 모든 정책, 모든 개혁안에는 장점과 단점이 있다. 사람들은 부총리제의 장점에 더 이끌리기도 하고 단점에 더 이끌리기도 한다. 부총리제의 도입은 정부관료제의 고층화(다계층화)와 집권화를 의미한다. 부총리제의 폐지는 정부관료제의 저층구조화, 그리고 분권화를 의미한다. 고층구조를 지지하는 세력이 이기면 부총리제가 등장하고 저층구조를 지지하는 세력이 이기면 부총리제가 폐지된다.

관료제의 고층구조화를 지지하는 논리와 저층구조화를 지지하는 논리는 서로 다른 뿌리를 가지고 있다. 논리의 뿌리란 인간관, 조직관 그리고 이상과 현실을 보는 관점이다. 관료제의 저층구조화, 분권화, 자율과 협동을 강조하는 주장의 기초는 자기실현적 인간관이다. 이것은 인간이 자기의 역량을 최대한 실현하려고 하는 존재이며, 일의 성취에서 삶의 보람을 찾고, 임무수행에서 자율규제를 하고, 스스로 책임을 지려는 존재라고 설명하는 인간관이다. 사람들은 일의 성취를 위해 자발적으로 합심·협력할 수 있는 존재라고 한다. 그에 입각한 조직관은 조직계층의 증가와 하향적 감시·통제의 강화를 반대한다. 오늘날 행정개혁에 관한 처방적 이론의 주류는 저층구조화를 지지한다. 이것은 학계의 이상론이라 할 수 있다.

관료제의 고층구조화를 지지하는 논조는 인간이 천성적으로 게으르고 쾌락추구적이어서 이익은 취하려 하지만 일을 싫어하고 책임은 지려하지 않는 존재라고 보는 견해에 입각한 것이다. 이런 인간이 일하게 만들려면 일과 이익을 교환하고 윗사람이 지시·명령하고 교환조건을 어기지 않도록 감시 통제해야 한다고 처방한다. 기능별로, 부서별로 칸막이된 관료제를 통합하고 조정하려면 관리층을 강화해야 한다고 처방한다. 상급관리층강화론은 부총리제의 필요성을 강조한다. 관료제적 구조의 고층구조화를 처방하는 논리는 실천세계의 현실론이다. 지위와 권한을 가지고 내리누르지 않으면 일이 돌아가지 않는다는 주장은 뼈저린 현실론이다. 현실론자들은 자율과 협동을 외치는 이상주의자들을 물정 모르는 철부지로 보게 된다. 관료의 이익을 해치는 훼방꾼으로 보게 된다. 채찍을 들지 않으면 사람들이 말을 듣지 않는다는 현실론자들의 생각은 확고하다.

정치인들이 어떤 정책분야의 중요성을 강조하고 그에 대한 존중을 행동으로 과시하려고 할 때 쓸 수 있는 손쉬운 방편은 관련정부부처의 부총리급 격상이다. 이런 필요 또한 고층구조화를 지지해주는 요인이다.

현실론자들이 부총리제를 만들어 놓으면 이상주의자들이 이를 폐지한다. 설치와 폐지가 되풀이된다. 무언가 새 일을 벌이려는 집권자들은 현실론과 이상론을 번갈아 지지함으로써 회전문식 개혁을 정례화한다.

정부 부처의 개편과정에서는 부총리제의 경우 이외에도 개편을 위한 개편, 긁어 부스럼식의 개편, 회전문식 개편의 예를 흔히 본다. 행정안전부의 기구한 개편사(改編史)를 보라. 정부인사기능의 유랑사(流浪史)를 보라. 예전 내무부와 총무처는 쓸 데 없는 성형수술을 여러 차례 받고 결국 제자리로 돌아가는 모양이다. 내무부는 19년 동안 행정자치부, 행정안전부, 안전행정부, 다시 행정자치부, 그리고 또다시 행정안전부로 개명을 거듭하고 나서 옛 내무부와 흡사한 모습으로 나타났다. 이건 회전문식 개혁의 한 전형이다. 과시주의로 인한 세금낭비의 표본이다. 정부수립 때부터 써오던 내무부라는 이름을 계속 써왔어도 별 탈이 없었을 터인데 하는 안타까움이 있다.

정부인사기능은 총무처에서 행정자치부로 갔다가 중앙인사위원회로 가고 다시 행정안전부와 안전행정부를 거쳐 인사혁신처로 옮겨갔다. 인사혁신처는 옛 총무처의 인사담당부서와 별반 다를 것이 없다. 총무처라는 이름을 그대로 두고 그 기능과 소프트웨어를 바꿔왔으면 많은 시행착오와 낭비를 막을 수 있었을 것이다. 정부의 인사기능을 맡는 기구는 위원회형 조직이라야 한다는 맹신 또는 미신 때문에 어정쩡한 중앙인사위원회를 만들었으나 그것이 미신이라는 이치를 아는 세력이 힘을 얻어 이를 폐지하였다. 머지않은 장래에 위원회 신봉자들이 이겨 인사기구를 또다시 개편하는 회전문을 열 가능성은 얼마든지 있다.

국민에게 정부조직도표 다시 그리기 놀이가 흥미꺼리이기만 한 것은 아니다. 개혁에는 항상 경제적·사회적 비용이 수반된다. 부처 이름만을 바꾸는 데도 거금이 든다. 이런 내막을 국민이 안다면 매우 불편할 것이다. 청와대로부터 읍·면·동에 이르기까지 정부기관의 이름을 바꾸면 현판과 안내판을 교체하는 비용, 서식을 교체하는 비용, 직인을 교체하는 비용 등등 눈에 보이는 비용만도 적지 않을 것이다. 사회적 비용은 그보다 월등히 더 많을 수 있다. 빈번한 기관이름 바꾸기는 심각한 문제이다. 행정조직에서 뿐만 아니라 공공부문 전반에 걸쳐 빈번한 이름 바꾸기가 성행하고 있다. 정당들의 이름 바꾸기를 보면 현기증이 날 지경이다.

선진국들에서 우리나라의 경우와 같은 빈번한 정부조직 이름 바꾸기의 예를 찾아보기는 어렵다. 그리고 사람은 어른들이 지어준 이름을 달고 일생을 살아도 별 탈이 없지 않은가? 사는 동안 개명을 시도하는 사람은 극소수이다. 사람이 살아가면서 변할 때마다 이름을 바꿔야 할 필요는 없지 않은가? 삶에 대한 각오를 새롭게 할 때마다 자기 이름을 바꾸는 사람은 거의 없지 않은가? 정부조직의 이름 바꾸기를 모의하는 사람들이 새겨들어야 할 질문들이다.

　정치를 하는 사람들, 정부를 운영하는 사람들은 정권교체기나 민심수습과 국면전환이 필요한 시기마다 전가의 보도로 어김없이 휘두르는 것은 정부조직과 공직자인사에 타격을 주는 방법이다. 조직·인사 개편만큼 국민의 이목을 끄는 데 가시적이고 효과적인 도구를 찾지 못한다. 개혁이라는 이름으로 대대적인 조직개편을 하고 감원 등 숙정조치를 한다. 그로서 정부당국자의 개혁의지를 내외에 과시한다. 사람들의 시선이 거기에 모아지게 한다. 나는 이런 사업을 '강조주간적' 개혁이라 부르고 있다. 정치와 행정의 입장에서는 일을 잘 하는 것보다 일을 잘 하는 것처럼 보이게 외형을 꾸미는 일이 더 중요할 때도 있다. 정치가 대중의 지지를 얻어야 하는 민주국가에서 특히 더 그러하다. 그런대 관료조직의 복원력은 상상을 초월한다. 공무원 정원을 아무리 줄여보아도 다시 늘고 위원회를 아무리 줄여보아도 다시 늘어난다. 이러한 복원력은 낭비의 다른 한 축이다. 회전문식 개혁의 한 동력이다.

　회전문식 개혁은 정부기구와 인력운용의 영역에 국한된 문제가 아니다. 회전문식 개혁과 조령모개는 국정의 도처에서 쉽게 찾아볼 수 있다. 많은 사람들이 특히 절감한 조령모개와 회전문식 개혁은 대학입시정책의 변동일 것이다. 대학입시의 대학주도와 정부주도를 오락가락 하면서 구체적인 방법들의 조변석개를 거듭해왔다. 이를 보는 사람들은 불안하고 피곤하다. 보다 심각한 문제는 고등학교 국사교과서 집필지침의 회전문식 오락가락이다. 대한민국 건국연도, 국시(國是), 유일합법정부 여부, 6·25전쟁의 원인 등에 관한 기술이 정권에 따라 오락가락한다. 그것은 객관식 시험을 치러야 하는 고교생들에 대한 고문(torture)이다.

많은 사람들의 관심사인 주택청약제도는 2018년까지 40년간 136차례나 바뀌었다고 한다. 집값 안정을 도모한다는 정책은 수없이 되풀이되었다. 한 정권 아래서 20여 차례나 집값 안정화대책을 시행하고 집값을 떨어뜨리기 위해 여러 가지 고율과세(세금폭탄)를 퍼부었을 때 부동산 거래는 얼어붙고 집값·전세 값은 오히려 반등하는 시장의 반응이 나타나기도 했다. 사람들이 부동산정책의 회전문식 변동을 예상하기 때문이었을 것이다.

그때그때 조정이 필요한 정책이라고 하지만 조변석개가 너무 심하다. 조변석개의 과정에서 회전문식 변동 또한 아주 많이 범했으리라. 사람(기관장 등)이 바뀔 때마다 정책이 바뀌고 옛 정책이 되살아나는 예는 많다. 실패했던 정책을 되풀이해 채택하는 경우도 적지 않은데 이를 가리켜 정책실패의 제도화라 부르기도 한다.

정치권에서는 회전문식 개혁을 포함한 바람직하지 못한 변동을 저지르도록 등을 떠미는 압력을 받을 수 있다. 선심성 공약 때문에, 변화된 모습을 보여주어야 하기 때문에, 어떤 정책의지를 강조해야 하기 때문에 등등의 이유로 바람직하지 않은 변동에까지 정부가 내몰릴 수 있다. 그러나 회전문식 개혁과 같은 낭비가 지나치니 문제이다. 회전문식 개혁에 따르는 낭비와 비효율이 너무 크다. 그보다 더 무서운 것은 개혁에 대한 불신의 조장이다.

개혁추진에 쫓기는 사람들은 회전문식 개혁의 해독을 깊이 성찰해야 한다. 개혁에 나서는 공직자들은 무엇을 해야 하느냐의 문제뿐만 아니라 무엇을 하지 말아야 하느냐의 문제에도 대등한 주의를 기울여야 한다. 정권이 바뀔 때마다 정부기구를 전면적으로 그리고 졸속적으로 뜯어고쳐야 하는 것처럼 여겨왔던 관행도 사라져야 한다. 외과수술과 같은 충격적 조직개편을 너무 자주 되풀이하면 유기체인 정부조직이 골병든다. 개혁의 필요보다는 명분 쌓기에 떠밀린 개편은 더 해롭다. 정부조직을 전면적으로 개편해야 하는 필요가 매년 생기다시피 하는 것은 아니다. 약간 낡은 기계도 쓸 줄 알고 약간 낡은 정부조직도 운용할 줄 알아야 한다.

내가 회전문식 개혁의 폐단을 나무란다고 해서 개혁을 반대한다거나, 과거복원의 모든 행동을 나쁜 회전문식 개혁으로 몬다고 오해하면 안 된다. 건강한 개혁을 지지하고 촉구한 것뿐이다. 완벽한 인간도 완벽한 조직도 완벽한 행정도 없다. 그러니 고쳐야 할 것, 개혁해야 할 문제는 언제나 있다. 정부의 개혁은 일상화되어야 한다. 여건이 급변할 때는 개혁의 연구에 더 많은 역점을 두어야 한다. 개혁장치는 정부 안에 내장되어야 한다. 유능한 개혁장치의 상시작동은 벼락치기 개혁, 강조주간적 개혁에서 흔히 범하는 회전문식 개혁도 막아줄 것이다. 개혁활동도 항상 개혁대상으로 놓고 심사숙고해야 한다. 개혁은 엄밀한 필요에 대응하는 것이라야 한다. 필요가 확인되지 않은 개혁이나 필요에 맞지 않는 개혁을 하는 과오는 막아야 한다. 회전문식 개혁 가운데 상당수는 필요에 합치하지 않는 개혁이다.

23
점증주의, 합리주의, 그리고 정책 밀어붙이기

2019년에 4대강 사업의 존폐를 놓고 벌어지는 논란을 보면서 정책결정과 정책변동의 동기와 논리, 방법과 비용 등을 다시 한 번 생각해보게 되었다. 4대강 사업을 처음 저지를 때도 거센 반대를 무릅쓴 밀어붙이기가 있었고, 정권이 바뀌자 집권자들은 4대강 사업을 원점으로 되돌리려는, 보(洑)를 해체하려는 정책을 밀어붙이려고 안간힘을 썼다. 막대한 비용이 드는 정책결정·정책변동의 시행착오를 나무라지 않을 수 없다.

세상에 장점 없는 정책이 어디 있겠으며, 단점 없는 정책이 어디 있겠는가. 정책의 장점과 단점에 오락가락 초점을 옮길 때마다 무리하게 정책을 만들고 정책을 바꾸면 큰일이다. 여기서 결론부터 말 하고 이야기를 끌어나가려고 한다. 4대강 사업 이전의 상태로 원상회복을 하려는 정책의 밀어붙이기는 잘못이라는 것이 내 결론이다. 문제에 관련된 여러 이야기들을 하다보면 독자들이 논지의 방향을 잃을까봐 결론을 미리 이야기하는 것이다.

이솝 우화에서 본 이야기 하나가 생각난다. 사건의 순서는 잊었지만 이야기의 줄거리는 대강 이러한 것으로 기억한다. 아버지와 아들이 당나귀 한 마리를 끌고 길을 가고 있었다. 어떤 마을을 지나는데 이들을 본 사람들은 누구 하나라도 당나귀를 타고 가지 둘 다 걸어가니 멍청하다고 수군수군 흉을 보았다. 이 소리를 들은 아버지는 아들을 당나귀에 태우고 자기는 당나귀의 고삐를 끌고 갔다. 이들이 다음 마을을 지나는데 사람들은 자식이 당나귀를 타고 아버지를 걷게 한다고 자식의 불효를 나무랐다. 그래서 이번에는 아버지가 타고 아들을 걷게 했다. 또 다른 마을을 지나는데 사람들은 어린 자식을 걷게 하고 어른이 타고 간다고 손가락질을 했다. 그래서 아버지와 아들이 함께 당나귀를 탔다. 그랬더니 이번에는 그 작은 당나귀에 두 사람이나 타는 나쁜 사람들이라 했다. 별 수 없이 아버지와 아들은 당나귀의 발을 묶고 그 사이에 장대를 끼워 둘이서 당나귀를 메고 걸어갔다고 한다.

변동을 되풀이하다가 결국 최악의 선택을 하게 된 것이다. 이 우화에서 건지는 메시지는 사람에 따라서 다를 수 있다. 문제해결의 과정에서 진퇴유곡의, 이래도 탈이고 저래도 탈인 딜레마에 봉착하는 일이 많다는 이치를 말하는 사람이 있을 것이다. 세상살이에서 옳고 그름을 말하고 좋고 나쁨을 말하는 가치의 세계에는 으레 의견대립이 있고 갈등과 다툼이 있다는 것을 지적하는 사람이 있을 것이다. 변동의 추진에는 거의 언제나 반대와 저항이 따른다는 이치를 말하는 사람이 있을 것이다. 주견 없이 사람들 말에 끌려 다니다가는 죽도 밥도 안 된다는 경고로 풀이하는 사람들도 있을 것이다. 나는 무모한 시행착오의 어리석음에 주목한다. 당나귀 한 마리를 누가 탈 것인가를 놓고 시행착오를 되풀이하는 것도 어리석은데, 막대한 비용이 드는 국책사업에서 저지르는 어리석음의 손실은 그야말로 막대한 것이다.

통치하기 어려운 나라 – 국정관리의 현안과 쟁점

인간은 복잡하고 불확실한 세상을 살아간다. 정책결정의 대상이 되는 인간집합체의 규모나 문제의 범위가 커질수록 복잡성과 불확실성은 더 커질 것이다. 나라를 통치하는 차원의 정책결정은 고도의 복잡성과 예측곤란성 속에서 진행된다. 그 가운데 갈등도 많다. 복잡하고 불확실한데 갈등까지 심하다. 불확실하기 때문에 갈등이 생기는지도 모른다. 정책갈등은 통치를 어렵게 하는 핵심적 요인이다.

불확실한 상황에서 정책갈등을 슬기롭게 헤쳐 나가야 한다는 말은 정답이지만 현실에서는 정답에서 벗어날 때가 많다. 꼭 필요한 정책을 우유부단하게, 또는 게을러서 추진하지 못할 때가 있다. 그와는 반대로 미리 독단해 정한 정책을 좌고우면하지 않고 밀어붙일 때도 많다. 통치자들은 여러 가지 동기에서 일도양단, 쾌도난마의 업적을 과시하려고 무리한 일들을 저지른다. 근자에 '사이다와 같은' 속 시원한 개혁정책을 재촉하는 대중의 부추김에 편승해 막무가내의 정책 밀어붙이기가 늘어나는 것 같다. 그런 밀어붙이기를 정책추진력으로 믿으려는 착오가 늘어나는 것 같다.

여기서 내가 밀어붙이기라고 하는 것은 자기주장의 정당화근거에 대한 입증이 없거나 입증이 불완전하고, 충분한 지지도 확보하지 못한 가운데 강제력을 동원해 자기주장을 통째로 관철하는 행위를 지칭한다. 이건 막무가내(莫無可奈)로 우겨대는 행동이다. 정책 밀어붙이기는 정책추진에서 그렇게 한다는 뜻이다. 강제력이란 강압적 권력이다. 강압적 권력의 수단에는 신체적 위해나 그에 대한 위협 등 물리력의 행사뿐만 아니라 다른 여러 가지 수단들이 포함된다. 법적 명령권이나 다수의 사회적 압력 등도 강제력의 기초이다. 정책 밀어붙이기에서 동원되는 강제력은 일차적으로 법적·정치적 강제력이다.

정권을 잡아 힘이 있을 때 뜻을 관철해보자는 생각은 "힘이 정의다"라고 생각하는 데까지 옮아갈 수 있다. 그리 되면 반대의 목소리는 악으로 규정하고 이를 회피하거나 묵살하려는 태도를 보이게 된다. 정치판에서는 그런 일이 자주 관찰된다. 정치판에서는 대개 힘이 정의라는 생각을 미사여구로 감싸거나 숨긴다.

정책 밀어붙이기에 나서는 사람들은 방어적 지각(perceptual defense)의 착오를 범하거나 고의로 정보를 왜곡하는 일이 많다. 방어적 지각의 착오는 자기의 고정관념 또는 사물을 보는 습성에 어긋나는 정보를 회피하거나 자기의 고정관념에 부합되도록 왜곡하는 것이다. 정책 밀어붙이기에 몰두하는 사람들은 대부분 집념의 확대(escalation of commitment)라는 과오를 저지르기도 한다. 집념의 확대는 한번 저지른 결정, 특히 잘못된 결정이나 실천행동을 지속시키기 위해 더 많은 시간과 노력, 돈 등을 투입하는 현상이다. 정책결정의 잘못에 대한 비난을 피하기 위해 인지강화(cognitive bolstering)를 하기 때문에 그런 행동을 하게 된다. 인지강화는 과거의 결정을 정당화할 수 있는 정보만을 받아들이고 그 가치를 과장하는 것이다.

집념의 확대라는 늪에 빠진 사람들은 대개 당초에 표방한 목표를 싸움에 이기려는 수단으로 전락시킨다. 정책대결의 승패상황(이기거나 아니면 지는 상황)이 격화되면 정책목표는 뒷전으로 밀려나고 이기거나 지는 문제만 전면에 부각된다. 이기려는 싸움이 격렬해지면 정책 밀어붙이기가 오히려 더 큰 반대에 봉착하고 정국경색이라는 확장된 문제를 야기할 수 있다. 그런 와중에 정책 밀어붙이기가 이기더라도 반대자들이 품는 앙심은 아주 클 것이다. 뒷날 반전을 노리는 공격이 벌어질 것이다.

이른바 '4대강 사업'으로 불리는 거대 토목사업의 존폐를 놓고 벌어진 정책갈등과 정책 밀어붙이기의 징조를 보면서 이 글을 쓰게 되었고, 글머리에 이런 저런 장황한 이야기들을 늘어놓게 되었다. 4대강 사업에 관한 정책의 밀어붙이기를 설명하는 데 필요한 만큼 정책수립 또는 변동의 동기, 정책결정의 상황, 정책결정의 접근방법, 정책추진의 실책과 개선방향 등에 대한 논의를 더 해 보려 한다.

요즈음 사람들이 말하는 4대강 사업은 이명박 정부가 시행한 대규모 수리토목공사(水利土木工事)를 지칭한다. 이 전 대통령은 사기업 재직시절 건설사업에 많은 경험을 쌓았다. 그가 서울특별시장이었을 때는 여러 반대를 무릅쓰고 청계천 복원사업을 추진해 결과적으로 여론의 좋은 평판을 받았다. 그 사업은 서울시장의 대표적인 업적의 하나로 기억되었다. 그런 성취에 스스로 매료되었던지 대통령이 되고서는 다시 한 번의 회심작으로 4대강 사업을 밀어붙였다. 그는 당초에 국토를 종횡으로 관통하는 대규모 운하 건설이라는 과시사업(誇示事業: prestige project)을 구상했던 모양이나 거센 반대에 부딪치자 스케일을 줄여 보(洑) 건설사업으로 추진하였다. 과시사업이란 자랑거리를 만들기 위해 벌이는 사업을 말한다. 그런 사업들은 대개 실력의 범위를 벗어나고 당장의 필요에도 부합하지 않는다.

이명박 정부가 추진한 4대강 사업은 국토의 수자원을 효율적으로 이용할 수 있도록 관리하고 홍수피해를 줄이기 위해 시행한 국토종합개발 사업이라고 설명되었다. 그 중심은 중요한 강들에 보를 건설하는 것이었다. 이 사업으로 한강, 낙동강, 금강, 영산강 등 4대강과 섬진강 및 지류에 보, 댐, 저수지 등을 만들었다. 총사업비는 22조원이었다고 한다. 정책 밀어붙이기의 정당화근거가 된 사업의 필요성 또는 기대효과로 표방된 것은 물 자급률과 수자원 이용률을 높인다는 것, 홍수를 예방하고 가뭄에 효과적으로 대비함으로써 기후변화와 자연재해 증가에 대비할 수 있다는 것이었다. 수질악화의 우려에 대해서는 수질악화가 가뭄과 생활하수 때문이고 보의 건설 때문이 아니라는 말로 반박하였다. 보 건설의 편익을 부각시켜 사업을 밀어붙인 것이다.

문재인정부에서는 4대강 사업의 비용과 폐해를 크게 부각시켜 사업시행 이전의 상태를 복원하려는 밀어붙이기를 꾀하였다. 4대강 사업을 반대하던 사람들이 득세하여 작심하고 반격에 나선 것이다. 문재인정부의 중요한 캐치프레이즈인 적폐청산의 일환으로 밀어붙인 것 같다. 개발보다 보존을 우선하는 진보진영의 이념적 편향도 작용했을 것이다.

4대강 사업을 원점으로 되돌리려는 밀어붙이기는 없던 것을 새로 만들자는 결정보다 더 지독하다. 많은 비용과 시간을 들여 만든 것을 또다시 큰 비용을 들여 허물어버리자는 계획은 더 많은 저항을 무릅쓰는 일이다. 막대한 매몰비용을 내다 버리는 데 많은 돈을 쓰는 정책뒤집기이기 때문에 더 지독하다는 것이다. 4대강의 개발을 추진한 정권이나 이를 역전시키려는 정권은 모두 밀어붙이기를 한 것으로 보이지만 보다 지독한 역전시도에 더 많은 관심을 갖지 않을 수 없다.

4대강 복원을 밀어붙이려한 사람들은 보 건설과 유지의 손실과 폐해를 최대한 부각시켰다. 오염원이 많은데 물을 가둬둠으로써 녹조 발생 등 수질을 악화시키고 생태계에 여러 가지 악영향을 미친다는 것이 핵심적인 보 해체의 명분이다. 그 밖에 보의 내구성 부족, 많은 유지관리 비용도 이유로 들어졌다. 보 건설의 부정적인 이미지를 부각시키기 위해 건설사업 추진과정의 각종 비리도 거론했다.

정책의 결정 또는 정책변동의 결정을 촉발하게 되는 계기와 동기는 다양하고 복잡하다. 일반적으로 말한다면 기대수준과 실재수준이 어긋나서 불만이 생기면 이를 해소하기 위한 정책을 추진하게 된다고 할 수 있다. 기존의 기준에 도달하지 못해 조성되는 불만도 있고 기준을 바꿨기 때문에 조성되는 불만도 있다. 국민들이 불만을 느끼고 새로운 정책 추진을 요구할 수 있다. 국회도, 정당도, 이익집단도 요구할 수 있다. 정부 내의 관료들도 요구할 수 있다. 정책문제에 관한 전문적 연구인들이 문제를 제기할 수도 있다. 가장 중요한 행동자는 정부의 통치중추인 정치적 리더십이다.

새로운 정책문제가 생기거나 기존 정책의 오류가 확인되었을 때 불만이 생기고 그것이 정책추진요구로 표출될 수 있다. 자원공급의 변화나 지식·기술의 변화도 마찬가지이다. 위기와 재난의 발생도 그렇다. 국민의 기대와 요구가 변하는 것도 그렇다. 통치집단 등 정책결정중추의 기대·필요·관심의 변화는 새로운 정책추진의 결정적 동기를 만들 수 있다. 정책결정에 참여하는 정책네트워크의 역학관계 변화가 거기에 결부된다. 정권변동·정권교체는 참여자 변동, 정책선호 변동의 가장 현저한 예이다. 정권출범 초기에 정책 밀어붙이기의 유효한 동력을 발휘할 수 있다. 커다란 정책갈등을 무릅쓰는 정책 밀어붙이기는 정권 초기에 저질러야 한다는 말들을 한다. 정권 중반이 넘어가고, 특히 집권자의 레임덕 현상이 진행되면 기회를 잃는다고 한다.

집행관료들의 정책순응과 복종을 받아내는 데도 정권초기가 가장 유리하다. 관료들은 흔히 상층부의 통제에 대한 역통제(逆統制)의 능력을 지녔고 정책의도를 왜곡하거나 무력화하는 교란행동, 소극적 저항행동을 잘 한다고 알려져 있다. 위임자인 상층부의 대리인으로 행동하는 관료들은 전문분야의 우월한 지식을 내세워 도덕적 해이를 저지르기도 한다. 상사(上司) '물 먹이기'에 능하다는 말이다.

그런가 하면 '영혼 없이' 상사의 명령에 맹종할 수도 있다. 과잉동조, 과잉충성의 강한 행동성향도 보일 수 있다. 받는 명령이 자기 이익을 해치지 않고 명령불복이 분명한 불이익을 줄 것이라고 판단할 때, 명령복종이 장차 자기 신상에 이익을 줄 수 있을 것이라고 판단할 때 과잉동조의 행태를 보일 수 있다. 그래서 관료제의 위에서 아래로 흐르는 명령의 에너지는 멀리 갈수록 강화될 수 있다는 말을 한다. 물질을 통해서 흐르는 에너지는 멀리 갈수록 약화되는데, 사람으로 구성된 관료조직을 흐르는 에너지는 멀리 갈수록 강화되는 경우가 있다는 말이다. 그런 현상을 가장 잘 연출할 수 있는 시기가 정권초기이다.

통치권력 상층부의 정책판단이 정책추진에 중요한, 경우에 따라 결정적인 계기와 동인을 만드는데, 거기에는 정치적·정략적 판단이 개입된다. 사안에 따라 그 정도는 다르겠지만 대개의 경우 정파적 이익에 대한 고려, 업적과시에 대한 욕망, 반대파 깎아내리기, 전 정권의 치적 지우기 등의 의도가 개입된다. 그래서 정권교체 때마다 거대한, 말썽 많은 정책변동이 시도된다. 그 결과가 반드시 개혁으로 된다는 보장은 없다. 개혁실패, 회전문식 개혁, 엄청난 낭비, 국론분열 등의 폐해를 초래하는 경우가 드물지 않다.

널리 의사결정에서, 그리고 정책결정에서 채택할 수 있는 접근방법들은 무수히 많다. 그 중 대표적인 범주가 합리주의적 접근방법과 점증주의적 접근방법이다.

정책결정의 합리주의적 접근방법, 즉 합리적 모형(rational model)은 사람들이 생각하는 이상형이다. 그리고 바람직하다고 생각하는 규범적 모형이다. 바람직한 것이기 때문에 규범적이라고도 하고 이상적이라고도 한다. 합리적 모형은 인간과 정책결정체제의 합리성을 전제한다. 문제와 해결책에 관한 지식의 완벽성과 정보의 제약 없는 이용가능성을 전제한다.

합리적 모형은 정책결정자가 문제와 해결의 필요성을 잘 알고, 해결의 대안들을 정확하게 알고, 대안들의 결과를 정확하게 예측할 수 있고, 대안선택의 목표 또는 기준이 명확하고, 최적대안의 선택과정에 비합리적 요인이 개입되지 않을 때만 적용 가능하고 그 효용을 발휘할 수 있다. 정책결정의 합리적 모형은 인간의 합리성을 믿는다. 합리성은 목표달성에 필요한 최적행동대안을 정확하게 계산해 선택하는 행동의 특성이다. 합리적 선택은 유일최선의 선택을 지향한다. 순수하게 합리적인 시각에서 볼 때 가장 좋은 해결책은 오직 하나뿐일 것이기 때문이다.

합리적 모형에 의한 정책결정에서는 문제의 발견과 진단, 대안의 탐색과 선택 등의 단계들이 서로 뚜렷하게 구별되며, 미리 정한 순서대로 차례차례 진행된다. 한 단계가 완벽하게 끝나야 다음 단계가 진행된다. 각 단계가 합리적으로 마무리되는 것을 전제하기 때문에 단계들이 서로 섞이거나 뒤돌아가 수정하는 일이 필요하지 않다. 정책결정의 목표는 주어지는 것이며 명확하고 불변적인 것이다. 문제해결에 기여할 가능성이 있는 모든 해결대안들을 찾아내고 각 대안이 가져올 결과를 빠짐없이 체계적으로 분석하고 예측한다. 미리 정해진 기준에 비추어 최적의 해결대안을 선택한다. 문제, 대안, 연관요인을 포괄적으로 탐색하고 분석하기 때문에 합리주의적 접근방법은 포괄주의적·총체주의적 접근방법이라고 부를 수 있다.

정책결정이 언제나 합리적으로만 이루어질 수 있으면 얼마나 좋겠는가. 합리적 모형이 이상적이고 규범적이라는 말 속에는 "그게 옳고 바람직한 것이지만 언제나 적용이 가능한 것은 아니다"는 뜻도 함축되어 있다. 현실세계에서 합리적 모형을 적용하는 데는 한계가 있다. 정부의 중요정책과정에서 봉착하는 한계는 특히 더 크다.

우선 의사결정자들의 합리성을 언제나 믿을 수 있는 것은 아니다. 인간에게는 사실을 정확하게 파악하고 미래를 예측하는 데 필요한 어느 정도의 능력이 있다. 그래서 인간사회가 유지되고 발전되어 왔다. 인지가 발달하고 과학기술이 발전함에 따라 인지능력이 크게 향상된 것도 사실이다. 그러나 인간이 모든 것을 알고 모든 것을 예측할 수 있는 단계에 이르러 있는 것은 아니다. 아직까지 전지전능(全知全能)은 귀신의 세계에나 있는 현상이다. 사람의 지각과정은 사람에 따라, 상황에 따라 다를 수 있다. 사람은 사물을 인식할 때 여러 가지 착오를 범할 수 있다. 고정관념, 편견 때문에 합리적 판단을 그르칠 수도 있다. 사람마다 성격이 다를 수 있는 것도 문제이다. 사람들의 문제해결능력은 완벽한 것이 아니며, 능력은 사람에 따라 다르다.

공공부문에서 정책을 결정할 때 마주치는 상황이 모든 것을 합리적 계산으로 논증하고 선택할 수 있는 확실한 상황인 경우는 드물다. 고작해야 결과발생의 확률을 예측해볼 수 있는 정도의 모험적인 상황일 때가 많다. 확률조차 알 수 없어 도박을 할 수밖에 없는 불확실한 상황도 드물지 않다. 정책문제는 대개 복잡하고 그에 대한 정보는 충분치 않다. 많은 경우 목표는 모호하고 그에 대한 합의 또한 없는 경우가 많다. 정책결정과정을 감싸게 되는 의사전달과정에는 여러 가지 장애가 개입될 수 있다. 정책결정 참여자들, 이해관계자들이 엮어내는 역동적 교호작용은 매우 복잡하고 예측하기 어렵다. 정책결정자들은 시간제약 때문에, 경제적 자원의 부족 때문에 정책결정과정에서 합리적 노력을 제대로 하기 어렵다. 관련자들의 선례답습적 태도 역시 합리적 의사결정을 방해한다. 정책의 영향을 받는 사람들의 이기주의적·비합리적 요구는 합리적 정책결정을 방해한다.

정책결정의 합리성을 제약하는 요인들이 어디 한두 가지이겠는가. 여기서 든 제약요인들은 단지 예시(例示)임에 불과하다고 이해해야 한다. 많은 제약에도 불구하고 우리가 합리적 문제해결을 전혀 포기할 수는 없다. 정책결정의 현장에서는 합리성 추구의 노력을 다소간에 하고 있는 것이 사실이다. 문제해결의 필요성과 해결의 성과에 대한 합리적 논증은 정책추진에 가장 큰 설득력을 제공하기 때문에 합리적 계산전략의 활용은 동력을 얻게 된다. 정책을 추진하는 사람들은 설득력을 얻기 위해 서투른 계산전략의 적용을 꾸미기도 한다. 합리적 분석과정의 제약과 교란요인들은 흐지부지 덮어 버리고 정책의 효용(편익)을 부풀려 눈속임을 할 수도 있다.

4대강 사업을 시행했던 사람들도 온전치 못한 합리적 계산과정을 내세웠겠지만 이를 허물려는 사람들 역시 엉성한 일을 하고 있었다. 문재인 정부는 보 철거의 명분을 쌓기 위해 환경부에 4대강 조사평가위원회를 구성해 보의 유지와 해체라는 두 가지 상반된 대안을 비교하여 권고안을 선택하게 하였다. 이 위원회는 "철저하게 비용과 편익의 관점에서 경제성을 분석했다"고 말하고 보의 철거를 주축으로 하는 방안을 권고하였다.

이 위원회가 합리적·계산적 접근방법을 표방하면서 한 일을 보면 어려워서 못한 것보다 정부의 의도 때문에 일부러 하지 않은 것이 더 많다는 비판을 면키 어렵게 되어 있다. 보의 유지에서 오는 편익은 깎아내리고 해체의 편익은 부풀렸다는 의문이 클 수밖에 없다. 예컨대 보의 수문을 닫아 강의 물을 가둔 경우의 수질오염만을 관찰하였다. 수문을 개방해 유속을 높인 경우의 수질은 고려에서 제외하였다. 관찰기간도 단 16일에 불과하였다. 최소한 1년 정도의 관찰기간이 필요했을 터인데 그리하지 않았다. 보를 해체했을 때 기대되는 수질개선효과와 생태계 회복효과를 중요한 편익으로 내세웠지만 그건 사실 계량적 입증이 어렵다. 보를 존속시키는 경우의 유지·관리비용은 보 해체의 편익으로 계상했으나, 보를 만들 때 들인 막대한 건설비용은 보 해체의 비용에 포함시키지 않은 것도 문제이다. 보의 건설로 노렸던 가뭄·홍수 대비, 농업용수 공급, 상수원 물 확보, 교통편의 향상 등 여러 편익이 사라지게 되는 것도 해체비용에 포함시키지 않았다.

위원회의 내부에서부터 조사평가의 졸속진행에 대한 불만, 사전적 결정에 의한 정부방침의 밀어붙이기에 대한 불만이 터져 나왔다. 사전적 결정이란 채택할 정책을 미리 정해놓고 정책결정과정을 진행시킨다는 말이다. 위원회가 한 일이 합리적 모형 적용에 따르는 호소력·설득력을 지니기는 어렵게 되어 있다.

정책결정의 점증주의적 접근방법, 즉 점증적 모형(incremental model)은 정보의 불완전성 그리고 미래예측의 불확실성을 전제하고 기존 정책의 점증적 수정을 추구한다. 이것은 정책결정의 복잡성과 불확실성을 인식하고 감안하는 보다 겸손한 접근방법이며 보다 현실적인 접근방법이라 할 수 있다. 점증적 모형은 판단·협상의 가능성을 열어두기 때문에 정치적 접근방법이라고 부르는 사람들도 있다.

점증적 모형은 목표 또는 가치를 선정하는 일과 목표실현에 필요한 행동을 분석하고 선택하는 일은 서로 얽혀 있기 때문에 양자를 구분하기 어려우며, 정책결정의 실제에서는 정책대안의 선택과 목표의 확정을

통치하기 어려운 나라 – 국정관리의 현안과 쟁점

병행하는 경우가 많다고 본다. 대안의 선택이 확정되어야 비로소 목표가 뚜렷해질 수 있다고도 말한다. 대안선택의 기준이 언제나 합리적이라거나 고정되어 있다고 보기 어렵다고 한다. 대안선택의 기준은 정책결정자의 의도나 관련자들의 합의에 따라 변동될 수 있다고 한다. 정책대안 탐색과 분석의 포괄성은 제약될 수밖에 없고, 따라서 정책결정자들은 탐색과 분석의 범위를 좁혀 작업을 단순화하는 수밖에 없다고 한다. 고려요인(변수)의 범위를 좁히기도 하고, 정보수집의 범위를 제한하기도 하고, 대안의 탐색범위를 좁히기도 한다.

점증적 모형을 적용할 때에는 정책대안의 비교와 선택을 순차적·점증적으로 되풀이한다. 총체적 변동보다 한계적(marginal) 변동을 추진한다. 정책분석도 한계적이라고 하는데, 포괄적·총체적 분석이 아니라 정책의 변동분(變動分)에 초점을 맞추어 분석하기 때문에 그리 말한다. 정책의 한계적 변동이란 기존정책으로부터 소폭의 변동만을 추진한다는 뜻이다.

이런 점증적 모형에 대한 이론적 공격은 거세다. 무엇보다도 합리성 결여에 대한 지적이 핵심적인 비판적 논점이다. 정치적 요인 등 비합리적 요인을 너무 과장하는 과오를 범하고 있다고 한다. 정책결정과정에서 달성할 수 있는 제한적 합리성마저 외면한다고 비판한다. 급진적·근본적 개혁을 방해한다고 한다. 단기적이고 근소한 변동만을 추구하기 때문에 근본적인 사회적 개혁을 외면하게 된다는 말이다. 선례답습을 고집하는 행동경향을 용인 또는 조장하고 발전을 가로막는다고 한다. 기득권세력을 옹호하는 수단으로 될 수 있다고 한다. 정책의 목표와 우선순위에 대한 합리적 분석을 게을리 하고 이해당사자들의 판단과 합의에 너무 의존하기 때문에 정책집행과정에서 혼란과 비효율이 빚어질 우려가 있다고 한다. 정부예산지출의 지속적인 증가를 부추길 수 있다고 한다.

그러나 합리주의자들의 허다한 공격에도 불구하고, 많은 약점에도 불구하고, 점증주의는 건재하다. 정책과정의 실천세계에서 점증적 모형의 시장점유율은 아주 높다. 복잡하고 불확실한 현실을 받아들이고 조금씩 조금씩 조심스러운 접근을 하기 때문일 것이다. 합리주의를 이상이라 한다면 점증주의는 현실이라고 표현하는 사람들이 많다. 점증적 모형은 다원적 정치과정이 설정하는 제약조건들을 헤쳐 나가는 데, 그리고 정치의 여러 필요에 영합하는 데 유리하다. 점증적 모형은 정책과정에서 다양한 분야·다양한 이익집단의 이익표출·이익대표를 가능하게 하고 촉진하며 이해관계의 협상·타협과 합의를 도출하는 데 유리하다. 타협과 합의를 통해 갈등은 줄이고 정책과정의 예측가능성은 높일 수 있다. 정책대안의 탐색과 분석에 드는 비용을 줄일 수 있다. 모든 대안들을 탐색해서 합리적으로 분석해야 한다고 고집하지 않기 때문이다. 정치적 가치와 이해관계 등 비합리적 요인들의 고려를 가능하게 한다. 그래서 이해관계자·정책참여자들의 지지를 받아내는 데 유리하다.

원상회복이 불가능하거나, 매우 어렵거나, 원상회복에 막대한 비용이 들 것으로 예상되는 변동을 추구하는 정책결정에서는 점증적 모형에 의지하는 것이 안전하다. 사안은 복잡하고, 예측가능성은 낮고, 합리적 결정을 할 수 있을 만큼 확실한 증거도 없고, 정책시행에 드는 비용이나 정책실패를 시정하는 데 드는 비용이 막대할 것으로 예상될 때 총체주의적인 단판승부를 벌이는 것은 위험하고 무모하다. 점증적·한계적 변동을 추진하는 게 안전할 것이다.

그런대 4대강 사업을 뒤집으려는 정책시도에서 우리는 지난 정권의 정책결과를 일거에 제거하려는 단판승부의 의도를 읽을 수 있다. 불확실한 일을 한꺼번에 해치우려는 도박의 이유를 정치적·정략적 동기에서 찾는 사람들이 많다. 4대강 복원사업추진의 과정은 합리적 모형의 요건에도 부합하지 않고, 점증적 모형의 요건에도 부합하지 않는 정치적 밀어붙이기라 해도 변명하기 어려울 것이다. 4대강 사업의 결과를 조금 더 오래 지켜보아도 좋을 것이다. 사업변동이 불가피하다고 판단했으면 합리적 모형의 처방에 따라 합리적 증거를 찾는 데 최대한의 노력을 기울이고, '납득할만한', '만족할만한', '제한된' 합리성(bounded rationality)의 기준에라도 맞는 논리를 먼저 개발했어야 한다. 그리고 실행방법은 점증주의에 따랐어야 한다.

그러나 아쉽다. 4대강 토목사업을 실행한 사람들이나 이를 되돌리려는 사람들이나 모두 한탕주의와 과시주의를 이기지 못한 것 같다. 설상가상으로 정치적 대결의식, 보복의식까지 끼어들었다는 혐의를 지우기 어렵게 되었다. 정치세력끼리의 고래싸움에 국민이라는 새우의 등이 터지게 생겼다. 걸핏하면 혈세(血稅)를 낭비한다고 서로 비방하는 사람들이 4대강 보를 짓고 허무는, 성과가 불확실한 사업에 막대한 재정지출을 저지르고, 저지르려 하고 있다. 짓고 허물고, 정권이 바뀌면 또다시 지으려 한다면 가공할 재정낭비가 이어질 것이다. 세종보를 헐고 그 위에 자갈로 보를 다시 만든다는 말도 있으니 앞으로 해체한 보를 다시 건설하자는 정책이 추진될 수 있는 가능성을 전혀 허구적인 것이라 말할 수 없다.

4대강 사업 되돌리기를 둘러싼 소동을 보면서 우리 정책과정의 실책리스트를 생각하게 된다. 정책과정의 행동자들이 저지르기 쉽고 자주 저지르는 실책들을 4대강 사업에 관한 정책과정에서 두루 읽을 수 있다.

정책과정의 실책들을 예시해 보기로 한다.

첫째, 지나친 단순화를 들 수 있다. 주먹구구식 단순화규칙에 따라 복잡한 정책문제를 지나치게, 또는 잘못 단순화함으로써 실책을 범할 수 있다. 지나친 단순화의 원인은 많다. 우리가 특히 주목하는 것은 실적 올리기, 실적 과시의 욕구로 인한 정치적 동기이다.

둘째, 정책참여자들에게 조삼모사(朝三暮四)의 술책을 써서 판단을 흐리게 하고 정책의도에 대한 불신을 자초할 수 있다. 문제와 해결대안의 제시방법을 조작하는 것, 해결대안의 이점 또는 약점을 더 부각시키는 것 등을 예로 들 수 있다.

셋째, 실패하거나 잘못된 결정에 대해 지나치게 집착하는 집념의 확대를 흔히 볼 수 있다. 이로 인해 과오를 시정하지 못하고 실패한 정책을 되풀이하기도 한다. 이전의 정권을 운영했던 세력은 자기네가 결정한 일이기 때문에 바꾸자는 데 무조건 반대할 수 있다. 새 정권의 사람들은 반대파가 한 일을 뒤집으려는 동기에서 결정한 일을 번복하려 하지 않는다. 여기서 잘잘못을 따지는 이성을 잃을 수 있다.

넷째, 선입견이나 정책외적 이유로 정책방향을 미리 정해놓고 정책과정을 진행시키기도 한다. 사전적으로 암묵리에 정책대안을 선택해 놓은 다음 정책대안을 탐색하고 분석하는 과정은 형식적으로 진행시키는 것이다. 정부가 정책대안을 미리 내정해 놓고 정책과정을 장식용으로 진행시킨다면 보다 나은 대안선택의 기회를 봉쇄할 뿐만 아니라 정책에 대한 불신을 키우게 된다. 사전적 결정의 의심만 사도 불신의 빌미를 만들 수 있다. 정부정책을 심의하도록 구성한 위원회의 참여자들이 정부의 사전적 결정에 대해 불만을 토로하는 일은 흔하다.

다섯째, 밀어붙이기와는 반대로 결정회피 때문에 폐단을 빚는 경우도 많다. 정책결정자들에게 불리하거나 위험한 결정을 회피하거나 미루면 적시성 상실 등 여러 폐단을 빚는다. 이런 회피적 행동은 규제개혁분야에서 자주 문제화된다.

여섯째, 관료조직 내에서 집단사고(集團思考)로 인한 과오, 과잉동조의 분위기는 정책결정을 그르칠 수 있다. 집단 내의 사회적 압력 때문에 판단능력이 저하되는 현상을 집단사고라 한다.

일곱째, 정책결정의 기준배합이 왜곡될 수 있다. 공익보다 사익이 더많이 고려되기도 하고, 정파적·정치적 고려가 과도하게 반영되기도 한다. 공식적으로 표방된 정책추진의 이유와 숨겨진 이유가 심히 괴리되기도 한다. 사실 그 숨겨진 이유가 정책추진의 가장 강력한 동인일 때가많다. 정치적 보복과 같은 이유는 늘 숨겨진다.

여덟째, 무지(無知)로 인해 실책을 저지르기도 한다. 정책결정자들이 정책현안에 대해 잘 모르고, 해결대안의 탐색과 선택에 필요한 경험과지식이 없거나 부족해서 저지르는 과오는 많다.

정책결정자들은 실패를 통한 학습을 게을리 하지 말아야 한다. 실책을 보고 반성하는 학습과정을 강화해 실책을 되풀이하지 않도록 노력해야 한다. 복잡하고 불확실한 상황에서 거대사업을 추진할 때 어떤 조치들을 해야 할 것인지 깊이 성찰해야 한다.

우선 정책추진에서 공익우선의 기준을 실질적으로 중심에 두고 관련자들에게 이를 납득시켜야 한다. 이것은 현실적으로 요원한 숙제인지모른다. 그러나 정책결정자들에게 끝없이 요구할 수밖에 없는 과제이다. 그리고 정책결정자들은 정책의 절실함을 충분히 논증하고 관련자들을 설득해야 한다. 분명한 전략적 비전을 제시해서 관련자들과 국민일반의 이해, 나아가서는 승복을 얻도록 노력해야 한다. 정책에 대한 사람들의 납득에는 이성적인 동의뿐만 아니라 감성적 공감까지도 포함되어야 한다.

불확실하거나 모험적인 상황에서 판단, 타협과 직관에 많이 의존할때 문제와 해결방안 탐색을 단순화하고 점증적 결정을 하게 된다. 그러나 단순화가 지나쳐서는 안 되고 단순화의 과정에 고의적인 왜곡이 있어서는 안 된다. 실천의 현장에서는 편견에 의한 졸속의 단순화가 횡행해서 늘 말썽이 된다.

정책형성과 집행과정에서 투명성을 높이고 정책추진자들에 대한 신뢰수준을 높이도록 해야 한다. 정책추진자들은 이해관계자들의 내실 있는 참여를 끌어내고 그들의 협력을 얻도록 노력해야 한다. 이를 위해서는 관련자들, 특히 정책의 영향을 받는 사람들과의 의사전달을 원활하게 해야 한다. 입으로는 소통을 강조하면서 실제로는 소통을 게을리 하거나 방해하면 저항을 악화시키게 된다.

정책결정에서 가치기준과 우선순위의 편향이 지나치지 않도록 해야한다. 예컨대 시장적 기준과 정치적·행정적 기준의 고려에서 적정한 조화를 도모해야 한다. 급진주의적 정책과 점진주의적 접근의 배합에서적정을 기하는 것도 매우 중요하다. 이상주의적·합리주의적 개혁을 점진적으로 추진하는 것이 바람직할 때도 많다.

개별적인 정책과정은 구성요소들이 포괄적으로 연관되어 있는 개방체제적 현상이므로 개별 정책은 총체적인 마스터플랜의 목표체계에 일관되게 만들어야 한다. 그리고 장기적인 안목을 가지고 추진해야 한다.

변동을 위한 변동, 형식주의적 변동의 남발로 인한 낭비와 정책불신을 막아야 한다. 특히 전 정권 정책 뒤집기에 매몰되어 저지르는 낭비를 막아야 한다. 정권이나 정책담당자가 바뀔 때마다 정당화하기 어려운 정책변동이 단행되는 것은 폐단일 수 있다. 4대강 보의 건설 후 철거추진과 같은 정책 뒤집기는 참으로 선정적(煽情的)인 예이다.

후진사회에서 빠른 발전을 꿈꿀 때, 미개척의 황무지에서 공업을 건설하려 할 때, 경제의 규모는 작고 질적 수준은 낮을 때, 개발독재에 나선 이른바 영도자들이 영감적 방법(靈感的 方法: inspirational approach)에 의지해 국가적 토목사업이나 공단건설 등을 밀어붙이고, 그것이 국가발전의 토대가 되는 수도 있다. 그런 옛날의 추억에서 벗어나지 못하는 사람들이 여전한 정책 밀어붙이기를 되풀이한다면 낭패이다. 경제수준이 고도화되고 산업연관계수가 고도화된 사회에서 개발연대 초기 사회의 허허벌판에서처럼 정책 밀어붙이기의 효험을 기대한다는 것은 큰 오산이다. 이제 저질러놓고 보는 정책 밀어붙이기는 나라에 큰 화근이 될 수 있다.

24
정치판의 훈수꾼들

훈수(訓手)라는 말이 있다. 국어사전에서는 이 말을 바둑·장기 등에서 똥기어 방법을 가르쳐 줌, 또는 그런 수라고 풀이한다. '똥기다'는 모르는 사실을 깨달아 알도록 암시를 주는 말이라고 한다. 꾼은 어떤 일을 전문적·습관적으로 하는 사람, 즐기는 일에 능숙한 사람, 또는 어떤 일 때문에 모이는 사람의 뜻이라고 한다. 비단 장기판이나 바둑판 또는 그 밖의 노름판에서뿐만 아니라 인간살이 도처에는 훈수꾼들이 많다. 정치판도 예외는 아니다. 정치판에 오히려 더 많은 훈수꾼들이 넘쳐 나는 것 같다. 국정관리의 현안들이 더 많이 쟁점화될수록 훈수꾼들의 활동도 늘어나고 있다. 정치판의 훈수꾼들에 대한 대응책탐색도 국정관리의 현안이라고 생각한다.

정치적 훈수꾼들은 정치판에 뛰어들어 책사(策士) 또는 멘토(mentor)로 활약하거나 정치판 주위를 맴돌면서 정치평론가라는 타이틀을 얻어 정치판을 향한 또는 정치판에 관한 훈수를 둔다. 정치현역자들과 정치

훈수꾼들의 구별은 사실 모호하다. 양자는 서로의 경계를 넘어 오락가락할 수도 있고, 양자의 직책을 겸업할 수도 있다. 여기서는 같은 사람이 겸업을 하거나 두 직업을 오락가락 하더라도 그의 훈수 역할에 주목하는 것이다. 이들 훈수꾼들은 필요해서 생겨났을 것이며 그들은 정치체제의 작동에 긍정적인 역할도 해왔을 것이다. 그런가 하면 양산된 정치적 훈수꾼들이 정치판을 혼탁하게 만드는 등 바람직하지 않은 행태를 보이는 일도 비일비재하다. 여기서는 두 가지 활동방향(멘토와 평론가)에서 보여주는 정치적 훈수꾼들의 부정적 행태를 더듬어보기로 한다.

정치판의 멘토들에 대한 이야기부터 시작해 보자.

어느 분야에서 이름 좀 알려진 사람들을 전문가니 명사니 하는 호칭으로 부르기도 한다. 나이가 든 사람은 원로라 부르기도 한다. 그들 가운데서 어떤 개인 또는 집단의 멘토라는 이름을 추가로 얻은 사람들이 있다. 정치판을 들락거리고 기웃거린 전력이 있어 정치판의 내막을 잘 알고 그 방면의 인맥도 있다는 평판을 듣는 사람들을 정치판에서 멘토로 영입한다. 이른바 대권주자들이나 큰 뜻을 품고 새로이 정치세력을 규합하려는 사람들 또는 흐트러진 정당을 다잡을 필요가 있는 사람들은 세력확장술 또는 국면전환술의 일환으로 멘토들을 영입한다. 정치적 격동기에는 그런 멘토들이 부쩍 늘고 언론의 조명도 많이 받는다. 그들 가운데는 책사노릇을 잘 해 인정도 받고 그들을 영입한 사람들의 눈에 들어 본격적인 정치인이 되고 출세의 길로 들어서는 사람들이 있다. 멘토들의 도움을 받은 정치집단이 정권을 잡으면 그들의 출세길은 넓어진다. 그런가 하면 실패하고 실망한 멘토들, 방황하는 멘토들도 적지 않다.

멘토라는 직분에도 직업윤리라는 것이 있으련만 적절한 행동범절을 보여주지 못하는 멘토들이 많다. 여기 저기 돌아다니면서 서로 대척관계에 있는 개인 또는 정파들에게 멘토가 되기도 하고, 이전에 돕던(섬기던) 사람이나 집단을 헐뜯기도 한다. 자기 말 대로 실행하지 않는 옛 주인에 대해 두고두고 험담을 하기도 한다. 멘토에 대한 예우가 만족할 만큼 깍듯하지 않다고 자리를 박차는 경우도 있다. 자기가 돕던 정치인 또는 정당이 집권에 실패하거나 그 지지율이 떨어지면 앞장 서 분란을 일으키기도 한다. 얼핏 보기에 멘토로서 성공한 사람들 보다 실패한 사람들이 더 많은 것 같다.

멘토로 나설 때는 자기 자신과 세상의 이치에 관해 여러 가지를 심사숙고하고 앉을 자리 설 자리를 잘 분간해야 할 것이다. 특히 나이 든, 노령에 접어든 사람들은 자기의 효용이 무엇이겠는가를 생각해 보고, 멘토를 초빙하는 상대방이 자기에게서 구하려는 것이 무엇인지를 헤아려 보아야 한다. 그리하여 있어야 할 때 있고 필요할 때 있어야 한다. 그리 못하니 문제가 생긴다.

나이든 어른들의 지혜를 머리 조아려 받드는 일이 드문 세상 아닌가. 걸핏하면 세대교체라는 구호를 외치고, 경륜 있는 선배들을 '안 좋은 의미의' 올드 보이라 부르지 않는가. 모든 후배들은 모든 선배들이 물러나 주기를 바라는 한 자락 속마음을 품고 있지 않은가. 이런 사실을 선배가 되고나면 잊기 쉬운 것이 인간이다.

세를 모아 스스로 주인이 되려는 사람이 멘토를 상왕처럼 모시려 하지는 않을 것이다. 그럼에도 불구하고 늙은 명사들을 멘토로 모시려는 까닭이 무엇이겠는가. 공식적으로는 멘토에게서 구하려는 것이 지식이며 지혜이다. 그러나 실질에서는 늙은 명사들의 이름과 인맥을 빌리려는 방책인 경우가 대부분이다. 학자라는 직업을 가졌지만 공부에 몰두할 시간을 별로 갖지 못했던 사람들도 멘토로 영입되면 탁월한 전문가니 권위자니 하는 말로 미화된다. 하지만 그렇게 말하는 사람이나 구경꾼들이나 속마음은 다를 것이다. 특히 진지한 학자들의 사회에서는 쓴웃음을 참지 못할 것이다.

멘토들이 불행해지지 않으려면 상왕처럼 대접받기를 기대하지 말아야 한다. 때로는 이름만 빌려주는 처지도 받아들여야 한다. 기왕에 지지해줄 만한 개인 또는 집단이라고 판단해 멘토로 참여했으면 대접이 소홀하다 하여 등을 돌리고 비방하고 할 일은 아니다. 자기의 생도(生徒)라 여겼을 옛 주군(主君)을 헐뜯고 다니는 멘토들의 행보는 볼품사납다. 정치도의라고 흔히 말하는 윤리규범을 심히 일탈하는 멘토들의 행동은 개탄스럽다. 그런 행동을 유발하는 사용자들의 리더십 또한 비난받아 마땅하다. 결국 자기의 적으로 변할 것이 뻔해 보이는 사람을 멘토로 영입하는 안목도 한심하다. 여기저기서 등을 돌리고 나온 멘토들을 또 여기저기서 영입하는 풍토가 방황하는 멘토들의 입지를 만든다.

이런 말을 하는 것은 인간적·정치적 신의와 지조를 가치 있게 생각하는 전통적 관념에서 비롯되었다고 할 수 있다. 유비가 제갈량을 삼고초려해서 책사로 삼았고, 제갈량은 유비의 사후에까지도 주군에 대한 충성심을 버리지 않았다. 현대를 살아가는 사람들도 그런 고사에 대한 미련을 조금은 가지고 있다. 멘토의 직업이 장차 금전적 보상과 서비스를 교환하는 떠돌이 영업으로 널리 인식되고 받아들여진다면 이야기는 달라질 수도 있겠지.

다음에는 정치평론가로 불리는 훈수꾼들의 이야기를 해보자.

세상에는 일하는 사람이 있고 일하는 것을 평가하는 사람이 있다. 조직화수준·전문화수준이 높은 영역에서는 전문화된 직업인으로서의 평론가들이 있다. 문학평론가, 음악평론가, 미술평론가 등은 우리에게 친숙한 평론가의 예이다. 대중매체를 통해 가장 자주 보게 되는 평론가들은 정치평론가들이다. 다른 평론가들과 마찬가지로 정치판의 평론가들은 평론대상인 일과 사람의 발전에 기여할 수 있다. 그리고 정치의 소비자들에게 좋은 정보를 제공하고 소비자들이 올바른 판단을 할 수 있도록 돕는 인도자·계몽자의 역할을 수행할 수 있다. 정확한 지식을 제공하고 정론을 펴 바람직한 역할을 하는 정치평론가들이 많을 것이다. 그러나 기대에 미치지 못하거나, 일탈적 행동으로 정치판과 사회 전체에 해독을 끼친다고 말할 수밖에 없는 소위 평론가들도 또한 많다. 여기서 문제 삼는 것은 일탈적 평론가들이다.

문제가 있는 평론가들의 흠절은 지식이 부족한 것, 자기 전문분야와는 상관없이 아무 문제에나 토를 달고 나서는 것, 정파적으로 편파적인 주장을 하는 것, 자기 편견에 따라 왜곡된 주장을 하는 것, 이곳을 얻으려고 거짓말을 하는 것 등 여러 가지이다. 특히 상궤를 벗어나는 극단론이나 기행 등으로 악명이라고 할 수밖에 없는 이름을 알리게 된 사람들이 평론가로 활동하는 것은 큰 문제이다. 그런 사람들이 의외로 많다. 정치적 혼란기·격변기에는 그런 사람들이 부쩍 늘어난다. 악명인들의 정치평론계 등장은 아주 언짢은 문제이다.

언론매체들이 늘어나면서 이상한 언동으로 세인의 이목을 끄는 사람들의 언론노출도 늘었다. 극단적 주장, 쩨쩨한 기행, 욕설과 같은 언어적 일탈 등을 통해 악명을 얻은 사람들이 명사행세하면서 그렇잖아도 속 시끄러운 세상을 더 심난하게 만들고 있다. 악명인(惡名人: notorieties)은 악명을 얻는 과정에서 그리고 악명을 명성처럼 누리고 이를 이용해 이득을 취하는 과정에서 이웃을 괴롭히고 많은 사람들의 정신위생에 해독을 끼친다. 나아가서 사회적 사기를 떨어뜨린다. 그들은 나쁜 이름이 알려진 사람들일뿐이므로 유명한(famous) 사람들이라 불러서는 결코 안 된다. 나는 악명인들의 영향력확산을 악명의 득세라 부르고 있다. 악명의 득세는 참으로 못 마땅한 일이다.

자고로 사람 사는 곳에는 악명인들이 생겨나게 마련이었다. 그런데 날이 갈수록 악명인들이 늘어나고 그들의 영향권도 넓어져가고 있다. 근래에 들어 악명인들의 세력이 점점 커지는 까닭은 여러 가지일 터이다. 오도된 자유의식의 확산 때문일 수도 있고, 사회가 복잡해진 탓일 수도 있다. 악명을 이용해 이곳을 챙기려는 상업주의 때문일 수도 있다. 사회적 문화의 통합성 약화, 옳고 그른 것에 대한 가치관의 혼란이 아마도 가장 큰 원인일 거라 생각한다. 선진화를 이루지 못한 정치풍토의 탓도 있다. 행동자들의 불안정한 심리, 그릇된 명예욕, 타락한 윤리의식 등 개인적인 문제들이 늘어난 탓도 있다. 정보유통기술의 발달과 대중매체의 폭증은 잠재적·현재적(顯在的) 악명인들에게 날개를 달아주고 있다. 기술적 정보화는 인간적 정보화와 균형을 이루지 못하고 악명인들이 비뚤어진 영웅이 되기 쉽도록 기술과 여건을 제공한다.

악명을 얻거나 혹은 누리려는 개인적 동기는 미성숙한 성격특성, 잘못 발로된 욕구, 외부의 유혹 등 수많은 요인들의 작용으로 형성될 것이다. 유명함과 악명 높음을 구별하지 못하거나 그에 대한 감수성이 희박한 성격결함 때문에 악명을 얻으려는 동기를 제어하지 못할 수 있다. 이 경우 악명인은 세인의 비웃음에도 불구하고 본인은 유명인이라고 착각할 수 있다. 세력획득과 발언권 강화, 심지어는 도서판촉 등 이익추구를 위한 노림수로 일부러 악명을 만들어갈 수 있다. 외부세력의 부추김과 기획에 넘어가 악명을 만드는 길로 접어들 수도 있다. 유명해지고 싶은 허욕이 약점으로 되어 악명의 유혹에 쉽게 넘어갈 수 있다.

통치하기 어려운 나라 – 국정관리의 현안과 쟁점

악명을 얻는 수단으로 동원하는 행태는 천차만별이지만 여기서 우리가 흔히 보는 예를 몇 가지 들어볼 수 있다. 자기 직업의 테두리를 벗어나 엉뚱한 영역에 참견을 하고 소동을 피운다. 자기가 속한 공동체에서 분란을 일으킨다. 남의 사생활을 염탐하고 폭로해 빈축을 사면서 여러 사람의 입에 오르내린다. 근거 없이 남을 비방하거나 시비를 건다. 시비를 걸 때는 욕설과 막말, 고소·고발을 서슴지 않는다. 황당한 비방을 하다가 고소를 당하는 것도 악명을 얻는 한 방법이다. 단박에 악명인으로 등극하는 방법은 세인의 이목이 집중되고 있는 유명인을 걸고 넘어가는 것이다. 광범하게 명망을 누리는 사람을 극렬하게 비방하면 사람들이 쳐다보게 된다는 점을 노린다. 정치인들이 가장 흔한 시비걸기의 대상이지만, 딱히 그 한계는 없다. 때로는 어린 운동선수나 배우들까지도 표적이 된다. 정치평론가 등 이른바 지식인들 가운데는 괴기스러울 만큼 극단적으로 치우친 논조를 펴 영향력을 형성한 사람들도 있다.

악명인들에게 돌아가는 악명의 손익계산 역시 복잡하다. 한때의 조롱거리가 되고 실속을 챙기지 못하는 얼치기 악명인들도 있다. 일회용 유명인 행세로 효용이 다하는 사람도 있다. 남의 이용만 당하고 마는 사람도 있다. 정치권에서는 악명인들을 정적에 대한 '공격수'로 사용하기도 한다. 잘못 건드리면 피곤하니까 짖는 개 돌아본다고 감투나 다른 이끗을 나누어 주기도 한다. 험한 입을 틀어막기 위해 다독거리는 것이다. 악명에 기대어 지속적으로 이익을 챙기고 세력을 과시하는 사람들도 있다. "발 없는 말이 천리 간다"는 격언을 실감하게 하는 인터넷을 통해 유유상종의 추종자들을 모은 악명인들은 상당한 발언권을 향유한다. 악명인들은 유력인사로 자처한다. 언론매체들은 그들의 일거수일투족을 앞다퉈 보도한다.

우후죽순처럼 늘어난 대중매체들은 시청률이나 판매부수 때문에, 또는 싼 제작비와 섭외의 용이성 때문에 악명인들을 활용하려는 유혹을 뿌리치지 못하는 모양이다. 어떤 악명인이 자기 매체의 입장을 지지하고 대변해 준다고 생각할 수도 있다. 자기 매체가 하고 싶은 주장을 '막말꾼'들이 대신해주기를 바랄 수 있다. 스스로 물의를 빚어 죄송하다고 말한 전력이 있는 사람을 각종 매체가 초빙해 정치·사회문제를 논하게 하는 예가 드물지 않다.

여기서 연상되는 것은 '혐오 마케팅'이라 할 수 있는 대중매체들의 행동이다. 착하고 아름다운 주제는 바닥이 났는지 사람들의 망가지는 모양을 팔아보려는 프로그램들을 늘려나가고 있다. TV출연자들이 자의인지 타의인지 성형으로 얼굴 뜯어고친 이야기를 털어놓는 일은 이제 신기할 것도 없는 일상처럼 되었다. 사람들이 가려두려 해 온 인간의 더러운 생리현상을 방송의 화제로 삼는 일도 흔해졌다. 청소년기에 저질렀던 비행을 마치 자랑거리나 되는 것처럼 떠벌리게도 한다. 여기서 또 한 가지 연상되는 것은 인터넷을 떠도는 천한 글들이다. 특히 남을 비방·음해하는 상스러운 '댓글'들은 상대방에게 상처를 주고 우리 국어를 천하게 만들고 있다.

"호랑이는 죽어서 가죽을 남기고 사람은 죽어서 이름을 남긴다"는 말을 우리는 오래 들어왔다. 이 말은 좋은 뜻으로 만들어졌을 것이다. 사람은 착하고 보람 있게 살고 인간세상을 위해 좋은 일을 많이 해서, 살아 있는 동안에 사람들의 존경을 받을 뿐만 아니라 죽은 뒤까지도 후세의 칭송을 받아야 한다는 뜻으로 풀이해야 할 말이다. 이런 말뜻에 배치되는 행동들이 많아져 걱정이다. 사는 동안의 실적에 걸맞지 않은 허명을 얻고, 그것을 더 부풀려 후세에 남기려고 몰염치한 행동을 하는 것은 그 자체로서 폐단이다. 다른 사람들을 괴롭히는 악명, 반사회적 목적이 있거나 반사회적 부작용을 수반하는 악명을 추구하는 것은 더욱 심각한 문제이다.

악명에 대한 사회적 제재를 강화해 나가야 한다. 무엇보다도 대중매체의 소비자들이 각성해서 악명인의 입지를 없애야 한다. 선거철마다, 정치판도의 유동이 있을 때마다 대목을 맞는 '정치평론가'들을 검증해서 악명인이나 견강부회(牽強附會)와 곡학아세(曲學阿世)를 생업으로 삼는 사람들을 추려내 퇴출하는 '평론소비자들'의 역량이 향상되어야 할 것이다.

악명인의 폐해에 관한 내 이야기에 많은 독자들이 공감해 주기를 기대한다. 그러나 내 이야기에 대한 이의도 있고 질문도 있을 것이다. 악명인의 개념정의가 모호하고, 말하는 사람의 주관에 따라 달라질 수 있다는 것, 사회의 기존 가치와 다른 새로운 가치를 주장하는 사람들이 악명인으로 몰릴 수 있다는 것, 성인(聖人)들도 처음에는 악명인 취급을 받은 경우가 있다는 것, 우리나라에서와 같이 정쟁이 심한 환경에서는 자기와 의견이 다른 사람들을 모두 악명인으로 몰아갈 가능성이 크다는 것 등이 이의제기의 논거가 될 수 있다.

물론 모든 비판과 갈등을 억압하려 해서는 안 된다. 비판과 갈등은 쇄신과 발전의 촉매제이며 민주사회의 자산이라고 한다. 그러나 민주사회를 지탱해 주는 비판과 갈등은 순기능적이고 건설적인 것이라야 한다. 순기능적 비판자들까지 악명인으로 몰아서는 안 된다. 우리는 어렵지만 건설적인 비판과 파괴적이고 악의적인 비방을 구별할 수 있다. 그러한 판단은 우리 시대의 문화적 규범과 옳은 이성이 지지해줄 것이다. 악명과 악명인의 개념정의는 건전한 상식과 사회상규에 의지할 수밖에 없다.

악명인에 대한 제재를 논의할 때는 여러 가지 전제와 상충되는 요청들을 고려해야 한다. 무릇 인간사에는 개별적으로 각기 다른 특유성 또는 고유성이 있다. 그런가 하면 널리 공통적인 보편성도 있다. 옳고 그름의 판단에는 사람과 상황에 따라 다른 상대성이 있을 뿐만 아니라 시공을 초월하는 절대성도 있다.

불완전한 인간은 윤리적 판단과 결정을 할 때 상대론과 절대론의 중간에서 이를 시간적·공간적 상황에 맞게 절충하는 중용의 길을 선택해야 한다. 상대론의 극단에 빠지면 옳고 그름에 대한 사회적 기준이 없어지고 인간생활은 혼란에 빠지게 된다. 공동체적 생활이 불가능해진다. 인간행동의 선악은 오직 행동자 자신만이 결정할 수 있을 뿐이라고 한다면 사람들이 함께 살기는 어렵다. 반면 선악 구별에 관한 절대론의 극단에 빠지면 사람들이 지키기 어려운 것을 요구하고 비극을 초래할 수 있다. 오히려 도덕률의 정신에 위배되는 결과를 빚을 수도 있다. 종교적 절대주의자들이 수없는 살상을 저지르고 스스로 죄악의 구렁텅이에 떨어지는 것을 우리는 본다.

선악에 관한 절대론과 상대론의 중간에서 우리는 선과 악을 선량하게 구별해 말하면서 살아가야 한다. 선과 악에 관한 판단은 인간의 주관적·인지적 과정을 통해 이루어진다. 그 과정에서 착오도 저지르고 고의적인 왜곡도 저지를 수 있다. 판단의 결과가 사람마다 다소간에 다를 수도 있다. 시간의 흐름에 따라 사람들의 도덕적 판단은 변동할 수도 있다. 그렇다고 해서 선악의 판단을 포기하라 할 수는 없다. 사회공동체에서 공동적인 판단을 할 수 있는 가능성이 전혀 없는 것도 아니다. 무지개에서 적색과 주황색 사이의 경계가 흐리고 모호하지만, 그렇다고 해서 우리가 적색과 주황색을 구별하지 못하는 것은 아니다. 마찬가지로 선과 악의 경계가 흐릴 때도 있고 변동할 때도 있지만 우리는 선과 악을 구별할 줄 안다. 그리고 구별해야만 한다.

내가 위에서 말한 것은 나와 의견이 다른 모든 사람을 악명인으로 몰아 억압하자는 주장이 아니다. 악명론을 악용하여 남을 헐뜯는 사람은 그 자신이 바로 악명인이 될 것이다. 선악에 대한 판단은 때와 장소 그리고 사람에 따라 다르기 때문에 누구도 남을 악명인으로 지목할 수 없다는 주장 역시 받아들이지 않는다. 악명의 규정에서 사악한 동기나 극단적 행동은 피해야 한다고 충고할 수는 있다.

성인(聖人)으로 추앙받는 영적 지도자들도 정치권력이나 기존 종교의 박해를 받은 예가 있지만 그들은 내가 말한 악명인들과는 전혀 다른 차원에 있다. 불멸의 진리를 말하고 인간애를 전파한 사람들이 일시 어떤 세력의 핍박을 받았다고 해서 그들이 악명인으로 되는 것은 아니다. 그들은 저급한 언어로 착한 사람들을 비방하지도 않았고, 자기 이익을 위해 남을 모함하지도 않았으며, 단지 자기 존재를 부각시키기 위해 병적 행동을 하지도 않았다. 성인들이 설령 한때 악명인이라는 누명을 썼더라도 그런 누명이 오래 가지는 않았다.

25
민주주의가 비이성을 만날 때

민주주의는 인간이 지금까지 개발한 최선의 정치원리이지만 약점도 많고 상처 받기도 쉬운 원리이다. 민주주의는 스스로 입은 상처의 치유에 때때로 무력한 원리이기도 하다. 민주주의의 성공은 인간의 이성적 행동을 전제한다. 합리적 선택의 높은 가능성을 전제한다. 민주주의가 비이성적 행동자들을 만나면 염증을 일으키고 파탄을 초래할 수 있다. 민주주의가 비이성적으로 운영되고 방종을 조장하면 강압세력 등 비민주적 책동세력에 빌미를 만들어줄 수 있다. 불완전한 인간이 민주주의라는 이상을 만들어내기도 하지만 인간의 불완전성은 민주주의를 망칠 수도 있다.

다수결은 민주주의의 핵심적 도구이다. 다수결은 의사결정의 주도세력을 만들어준다. 다수(majority)는 국정을 주도하는 힘을 얻는다. 정신이 제대로 박힌 다수를 만나는 것은 한 나라의 행운이다. 다수가 공익우선의 원칙을 잊지 않고, 사익추구와 공동선추구를 균형지우며, 이성적인 행동을 하고, 할 수 있는 일과 일하는 방법의 한계를 올바로 인식한다면 민주주의는 순항한다. 그러나 다수가 자기 이익중심의 국지주의(parochialism)에 빠지고, 독선독주하려 하고, 권력의 건전한 한계를 잊고, 무소불위(無所不爲)의 세력감에 도취해 무리한 밀어붙이기를 자행하면 민주주의는 위기를 맞는다.

민주주의는 다수에게 무엇이든 할 수 있다는 환상을 심어주기 쉽다. 민주주의를 할 준비가 안 된 다수에게는 더욱 그러하다. 다수의 오만과 방종을 유발 또는 유혹하는 길은 넓고 다양하다. 오랫동안 핍박을 받았거나 비주류의 설움을 겪고 다수를 형성한 세력이 보복심을 버리지 못한다면 민주주의를 손상할 소인을 처음부터 품은 것으로 볼 수 있다. 소수를 숙청대상으로 규정하고 기득권세력을 적대시하는 자세를 버리지 못한다면 민주주의가 원래 꿈꾸는 사회의 구현은 어려워진다. 소수의 저항에 부딪치면 다수는 소수에 대한 적개심을 더욱 키우게 된다. 명분으로는 개혁이라 쓰고 마음속으로는 보복이라 읽는 일들을 더 많이 저지르게 된다. 부당한 특혜를 누리던 기득권세력을 몰아낸 신주류는 옛 주류의 특권을 배워 누리려고 다시 과오를 되풀이해서 민주주의를 병들게 할 수 있다. 흉보면서 닮아 새로운 적폐를 만들 수 있다는 말이다.

이 세상에는 부자보다 가난한 사람들이 더 많고 학업에서 1등 하는 사람들보다 1등 아닌 사람들이 더 많다. 가난한 사람들과 1등 아닌 사람들은 다수결에서 이길 수 있다. 그런 다수가 노력해서 스스로 부자가 되려는 각오를 하고, 노력해서 1등이 되려고 마음먹는 정신이 자본주의정신이고 민주주의정신이다. 가진 자와 못가진 자가 협력해 공동체를 발전시키려는 것이 민주주의정신이다. 가진 자를 망하게 해서 그 자리를 빼앗으려 하거나 가진 자를 끌어내려 다 같이 못살자는 정신은 민주주의와는 양립하기 어렵다.

가진 자를 끌어내리자는 정치슬로건은 흔히 철없는 정치꾼들을 유혹한다. 그런 슬로건이 다수의 환심을 사는 데 유리하다고 여기기 때문이다. 예컨대 국내 1등 대학교를 없애자는 주장이 주기적으로 제기되는 것은 그것이 대중의 환심을 사는 데 아주 좋은 상품이라고 생각하는 정치꾼들이 있기 때문일 것이다. 자못 코믹하고 어리석기 짝이 없는 아이디어이지만 대중을 현혹하는 데 그만한 아이디어가 없다고 생각하는 사람들이 있다. 1등 대학을 없애면 2등이 1등 행세를 하게 될 것이다. 1등을 차례로 없애 가면 결국 가장 저열한 대학 하나만 남게 될 것이다. 그나마 마지막 남은 대학도 1등이라 하여 대중이 못마땅하게 여긴다면 대학은 아주 없어질 것이다. 1등에 대한 질시 때문에 눈이 먼 사람들은 그런 단순한 셈법도 보지 못한다.

이성적인 기준에서 벗어나는 인구집단은 민주주의를 교란한다. 그런 집단이 다수집단이고 그 응집성이 강하면 더욱 그러하다. 다수집단의 응집성이 지나쳐 과잉집착성의 지경에 이르면 그 폐해가 우심(尤甚)해진다. 과잉집착이라는 사회심리학적 병리는 어느 시대에나 있어왔지만 산업화이후사회에서 그 증상이 더욱 뚜렷하다. 과잉집착의 대상은 사람일 수도 있고 종교나 다른 사물일 수도 있다. 사이비종교의 광신자, 애완견 또는 반려견에 대한 애착이 지나쳐 사람보다 개를 먼저 챙기는 애견인, 특정 연예인을 필사적으로 좋아하는 광팬(狂 fan), 극단적이고 파괴적인 이념편향을 체질화한 집단 등을 그 예로 들 수 있다.

정치판에서는 '자기편 지상주의'에 사로잡힌 집착형 팬클럽정치의 양태로 과잉집착행태가 나타난다. 어떤 정치인이나 정파를 맹신 또는 광신의 수준까지 지지하는 집단을 나는 정치판의 집착형 팬클럽이라 부른다. 그런 집합체를 요즈음 젊은이들은 '팬덤'(fandom)이라 부르기도 한다. 정치판의 집착형 팬클럽은 정책에 따라 유동할 수 있는 융통성체제로서의 지지집단이 아니라 무슨 일이 있어도 뭉치고 지지하는 고착형 집단이다. 집단응집(group cohesiveness)의 기저는 지역주의와 같은 연고주의, 사상적 편향, 특정 정치인에 대한 우상숭배적 집착, 경제적 이해관계의 공유, 피해의식의 공유 등 여러 가지이다. 여하간 팬클럽 구성원들 가운데는 무엇 때문엔가 한(恨)이 맺히고, 한을 품은 사람들이 많을 것이다.

팬클럽 구성원들의 특정 대상에 대한 집착행동이 습성화되면 과잉집착의 이유를 점차 따지지 않게 되고, 집착의 이유를 의식하지 못하게도 될 수 있다. 이성적 차원에서는 집착의 이유를 자각하지 못하게 된다면 그것은 위험한 일이다.

무릇 인간의 희로애락 분출이 사회상규를 크게 벗어날 때 그것은 병리적인 현상으로 이해된다. 그래서 팬클럽의 극단적 집착을 사회심리학적 병리라고 말하는 것이다.

유유상종으로 모여 집착형 팬클럽을 형성하는 사람들이 스스로 세력감을 갖게 되거나 다수의 또는 권력자의 호응과 비호가 있다고 믿게 되면 그들의 일탈과 기행(奇行)은 끝을 모르게 된다. 집착형 팬클럽들이 세를 모아 표(票: 공직선거의 지지표)를 몰고 다니게 되면 권력자들 또는 권력자의 꿈을 꾸는 사람들도 그들의 눈치를 보고, 그들을 옹호하는 제스처를 보이지 않을 수 없게 된다. 팬클럽이 위정자(爲政者)들에게 설정하는 제약은 '지상명령적 압박'(至上命令的 壓迫)일 수 있다. 그런 까닭으로 집착형 팬클럽에 업히거나 덜미를 잡혀 포획된 위정자들, 권력자들은 팬클럽의 꼭두각시처럼 행동하기도 한다. 팬클럽의 그릇된 인도에 끌려

가다가 파국을 맞으면 죄는 위정자들이 뒤집어쓰게 된다. 집착형 팬클럽의 애호(愛護)를 받는 사람들이 행복하기만 한 것은 아니다. 그래서 팬클럽의 애호를 양날의 칼에 비유하기도 한다.

집착형 팬클럽 가담자들의 유일한 가치판단기준은 내편인가 아닌가를 가르는 기준이다. 내편에 대한 평가에서는 이성이 상실된다. 그들에게 내편의 잘못이란 이 세상에 존재할 수 없다. 내편의 잘못이란 절대적 불가능이다. 내편의 잘못을 말하는 사람은 악이며 적이다. 이런 사상으로 무장한 집착형 팬클럽들이 큰 세력을 형성해 정치판을 뒤흔들면 규칙 없는 싸움판이 벌어진다. 나라가 온통 시끄럽고 불안해진다. 힘이 정의라는 신조만이 지배하게 된다. 도덕규범은 말할 것도 없고 법규범까지도 무력화되고 조롱된다.

가열되어가는 힘의 대결에서 힘을 잃으면 어떤 참혹한 꼴을 당하는지 잘 아는 팬클럽들은 수단과 방법을 가리지 않는 투쟁의 수위를 높여간다. 그 과정에서 클럽내부의 응집력은 높아지고 그만큼 적대세력에 대한 적개심은 높아진다. 유권자들은 그런 대결에 따라 투표결정을 극단화한다. 팬클럽들의 극한대립은 팬클럽구성원이기도 한 유권자들의 분열을 극단화한다. 클럽들의 극단대립과 유권자들의 극단대립은 상승작용을 하는 것 같다.

납득하기 어려운 논리를 내세워 다수의 위력으로 정책들, 특히 자기 진영의 이익증진을 위한 복심을 깔고 있는, 표리가 다른 정책들을 밀어붙여 성공하면 그 학습효과가 크다. 점점 통이 커져서 무리한 일들을 저지르게 된다. 다수의 세력감과 일탈적 의지 관철은 에스컬레이트된다. 일탈의 에스컬레이션은 견제되기 어렵다. 잘못을 저지르고 심지어는 불법을 저질러도 늘 감싸주고 응원해주는 다수가 있기 때문이다. 다수의 끝없는 위력을 믿고, 무슨 일이 있어도 내편을 옹위하는 다수는 불법을 합법으로 의제(擬制)하는 일쯤은 식은 죽 먹기보다 쉽다는 착오 속에서 무리수를 둘 수도 있다. 다수가 위력을 과시하는 것과 집착형 팬클럽의 응집력은 상승작용한다. 팬클럽의 일편단심은 굳건해지고 그 행동은 점점 더 격렬해진다. 소수독재에 의한 억압은 은밀하지만, 다수의 횡포는 뻔뻔하다.

다수의 오만과 일탈은 그 주류세력, 내집단(內集團: ingroup)에서도 저질러지지만 주류에 기생하는 곁가지들의 일탈과 횡포가 많다. 그런 곁가지들의 횡포가 더 무섭다. 천박한 이곳을 노려 다수를 등에 업고 호가호위(狐假虎威)하는 주변인들의 일탈은 장기적으로 주류에 해를 입힌다. 그러나 당장은 자기편을 드는 사람들이기 때문에 주류는 그런 주변인들을 감싸게 된다. 그들에게 '감투'나 기타 편익 등 눈에 보이는 보상을 지불하는 경우도 많다. 곡학아세(曲學阿世)와 아유구용(阿諛苟容)의 변설(辯舌)과 처세를 통해 일탈을 일삼는 주변인들은 주류의 앞잡이로서 희생적인 충성을 다하는 것처럼 보여서 달콤한 보상을 줄 수 있다. 자기편의 수세(守勢)를 공세(攻勢)로 전환하는 데 잠깐이라도 도움이 되기 때문에 그리할 수도 있다. 유유상종으로 결집한 앞잡이들의 세력(票) 역시 만만치 않기 때문에 주류가 그들을 내치지 못하는 일면도 있다. 앞잡이들에게 덜미가 잡혀 그들을 내치지 못하는 경우도 있을 것이다. 덜미가 잡힌다는 말은 약점이 잡힌다는 말이다. 그런가 하면 앞잡이들은 주류세력이 반대세력과의 이전투구(泥田鬪狗)에서 써먹고 버리는, 그야말로 토사구팽(兎死狗烹)하는 소모품일 경우도 있으리라.

예로부터 상주(喪主)보다 곡쟁이들이 더 슬피 운다는 말이 있었다. 이건 예전 장례식 풍습의 한 단면에 관한 이야기이다. 상가에서는 울음

소리가 그치지 않아야 점잖은 집안의 체면이 선다고 생각한 양반이나 부자들이 더러 곡쟁이들을 사서 곡소리를 내게 했다고 한다. 품삯을 받고 상가에서 곡(哭)을 대신 해주는 사람들이 진정 슬프겠는가마는 품삯을 받으려면 슬피 우는 연기를, 그것도 과장되게 해야 한다. 그러나 곡쟁이들은 오늘날 정치판에서 보는 앞잡이들과는 많이 다르다. 곡쟁이들은 품삯만큼 일하고 품삯 이상을 바라지 않는다. 정치판에서 영업하는 앞잡이들이 받아내려는 품삯은 터무니없이 과다한 것이 보통이다. 앞잡이 영업이라는 게 따지고 보면 극한직업이기 때문에 앞잡이들은 크게 한몫 챙기려 덤빌 것이다.

주인에게서 공로를 인정받기 위해 앞잡이들이 하는 행동은 과잉적이다. 괴기(怪奇)스러울 때도 많다. 앞잡이들 가운데서도 욕설과 궤변으로 무장한 '싸움닭'들이 전진 배치된다. 그들이 앞자리를 차지한다. '싸움닭 앞잡이'들은 온갖 궤변으로, 상대의 부아를 돋우는 저속한 언어로, 주인에 대한 충성을 과시하려 한다. 그런 행동은 주인을 비호하는 듯 보이지만 민심을 이반시키고 결국 주인에게 해를 입힌다. 민주주의를 해친다. 다수가 오만해질수록 주류보다 더 설치는 앞잡이들은 늘어난다. 소수 독재자의 앞잡이나 다수의 앞잡이나, 앞잡이의 폐해가 더 크다.

다수결이 민주주의의 도구라면 퍼주기식 포퓰리즘은 다수 형성의 한 도구이다. 지나치게 국고를 헐어내서 선심을 쓰는 퍼주기는 바람직하지 않지만 그러나 손쉬운 도구이다. 퍼주기의 효험이 크고 즉각적일수록 정치꾼들은 퍼주기에 더 많이 의존하게 된다. 퍼주기의 과열을 보면 궁핍시대의 '고무신 선거' '막걸리 선거'가 연상된다. 이런 말이 요즘 젊은이들에게는 낯설 것이다. 공직선거에서 표를 얻기 위해 후보자들이 유권자들에게 막걸리나 고무신을 나눠주는(돌리는) 행위를 그리 부른다. 오늘날의 퍼주기는 더 세련되고 불법을 피하고 있으나 그 정신은 막걸리 선거의 경우와 많이 닮았다. 경쟁적 퍼주기로 국고를 탕진하고 나라빚을 누적시켜놓으면 결과적으로 민주주의가 구현하려는 이상향과는 배치되는 사태를 빚게 된다. 빚의 덤터기를 쓰게 될 후속세대는 민주주의의 효용을 의심하게 될 것이다.

소수가 다수의 이익을 희생시키면 불공정이라고 규탄하지만 다수가 소수의 권익을 해치면 평등이요 정의라고 강변하는 것이 다수의 사고방식이기 쉽다. 소수의 희생으로 다수에 대한 퍼주기를 도모하면 비교적 저항도 적고 사회적 형평을 추구한다는 명분도 얻을 수 있다는 생각을 한다. 소수의 가진자들이 어느 정도 이익을 양보하는 것은 미덕이며 민주주의의 윤활유일 수도 있다. 그걸 다소간에 법으로 의무화할 수도 있다. 그러나 헌법정신에 반하는 수준까지 소수를 희생시키는 시책을 강행하면 민주주의와 자본주의의 뼈대에 손상을 줄 수 있다.

다수의 자기이익중심적인 비이성적 행동, 소수를 숙청대상으로 여기는 사고방식은 국가의 분열을 극단화한다. 정치세력 간의 대결과 투쟁을 극단화한다. 정치세력 간의 타협 없는 제로섬 게임은 악순환한다. 가혹한 승패만이 되풀이된다. 정치로부터 출발하는 불신풍조를 만연 시킨다. 정치적·사회적 비효율과 낭비를 빚는다. 사회 전체에 가치혼란을 조성하고 무규범적(無規範的: normless) 행동을 조장한다. 사회적 방종을 부추기고 냉소주의를 퍼뜨린다. 오직 벌거벗은 힘이 전부라고 믿는 비도덕적 사회풍조를 키운다.

민주주의가 다수의 비이성과 결합할 때 민주주의의 방법과 수단이 타락하고 결과적으로 민주주의의 목적이 훼손된다. 후속세대가 민주주의를 하찮게 여기고 염증을 느끼게까지 할 수 있다. 다수가 민주주의정신을 외면하고 다수결을 도깨비방망이처럼 휘두르면 못할 일이 없는 세상이 된다. 다수결이라는 민주주의의 도구로 민주주의를 무너뜨릴 수도 있다. 우리는 다수결의 몰염치를 여러 차례 경험한 바 있다. 다수결로 일인장기집권과 독재를 가능하게 한 일이 있다. 다수결로 군사쿠데타를 정당화해준 일도 있다. 1970년대에는 다수결이 '한국적 민주주의'라는 비민주주의를 승인해준 일도 있다. 체제전복을 노리는 선동가들이 다수를 장악하면 민주주의적 절차를 통해 세습군주제를 만들 수도 있고, 파시스트국가를 만들 수도 있다. 잘못된 다수결이 질식시킨 민주주의를 다시 수복하려면 오랜 시간동안 많은 사람들이 피를 흘려야 한다.

이 책의 집필을 마무리하면서 일러두어야 할 게 있다. 이 책은 민주주의적 정치체제의 기본골격이 최소한 유지된 상태를 전제하고 쓴 것이다. 우리나라의 진운이 장차 어떻게 열려나갈지 예측하기 어렵다. 여러 갈래의 가능성 가운데 '한국적 민주주의'의 환생(還生)이라는 가능성도 완전히 배제할 수는 없다. 만약에 '21세기형 한국적 민주주의'가 국가의 3권분립체제를 사실상 무력화하는 사태가 빚어진다면, 그런 세상에서는 내 책의 설명력은 거의 사라질 것이다. 그런 세상과 이 책은 어울리지 않는다.

저자 약력

오 석 홍

▌현직
서울대학교 행정대학원 명예교수, 2001~현재

▌학력
법학사, 서울대학교 법과대학 법학과, 1959
행정학석사, 서울대학교 행정대학원, 1961
연세대학교 대학원 행정학과 박사학위과정 수료, 1963~1965
행정학박사, 미국 University of Pittsburgh, 1969

▌경력
서울대학교 행정대학원 조교수·부교수·교수, 1969~2001
서울대학교 행정대학원 원장, 1990~1992
서울대학교 평의원회 위원, 1997~1999
서울대학교 교수윤리위원회 위원, 1998

▌상훈
황조근정훈장, 2001

▌학회활동
[회장·고문] 한국행정학회
[고문] 인사행정연구회·조직학연구회·한국인사행정학회·한국조직학회·한국거버넌
스학회

▌자문활동
기획예산위원회 경영진단조정위원장, 1998; 법무부 법무자문위원회 위원, 1998;
국회 공직자윤리위원회 위원, 1996; 서울특별시 시정개혁연구자문위원회 위원,
1995; 내무부 정책자문위원회 위원, 1991; 경제기획원·총무처 제7차 경제사회발전
5개년계획수립 계획위원, 1990; 총무처 정책자문위원회 위원, 1982; 국무총리실 정

책자문위원회 위원, 1981; 국무총리실 제4차 경제개발5개년계획사업 평가자문위원, 1980; 국무총리실 정부시책평가위원회 위원, 1980 등

▌저작활동

1) 저서

『통치하기 어려운 나라』, 법문사, 2019; 개정판, 2021.

『행정학』, 나남출판, 1998; 제2판, 2001; 신판, 박영사, 2004; 신제2판, 2006; 제3판, 2007; 제4판, 2008; 제5판, 2011; 제6판, 2013; 제7판, 2016.

『전환시대의 한국행정』, 나남출판, 1998.

『한국의 행정』, 경세원, 1996; 제2판, 법문사, 2002; 제3판, 2008; 제4판, 2010.

『행정개혁론』, 박영사, 1995; 보정판, 1997; 개정판, 1999; 제4판, 2003; 제5판, 2006; 제6판, 2008; 제7판, 2012; 제8판, 2014; 제9판, 2018; 제10판, 2020.

『조직이론』, 박영사, 1980; 전정판, 1990; 제3판, 1999; 제4판, 2003; 제5판, 2005; 제6판, 2009; 제7판, 2011; 제8판, 2014; 제9판, 2018; 제10판, 2020.

『인사행정론』, 박영사, 1975; 전정판, 1983; 신정판, 1993; 제4판, 2000; 제5판, 2005; 제6판, 2009; 제7판, 2013; 제8판, 2016.

2) 편저

『행정개혁 실천론』, 법문사, 2008.

『정책학의주요이론』, 경세원, 1993; 제2판(공편), 법문사, 2000(중국어판: 金東 日 譯, 政策學的 主要理論, 復旦大學 出版社, 2005).

『행정학의 주요이론』, 법문사, 1992; 개정판, 경세원, 1996; 제2판(공편), 법문사, 2000; 제3판, 2005.

『조직학의 주요이론』, 경세원, 1991; 제2판, 법문사(공편), 2000; 제3판, 2008; 제4판, 2011: 제5판, 2019.

3) 한국방송통신대학 교과서

『한국행정사』(공저), 통신대출판부. 1983; 개정판, 1996.

『조직행태론』(공저), 통신대출판부, 1982; 개정판, 1996.

『인사행정론』(공저), 통신대출판부, 1982.

『행정학 영어강독』(공편), 통신대출판부, 1982.

『행정학개론』(공저), 통신대출판부, 1982.

『인사행정론 I 』(공저), 서울대출판부, 1976.

『인사행정론 II 』(공저), 서울대출판부, 1976.

『행정학 영어강독 I 』(편저), 서울대출판부, 1976.

『행정학 영어강독 II 』(편저), 서울대출판부, 1976.

『발전행정론』(공저), 서울대출판부, 1976.
『행정학개론 II』, 서울대출판부, 1975.
『국가발전론』(공저), 서울대출판부, 1973.
『원서강독 I』(편저), 서울대출판부, 1973.
『원서강독 II』(편저), 서울대출판부, 1973.
『인사행정 I』(공저), 서울대출판부, 1973.
『인사행정 II』(공저), 서울대출판부, 1973.
『행정학입문 II』, 서울대출판부, 1972.

4) 공저
『다시 읽고 싶은 한국행정학 좋은 논문 14선』, 박영사, 2015.
『한국행정학의 한국화론』(김현구 편집), 법문사, 2013.
『나의 대학원시절』(서울대학교 대학원동창회 편집), 관악문화사, 2012.
『관악의 웅지 하늘을 날다』, 서울대학교 출판문화원, 2010.
『진리 찾아 50년, 진솔한 삶의 향기』, 삶과 꿈, 2005.
『다섯 수레의 책』, 서울대출판부, 2004.
『행정관리 실증연구』, 학림사, 2001.
『신문 명칼럼 컬렉션 4』, 문이당, 1997.
『'97 한국의 논점』, 문화일보, 1997.
『'96 한국의 논점』, 문화일보, 1996.
『일터에서의 보람과 자아실현: 직업윤리』, 한울터, 1996.
『행정과 나라 만들기』, 박영사, 1996.
『하늘이 무너져도 정의는 세워라』, 경세원, 1994.
Asian Civil Service Systems: Improving Efficiency and Productivity, Singapore:
    Times Academic Press, 1994.
『행정개혁론: 이론과 실제』, 나남출판, 1994.
『행정개혁의 신화와 논리』(김영평·최병선 편집), 나남출판, 1993.
『나와 영혼의 팡새』(민병수 편집), 우석, 1988.
『한국행정의 역사적 분석』, 서울대출판부, 1987.
『한국사회의 변화와 과제』, 법문사, 1986.
『2000년대 지방행정의 좌표』, 한국지방행정연구소, 1985.
『한국정치행정의 체계』, 박영사, 1984.
『정부투자기관 경영조직개편방향』, 한국개발연구원, 1984.
『경제학의 현대적 과제』, 법문사, 1982.
『한국사회와 행정』, 서울대출판부, 1981.
『발전행정론』, 법문사, 1973; 개정판, 1980.

[개정판]

통치하기 어려운 나라 -국정관리의 현안과 쟁점-

2019년 1월 10일 초판 발행
2021년 1월 10일 개정판 발행

저 자 오   석   홍
발행인 배   효   선

도서
출판   **法 文 社**

주 소 10881 경기도 파주시 회동길 37-29
등 록 1957년 12월 12일 / 제2-76호(윤)
전 화 (031)955-6500~6 Fax (031)955-6525
e-mail(영업) : bms@bobmunsa.co.kr
  (편집) : edit66@bobmunsa.co.kr
홈페이지 http : //www.bobmunsa.co.kr

조 판 (주)성 지 이 디 피

정가 18,000원   ISBN 978-89-18-91163-2